Rolf Günter Renner
Das Ich als ästhetische Konstruktion

ROMBACH WISSENSCHAFT · REIHE LITTERAE
Herausgegeben von Gerhard Neumann

Rolf Günter Renner

Das Ich als ästhetische Konstruktion

»Der Tod in Venedig«
und seine Beziehung
zum Gesamtwerk Thomas Manns

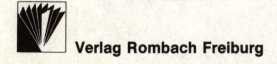 Verlag Rombach Freiburg

© 1987, Rombach GmbH + Co Verlagshaus KG,
Freiburg im Breisgau
1. Auflage. Alle Rechte vorbehalten
Herstellung im Rombach GmbH + Co Druckhaus KG,
Freiburg im Breisgau
Printed in Germany
ISBN 3-7930-9041-8

Inhaltsverzeichnis

0. Vorbemerkung 7

1. Der doppelte Text 9

    1.1. Wachen und Träumen 13
    1.2. Traum und Text 22
    1.3. Eros und Wort 31
    1.4. Mythos und Psychologie 38

2. Die kulturalen Einschreibsysteme 53

    2.1. Platon und die Antike 53
    2.2. Schopenhauer 61
    2.3. Nietzsche 69
    2.4. Wagner und die Theorie der Kunst 76

3. Die Urschrift 83

    3.1. Wunsch und Text 84
    3.2. Homoerotik und Psychologie 92

4. Transformationen 111

    4.1. Autoanalyse 112
    4.2. Schöpferischer Entwurf 132

5. Zugänge 143

    5.1. Filmische Interpretation 143
    5.2. Methodisches und Didaktisches 158

6. Literaturverzeichnis 167

0. Vorbemerkung

Die vorliegende Interpretation begreift den Text des »Tod in Venedig« nicht so sehr als Beleg für einen Wendepunkt im Werk Thomas Manns, wie dies in der Forschung mitunter nahegelegt wird. Vielmehr versucht sie zu zeigen, daß in dieser Novelle unterschiedliche kulturelle Einflüsse und ästhetische Konzepte zusammengefaßt sind und daß die Geschichte Gustav Aschenbachs überdies einige Linien vorzeichnet, die sich durch das Gesamtwerk Thomas Manns verfolgen lassen, in welchem sie weitergeführt, verdichtet und exemplarisch entfaltet werden.
Gleichzeitig soll der »Tod in Venedig« im Zusammenhang der ästhetischen, essayistischen und autobiographischen Selbstreflexion Thomas Manns betrachtet werden.
Notwendig erscheint diese doppelte Verknüpfung der Novelle mit dem fiktionalen Werk und den nichtfiktionalen Texten Manns, weil sich die Geschichte Aschenbachs auch auf jenen Konvergenzpunkt beziehen läßt, der für ihren Erfinder den inneren Zusammenhang von Werk und Leben bestimmt. Dabei wird angenommen, daß kein im fiktionalen Werk dargestellter Konflikt ohne Bezug auf die psychische Verfassung des Autors ist, so wie andererseits kein Essay und schon gar kein autobiographischer Text frei von Autoreflexion erscheint.
Die Verbindung der Venedignovelle mit späteren und anderen Texten ist allerdings unterschiedlich. Einerseits zeigt sie die Voraussetzungen und das Grundmuster für nachfolgende ästhetische Transformationen von Wirklichkeit, die aus einem Zusammenfassen kulturaler Vorlagen, authentischer Erfahrungen und künstlerischer Entwürfe entstehen, andererseits wird deutlich, daß sie selbst eine zu überwindende Stufe der ästhetischen Selbstreflexion ist.
Wie andere Texte des Frühwerks begründet sich der »Tod in Venedig« offenbar noch aus dem Gefühl seines Autors, daß Leben, Erfahrung und Kunst in einer scharfen Opposition stehen; die Novelle erzählt als Geschichte, zudem verschlüsselt in einen traditionellen Diskurs über den Gegensatz von Kunst und Leben, Künstler und Gesellschaft, was ihre eigene Voraussetzung ist. Die jenen Diskurs fortschreibenden Texte, mit denen die Venediggeschichte mitunter bis in einzelne Motive verzahnt ist, rücken jedoch von dieser Meinung ab. Das Werk, das ursprünglich vor allem den Widerspruch von Künstlertum und Leben thematisiert, wird später selbst zum Ort einer Vermittlung und vorübergehenden Auf-

hebung dieses Gegensatzes. Zugleich wird die Grenze zwischen dem Eigenen und dem Geborgten im Schreiben wie auch zwischen dem wirklichen und dem erfundenen Leben fließend, das erträumte und das erschriebene Leben stehen in einem vexatorischen Verhältnis.

Diese Vexation beschreibt die vorliegende Interpretation im Blick auf unterschiedliche, textkonstituierende Transformationen. Sie zeigt unter dem Stichwort des »doppelten Textes« zuerst die Vermittlung zwischen dem Wünschen und dem Schreiben in der Venedignovelle. Danach lenkt sie den Blick auf die bildungsgeschichtliche Anverwandlung und Umwandlung des Fremden, das für den Autor Mann zu einem Eigenen wird; sie betrachtet jene Einflüsse, die sich als »kulturale Einschreibsysteme« bezeichnen lassen. Dann erst wendet sich die Untersuchung dem begründenden Zusammenhang von Werk und Leben zu, den sie unter der Oberfläche des ästhetischen und kulturalen Diskurses als eine verdeckte »Urschrift« zu beschreiben sucht. Aus ihr leiten sich schließlich jene Transformationsversuche her, die das leitende Phantasma eines idealen Lebens, auf das sich alle Texte Thomas Manns beziehen, sowohl in der autoanalytischen und essayistischen Selbstreflexion als auch durch die »Erfindungen« späterer fiktionaler Texte einlösen. Der »Felix Krull«, dessen Anfänge vor die Zeit des »Tod in Venedig« zurückreichen, markiert den Zielpunkt aller zum Text verwandelten Wünsche, er löst zugleich die Problematik des Frühwerks, für welche die Venedignovelle noch paradigmatisch einsteht, in einem »schöpferischen Entwurf« auf.

Weitere »Zugänge« zum Text werden zum Schluß aufgezeigt. Die Verfilmung der Novelle durch Visconti ist nicht nur als Umsetzung in ein anderes Medium von Interesse, sie liefert vor allen Dingen durch Bild und Musik eine eigenständige Interpretation der Novellenvorlage, die deren Beziehungen zum Gesamtwerk Thomas Manns, insbesondere aber zum »Doktor Faustus« hervorhebt. Die Verfilmung folgt dabei einer Intention, welche auch die vorliegende Studie bestimmt. Eine kurze Skizze unterschiedlicher methodischer Zugänge zum »Tod in Venedig« verweist auf die Bedeutung der genauen Arbeit am Text; die unterschiedlichen Methoden betonen immer wieder die Bedeutung derselben Erzählpassagen. Einige abschließende didaktische Überlegungen weisen auf die Texte hin, die eine Lektüre der Venedignovelle sinnvoll zu begleiten haben.

1. Der doppelte Text

»Seit dem ›Kleinen Herr Friedemann‹ vermag ich plötzlich die diskreten Formen und Masken zu finden, in denen ich mit meinen Erlebnissen unter die Leute gehen kann. Während ich ehemals, wollte ich mich auch nur mir selbst mitteilen, eines heimlichen Tagebuches bedurfte...«[1]. Diese briefliche Äußerung an den Jugendfreund Otto Grautoff belegt, was sich ohne weiteres am Text des »Tod in Venedig« nachweisen läßt. Die Geschichte des Künstlers Aschenbach ist eng verbunden mit jener ihres Erfinders. Gerade dieser Sachverhalt darf allerdings nicht dazu verleiten, die erfundene Geschichte allein auf eine authentische zurückzuführen. Zwar spiegelt sich in der Situation des nach Venedig gereisten Münchner Dichters jene Einsamkeit des Künstlers, von der Thomas Mann in seiner frühen Zeit in Brief und Tagebuch sehr häufig handelt; andererseits ist gerade die Darstellung der Vereinzelung Aschenbachs ein Versuch, die eigene Lebensproblematik zu überwinden. Authentische Konflikte und Beziehungen werden nicht nur literarisiert: durch Literarisierung werden andererseits auch die authentischen Beziehungen verändert. Auf Seite 145 des 7. Notizbuchs äußert sich Thomas Mann zunächst über die Bedeutung seiner Briefe an die Brüder Ehrenberg, mit denen er eng befreundet ist, um dann auszuführen: »Solche Briefe sind keine Kunstübung wie eine andere, und da ich nachmittags an das eigentliche, repräsentierende, symbolisierende ›Werk‹ fast niemals Hand zu legen wage, so sehe ich nicht, wie die Stunden besser zu benützen wären. Des weiteren bin ich kein Schriftsteller, sondern ein Dichter, der auch an seinem Leben dichtet. Und indem ich von meiner Künstlereinsamkeit zu jenem Stück Welt *schöne Brücken schlage*, dichte ich an meinem Leben«[2].

Die Texte Thomas Manns bewahren nicht nur authentische Konflikte, Phantasien und Wünsche auf, sondern sie versuchen, jene bereits so umzuschreiben, daß sie zu einem Sozialisationsspiel[3] werden; das Spätwerk

---

[1] Thomas Mann, Briefe an Otto Grautoff 1894–1901 und Ida Boy-Ed 1903–1928, hrsg. von Peter de Mendelssohn, Frankfurt 1975, S. 90
[2] vgl. auch Hinweis bei de Mendelssohn, Peter: Der Zauberer. Das Leben des deutschen Schriftstellers Thomas Mann. 1. Teil 1875–1918, Frankfurt 1975, S. 537
[3] zum Begriff des Sozialisationsspiels vgl. Kaiser, Gerhard/Kittler, Friedrich Adolf: Dichtung als Sozialisationsspiel. Studien zu Goethe und Gottfried Keller, Göttingen 1978, S. 7, 9–12

wird zeigen, daß in diesem nicht nur Konflikte dargestellt und Konfliktlösungen skizziert sind, sondern sogar der Entwurf eines idealen Lebens erscheint. Nicht allein die fiktionalen Texte, auch die Tagebücher, Essays und Briefe Thomas Manns gehören diesem Entwurf an, dessen Konturen zwar erst in der Zeit des Josephsromans klar umrissen scheinen, auf den aber gleichwohl schon die frühen Texte zulaufen. Schon diese schaffen durch die erzählten Konfliktschemata ein psychologisches Kontinuum, das alle Protagonisten der Novellen aufeinander bezieht; zudem läßt sich beobachten, daß die jeweils folgende Hauptfigur sich im Besitz der Erfahrungen ihres gescheiterten Vorgängers befindet[4]. Ohne auf diese Konflikte im einzelnen einzugehen, in deren Zentrum ohne Zweifel eine homoerotische Gefühlsströmung steht, läßt sich sagen, daß diese Transformation die Beziehung von Werk und Leben bei Thomas Mann bestimmt, sie ist verantwortlich dafür, daß die Grenze zwischen beiden zu verschwinden scheint.

Die auffällige Konvergenz von Werk und Biographie prägt zugleich Form und Inhalt der Rezeption von Bildungsgeschichte; auch sie gehört einer inneren Biographie an, die im Umgang mit den Quellen und geistesgeschichtlichen Bezugsfeldern diese bereits in Assoziationen auflöst und zu neuen Bedeutungszusammenhängen verdichtet. Diesen Prozeß gilt es zunächst am Beispiel jener Deutungsmuster zu verfolgen, welche der Autor Thomas Mann seiner Aschenbach-Figur zur Verfügung stellt. Es scheint, daß er seine Figur eine eigene Bildungsgeschichte wiederholen läßt und dabei zugleich eine mögliche Transformation dieser Bildungserfahrungen skizziert. Die Figur Aschenbach wiederholt, was Thomas Manns eigenen Umgang mit der Tradition charakterisiert. So muß vor allem seine Orientierung an Nietzsche und Schopenhauer auch unter einem individual-psychologischen Gesichtspunkt betrachtet werden. Eben dies belegt eine frühe Äußerung, in welcher er über den Zusammenhang dieser Rezeption mit seiner jugendlichen Sexualität spricht und ausführt, daß es bei ihm zu einer geradezu »erotischen« Aufnahme fremder metaphysischer Systeme gekommen sei; ohne Frage werden so eigene Triebstrukturen erklärbar gemacht (TMW 11; 111). Gerade die psychische Ökonomie der ideellen und affektiven Orientierung an Vorbildern läßt die Grenze zwischen Werk und Leben verschwinden und die wechselseitige Bestimmtheit beider erkennen. Dies geht mitunter so weit, daß in Thomas Manns Texten kaum mehr zu unterscheiden ist zwischen Exzerpten und Eigenem; in jedem Fall sind die Ergebnisse seiner Quellenstudien nur eine Facette jenes Sinnzusammenhangs, der schließ-

---

[4] Dettmering, Peter: Suizid und Inzest im Werk Thomas Manns, in: P.D., Dichtung und Psychoanalyse. Th. Mann – R.M. Rilke – R. Wagner (=slg. dialog 33) München 1969, S. 9–79, da S. 44/5

lich den fiktionalen Text prägt. Ohne Zweifel gewinnt dieser Transformationsprozeß im Verlauf des Lebenswerks zunehmend an Schärfe. Während die frühen Texte Leben, Erfahrung und Werk noch in einer naiv-exkludierenden Opposition beschreiben und als einen unaufhebbaren Gegensatz darstellen, der im traditionellen Diskurs über die Spannung zwischen Kunst und Leben, Künstler und Gesellschaft nur verschlüsselt ist, zeigen die späteren fiktionalen Texte, daß die unmittelbare Erfahrung von Leben allmählich durch die Aneignung bereits geformten Lebens ersetzt zu werden vermag. Das fiktionale Werk, das ursprünglich vor allem den Gegensatz von Künstlertum und Leben thematisiert, wird in zunehmendem Maß zum Ort der Vermittlung und zur vorübergehenden Aufhebung dieses Gegensatzes. Die Substitution des wirklichen durch das geborgte, nacherzählte und nachgedachte Leben wird zum Gesetz der künstlerischen Produktion. Dies gilt es gerade dann im Blick zu behalten, wenn man sich mit dem »Tod in Venedig« auseinandersetzt. Denn was dort noch als unauflöslicher Antagonismus dargestellt ist, wird am Ende einer Werkgeschichte schließlich im schöpferischen Narzißmus Krulls gelöst.

Der Lebensabriß von 1930 weist überdies auf eine entscheidende Wechselwirkung zwischen Werk und Leben: »In Wahrheit ist jede Arbeit eine zwar fragmentarische, aber in sich geschlossene Verwirklichung unseres Wesens, über das Erfahrungen zu machen solche Verwirklichung der einzige, mühsame Weg ist, und es ist kein Wunder, daß es dabei nicht ohne Überraschungen abgeht« (TMW 11; 123). Was dem gereiften Autor im autobiographischen Rückblick deutlich wird, vollzieht sich schon sehr viel früher in den Texten selbst. Bereits sie erkennen in zunehmendem Maß das Gesetz der Transformation, das sie verwirklichen und dem sie zugleich unterstehen, und sie thematisieren diesen Sachverhalt bereits offen. Sie sind allesamt Teil einer Autoanalyse, die den an der Wirklichkeit leidenden Autor dazu bringt, nichts anderes als sein eigenes Leben abzubilden, indem er die außertextuellen, autobiographischen Phantasmen seinen Figuren zuschreibt. Einerseits wiederholen somit die fiktionalen Texte die sie begründenden Phantasien und Phantasmen im Erzählen, zeigen sie ein Ineinanderwirken von Realitätserfahrung und Phantasie, das zum fiktionalen Entwurf führt. Andererseits reflektieren sie diese Wechselwirkung, sie lassen das Gesetz der Verstellung erkennen, das ihre Form bestimmt. Auf diesen Sachverhalt weist eine kurze Passage aus Thomas Manns »Gesang vom Kindchen«, die sich auf den »Tod in Venedig« bezieht, dort heißt es, das »trunkene Lied« werde zur »sittlichen Fabel« (TMW 8; 1069).

Der Text des »Tod in Venedig« ist deshalb nicht so sehr ein Wendepunkt im Schreiben Thomas Manns, der Beginn eines zunehmend an Schärfe gewinnenden Verfahrens der ›Mythologisierung‹, einer Um-Schreibung individueller Spannungen. Vielmehr verdichtet er zunächst einmal den Grundkonflikt aller frühen Novellenfiguren, indem er die Künstlerproblematik als eine psychologische entwickelt. Zugleich zeigt der »Tod in Venedig« noch deutlicher als die anderen Novellen des Frühwerks die Referenzpunkte zwischen fiktionalem Text, biographischer und autobiographischer Selbstreflexion und dem Gesetz der Transformation, das sie alle auf der Oberfläche des Textes zusammenfallen läßt. Daß die Novelle nicht nur eine doppelte Lesart verlangt, wie man es schon seit langem vermutet, sondern in Wahrheit eine dreifache, belegen einerseits Thomas Manns Notizen im siebten Notizbuch, andererseits seine Briefe, Essays und Tagebücher. Bezieht man alle diese Texte aufeinander, so wird klar, daß die kulturale Einschrift des Textes, die zahlreichen Bezüge und Anspielungen auf geistesgeschichtliche Traditionen, die dechiffriert werden müssen, nicht bloß eine ›Realebene‹ der Handlung auf eine mythische Ebene transponieren und zwei Lesarten erlauben. Sie beziehen sich zugleich beide auf eine psychische Urschrift, die das geheime Zentrum der Novelle ausmacht.

Das siebte Notizbuch zeigt zudem, daß der Text der Venedignovelle weder allein hymnisch noch grotesk-satirisch, sondern vor allem auch selbstkritischer Natur ist[5]. Die Darstellung der Künstlerproblematik hat überdies eine nicht übersehbare autoanalytische Inschrift. Die erzählten mythischen Bilder, Mythologeme und Mythen weisen deshalb nicht allein auf eine zweite Bedeutungsebene des Textes, welche eine doppelte Lesart erfordern würde, sondern zugleich auf einen Zusammenhang, der über den Einzeltext hinausweist. Und die mythischen Transformationen von Aschenbachs Geschichte führen gerade nicht ins Bürgerlich-Repräsentative, wie einige späte Äußerungen Thomas Manns glauben machen wollen, sondern sie vermitteln den schöpferischen Entwurf, die autobiographische Inschrift und ein Verfahren der Autoanalyse miteinander. Der Mythos ist nicht nur Konvergenzpunkt zwischen der Psychologie der Figur und den Entwürfen ihres Erfinders, er stellt einen textkonstituierenden Transformationsprozeß dar und läßt dessen Gesetze erkennen. Gerade indem der Autor im Schreiben Mythen heranzieht, die der Kultur aller anzugehören scheinen, entwirft er einen Mythos von sich selbst. Die Formel »Mythos und Psychologie« im Fontane-Essay läßt sich als Antwort auf jene Selbsteinschätzung erkennen, welche in den

---

[5] Vaget, Hans Rudolf: Thomas Mann – Kommentar zu sämtlichen Erzählungen, München 1984, S. 179

frühen Notizen das eigene labile Ich als »unklar und haltlos« beschreibt. Schon ab 1910 und spätestens 1919 wird der alte Fontane durch seine doppelte Fähigkeit zu Mythos und Psychologie zum Phantasma des eigenen Lebens, zum Wunschtraum eines Autors, der gerade nach einer Neuorientierung seines Schreibens sucht. Im Jahre 1936 ist dem Erzähler Thomas Mann, nachdem er die »Gelebte Vita« Josephs dargestellt hat, der Zusammenhang von psychologischer und mythologischer Wahrheit klar, zugleich erkennt er, daß seine eigene Schreibweise aus einer lebens- und entwicklungsgeschichtlichen Wende herzuleiten ist: »denn im Leben der Menschheit stellt das Mythische zwar eine frühe und primitive Stufe dar, im Leben des einzelnen aber eine späte und reife« (TMW 9; 493).

Die folgende Darstellung versucht zunächst, in der Beschreibung der psychischen Disposition Aschenbachs die Mehrschichtigkeit des Novellentextes zu skizzieren. Sie geht davon aus, daß das Ineinanderwirken der Traum- und Wachzustände der Figur zugleich eine psychologische und eine kunsttheoretische Problematik erschließt, aus welcher der Text hervorgegangen ist. Die mythologischen Transformationen dieser Konstellation erscheinen bei dieser Betrachtung als Ebene einer Vermittlung, sie verknüpfen die kulturale Einschrift des Textes, den Bezug auf die philosophische Tradition, und die geheime Inschrift des Textes, den Bezug zur authentischen psychischen Disposition des Verfassers miteinander. Die Zentrierung des mythologischen Diskurses um einen Persönlichkeitsmythos weist nicht nur auf die Bedeutung der Ordnung des Symbolischen in der Entwicklungsgeschichte des Einzelnen, sie zeigt auch die Formen des Ineinanderwirkens von unbewußten und bewußten Akten im schöpferischen Prozeß. Das Sozialisationsspiel des erzählenden Autors entwirft ein Netz von Signifikanten, das die unbewußte Wiederholung ontogenetischer Prozesse und den bewußten schöpferischen Entwurf in einem Text zusammenfallen läßt.

1.1. Wachen und Träumen

Der Beginn des »Tod in Venedig« schildert eine Begegnung des alternden Schriftstellers Gustav Aschenbach am Münchner Hauptfriedhof. Diese kurze Szene ist nicht nur Exposition einer Geschichte, die sich mit einer immer zwingender werdenden Folgerichtigkeit entwickelt, sie kann zugleich als Paradigma für den gesamten Text gelesen werden, der stets erneut zeigt, wie die bewußten Handlungen und Reaktionen des Protagonisten nicht allein von unbewußten Wahrnehmungen, Träumen und Phantasien durchbrochen, sondern häufig sogar durch diese motiviert, beeinflußt und verändert werden. Es läßt sich nicht übersehen, daß die Geschichte Aschenbachs solche Einbrüche an Wendepunkten der Handlung verzeichnet und daß diese in zunehmendem Maß das Handeln des Protagonisten bestimmen.

Der Fremde, den Gustav Aschenbach bei der Einsegnungshalle des Friedhofs sieht, zu dem ihn sein Spaziergang führt, löst bei ihm eine tagtraumähnliche Vision aus, die er sich als »Reiselust« zu erklären sucht (TMW 8; 446). Er sieht eine tropische Urwaldlandschaft; die Wahrnehmung dieses Traumbildes, in dessen Zentrum sich Lotosblumen und ein Tiger zeigen, löst bei ihm ein ambivalentes Gefühl aus, von »Entsetzen und rätselhaftem Verlangen« spricht der Text (TMW 8; 447). Aschenbachs sofort nach dem als »Gesicht« bezeichneten Tagtraum einsetzenden vernünftigen Überlegungen, sein Rationalisierungsversuch, der mit gewöhnlicher Reiselust zu erklären sucht, was recht eigentlich im Unbewußten vor sich geht, vermögen die unheimliche Attraktion jenes Bildes »für alle Wunder und Schrecken der mannigfaltigen Erde« nicht zu erkennen. Gerade dies bestätigt, daß sich das Unheimliche aus dem Heimlichen begründet. Die Traumvision ruft beim Protagonisten ein ungekanntes Gefühl hervor, eine »seltsame Ausweitung seines Innern [...] eine Art schweifender Unruhe, ein jugendlich durstiges Verlangen in die Ferne, ein Gefühl, so lebhaft, so neu oder doch so längst entwöhnt und verlernt [...]« (TMW 8; 446). Von einer Steigerung des Gefühls ins Leidenschaftliche ist die Rede, die schöpferische Einbildungskraft geht gerade nicht aus dem Geist, sondern aus den Sinnen hervor: »Seine Begierde ward sehend [...]« heißt es lapidar (TMW 8; 447) über Aschenbach.

Die Bilder und die Kraft der Vision, aber auch die Art und Weise, in der Aschenbach versucht, mit diesem Eindruck fertigzuwerden, legen die Vermutung nahe, daß sich das Traumbild auf einen psychologischen Sachverhalt bezieht, den der Text zwar nicht offen ausspricht, aber doch deutlich skizziert. Gustav Aschenbach ist ein Mann, der als Künstler gesellschaftliche Anerkennung gefunden hat und in der Verpflichtung auf ein bürgerliches Leistungsethos lebt. Seine künstlerische Produktion wird als Ergebnis eines disziplinierten Arbeitens dargestellt; nicht ohne Grund bezieht der Erzähler eine Cicero zugeschriebene, in Wahrheit aber nur bei Flaubert verbürgte Äußerung über die Redekunst auf diese Art künstlerischer Tätigkeit (TMW 8; 444)[6]. Wie jeder Tagtraum hat auch Aschenbachs Vision einen aktuellen Auslöser, der die Erinnerungen an unterdrückte und vorbewußte Wahrnehmungen und Erfahrun-

---

[6] vgl. 9. Notizbuch, S. 21; Scherrer, Paul/Wysling, Hans: Quellenkritische Studien zum Werk Thomas Manns. (= Thomas-Mann-Studien, hrsg. v. Thomas-Mann-Archiv der Eidgenössischen Technischen Hochschule in Zürich, Erster Band) Bern und München 1967, S. 154. Im Folgenden »TMS I«

gen erlaubt. Zugleich erweisen sich Auslöser und Traumvision als eng miteinander verknüpft. Die Wirkung des Fremden beruht vor allem auf seiner Fremdheit, seiner Wildheit und schließlich auf seinem totenähnlichen Aussehen. Innerhalb der Vision Aschenbachs korrespondiert der Wildheit des Fremden jene des Tigers[7], der neben dem Wasser und dem Lotos ein tragendes Motiv des Urwaldbildes ist. Diese Korrespondenz zwischen erzählter Handlung und erzählter Vision erläutert zugleich die Funktion des Traumbildes in der Eingangspassage.

Das Traumbild ist nicht nur durch die Gesetze der Verschiebung, Verdichtung und Symbolisierung bestimmt, die Merkmale der Traumarbeit sind, es erweist diese auch als Methoden des Erzählens. Die Handlung, die zu Beginn der Novelle dargestellt wird, besteht in der Hervorbringung und Verarbeitung einer tagtraumhaften Halluzination, deren Auftreten und Eigenart sich aus Aschenbachs psychischen Spannungen erklären lassen. Solange sich jener, der gewohnt ist, psychische Konflikte nach dem Gebot seines bürgerlichen Leistungsethos durch Selbstdisziplin und Sublimierung zu verdecken, schreibend diszipliniert, vermag sein Bewußtsein auch kontrollierende Instanz zu bleiben. Seine psychische Stabilität endet hingegen in dem Augenblick, in welchem der Tagtraum einsetzt. So entspringt dieser zugleich einer Verdrängung augenblicklicher psychischer Spannung, wie einer Entfesselung latenter Wünsche. Aschenbachs ernste Beschäftigung mit den Inschriften an der Stirnseite der Aussegnungshalle markiert deshalb eine Nahtstelle zwischen bewußter Wahrnehmung und Tagtraum, sein »geistiges Auge« verliert sich bereits in »Träumereien« (TM 8; 445). Das Auftreten des Fremden erweist sich zugleich als signifikant und strukturbildend für das Gesetz der Verdichtung, das den folgenden Tagtraum bestimmt, indem es eine Identifikation der Assoziationen von »fremd« und »tot« bewirkt. Das durch sie erzeugte Gefühl der Gefahr führt zu einer assoziati-

---

[7] die Motive von Tiger und Panther sind ebenfalls bei Nietzsche aufzufinden. Vgl. dazu Nietzsche, Friedrich: Werke in drei Bänden. Hrsg. v. Karl Schlechta, München [8]1977, S. 113; dazu Dierks, Manfred: Studien zu Mythos und Psychologie bei Thomas Mann. An seinem Nachlaß orientierte Untersuchungen zum ›Tod in Venedig‹, zum ›Zauberberg‹ und zur ›Joseph‹-Tetralogie. (= Thomas-Mann-Studien, hrsg. v. Thomas-Mann-Archiv der Eidgenössischen Technischen Hochschule in Zürich, Zweiter Band) Bern und München 1972, S. 19. Auf die Vorarbeitennotiz »Gangesdelta« hat Dierks ebenfalls hingewiesen (ebenda). Das Motiv des Tigers läßt sich schon in den Vorarbeiten auffinden. Das 9. Notizbuch verzeichnet auch das Motiv der kalten Waschungen (S. 7) und der fehlenden Nachkommenschaft (S. 19), beide sollten wie auch das Thema der Homoerotik ursprünglich im »Friedrich«-Roman Verwendung finden. Auch das von Flaubert übernommene Zitat des »motus animi continuus« (S. 21) ist dort verzeichnet; vgl. dazu: Wysling, Hans: Thomas Mann. Notizen zu Felix Krull, Friedrich, Königliche Hoheit, Versuch über das Theater, Maja, Geist und Kunst, Ein Elender, Betrachtungen eines Unpolitischen, Doktor Faustus und anderen Werken. Beiheft 5 zu Euphorion, Heidelberg 1973. Im Folgenden: »Notizen«; vgl. auch Thomas Manns Notizen zu »Geist und Kunst«, in: TMS 1, a.a.O., S. 154

ven Bildprojektion, welche die volle Unberechenbarkeit und innere Stimmigkeit des Traums bewahrt: der Tod, die Todesangst, aber auch der Versuch, beider Herr zu werden, sind in Bildern zusammengefaßt. Das von Aschenbach phantasierte und vom Erzähler nacherzählte Bild der Urweltwildnis fügt somit die antithetischen Elemente eines latenten Traumes zusammen, die Aschenbach im Zustand der Bewußtheit durch Sublimierung verdrängt hat. Der Tiger einerseits und die Lotosblume andererseits werden Symbole dieser antinomischen psychischen Kräfte[8]. Gerade dies weist auf den Sachverhalt, daß die Vision Aschenbachs die vorangehende Exposition der Novelle zugleich ins Bild setzt und verdichtet, unter ihrem Blickwinkel läßt sich die gesamte Eingangspassage des Textes neu lesen. Es zeigt sich, daß dort von Anfang an die Gegensätze von Ordnung und Unordnung, von Ruhe und Unruhe, von Selbstkontrolle und Leidenschaft thematisiert sind. Dies geschieht durch die Darstellung der augenblicklichen psychischen Verfassung Aschenbachs (TMW 8; 444), die seine disziplinierte Lebensführung in Spannung zu seiner inneren Unruhe setzt (TMW 8; 450-457). Dies zeigt sich auch durch die Schilderung des Wetters (TMW 8; 444), die später in Venedig ihre Fortsetzung findet, und dies wird durch die Benennung der gegensätzlichen Bereiche von »Beredsamkeit« und »Einbildungskraft« (TMW 8; 444) deutlich. Vor allem der letzte Punkt weist überdies auf einen Gegensatz zwischen dem Gesetz des auf soziale Kommunikation bedachten Schreibens und der unbewußten Wahrnehmung, des öffentlichen Diskurses und der unterdrückten Sprache des Ich.

Die zentralen Symbole dieses Tagtraums beziehen sich allerdings nicht nur auf einen Gegensatz von Chaos und Ordnung, sie sind zugleich selbst antinomisch. Der Tiger verkörpert Wildheit und Kraft ebenso wie Tod und Untergang, während der Fremde am Hauptfriedhof einerseits die Assoziation von Tod, andererseits durch seinen hervortretenden Adamsapfel die Vorstellung von ausgeprägter männlicher Sexualität entstehen läßt. Der Lotos wiederum schildert nicht nur ein Bild der Ruhe, er ist zugleich Zentrum einer toten und bedrohlichen Natur. Das Erzählen bewahrt zwar diese unterschiedlichen Auflösungsmöglichkeiten, doch es läßt auch keinen Zweifel daran, daß im Falle Aschenbachs die Bildprojektion zugleich ein Abarbeiten psychischer Konflikte bewirkt; das antinomische Traumbild, durch welches der Tagträumende Bilder der Angst und Bilder des Begehrens in einem Zug wahrnimmt, schließt eine erneute Stabilisierung des Ich nicht aus, in deren Folge das »Gesicht« zu weichen vermag.

---

[8] Baumgart liest Aschenbachs Reise in den Süden als Zeichen für eine »Entfremdung von Instinkt und Bewußtsein«, er betont richtig, daß das, was er die »ironische Bewußtheit« des Textes nennt, dem in anderen Texten vorfindlichen »Pathos des asketischen Ideals« entgegensteht, vgl. Baumgart, Reinhard: Das Ironische und die Ironie in den Werken Thomas Mann, München 1964, S. 120, 123

Dies deutet auf den Sachverhalt, daß sich die Motive der Urzustandswildnis und des Lotos auf die meditative Herstellung der Amithâba-Welt beziehen lassen, die C.G. Jung beschreibt[9], und die Thomas Mann über Schopenhauer vermittelt ist. Der Blick auf die untergehende Sonne und das Ansehen eines glänzenden Gegenstands, Aschenbachs Blick auf die das Sonnenlicht reflektierenden Straßenbahngeleise, führen zur Meditation des Wassers als einer aktiven Imagination der spiegelnden Wasserfläche, die ein Verschmelzen von Materiellem und Immateriellem symbolisiert. Das Wasser weist auf die Grunderfahrung des Leidens und Nichtseins, des Nicht-Seins und des Nicht-Ich-Seins. Wichtigstes Ereignis solcher Meditationsübungen, ein Ziel, das Aschenbach allerdings nicht zu erreichen vermag, ist die imaginative Rekonstruktion des Buddha, der allemal im runden Lotos sitzt und das Zentrum des paradiesisch-urzuständlichen Oktogon der Urwaldwildnis bildet. Dieser Lotos und Buddha sind nichts anderes als das hervordringende Ich-Selbst des Meditierenden, zugleich sind sie auch dessen Steigerung, Ausdruck einer wiedergefundenen reinen und sprachlosen Identität.

Von dieser Restitution des Ich bleibt Aschenbach allerdings entfernt. Zwar scheint sich sein Ich zu behaupten, indem er rationalisiert, was ihm in München widerfährt. Doch zugleich zeigt sich, daß sein bewußter und vermeintlich vernünftiger Entschluß zu reisen, unbewußt motiviert ist: er sucht nicht allein das »Fremdartige und Bezugslose« (TMW 8; 457), sondern es heißt überdies: »ein Zug seines Innern« bestimmt ihn auch dazu, von der Insel in der Adria weiterzureisen, weil er dort keinen Strand findet, der ein »ruhevoll innige(s) Verhältnis [...] zum Meer« ermöglicht (TMW 8; 458). Das Meer selbst wird zum zentralen Symbol für das Unbewußte, jede Wasserfahrt kommt einem Eintauchen in unbewußte Wahrnehmungen gleich. Nach der Begegnung mit dem Polesaner Greis scheint Aschenbach eine »träumerische Entfremdung, eine Entstellung der Welt ins Sonderbare um sich zu greifen, der vielleicht Einhalt zu tun wäre, wenn er sein Gesicht ein wenig verdunkelte und aufs neue um sich schaute« (TMW 8; 460).

Die intensive Wirkung des Novellentextes begründet sich allerdings gerade daraus, daß er keine scharfe Grenze zwischen Aschenbachs subjektivem Wahrnehmen und authentischen Sachverhalten, zwischen Innen und Außen, Bewußtem und Unbewußtem zieht. Vielmehr verwischt er systematisch jene Grenze, nach welcher die Realitätsprüfung verlangt. Dabei wird nicht nur Aschenbachs Traumbild in einer Sprache präsentiert, die an unbewußten sexuellen Bildern und Metaphern reich ist, auch die Traumbilder und die Erzählerreflexion verbinden sich mitunter

---

[9] Jung, C.G., Werke Bd. XI: Zur Psychologie westlicher und östlicher Religion, hrsg. v. Marianne Niehus-Jung, Lene Hurwitz-Eisner, Franz Rinklin, Olten 1971, S. 612

übergangslos. Eine Erzählerbemerkung über den Verlust des Raum- und Zeitgefühls auf dem Meer illustriert die Empfindung eines »Dämmern(s) im Ungemessenen« durch Tagtraumbilder Aschenbachs, die seine vorangehenden Erfahrungen wiederholen und verfremden: »Schattenhaft sonderbare Gestalten, der greise Geck, der Ziegenbart aus dem Schiffsinnern, gingen mit unbestimmten Gebärden, mit verwirrten Traumworten durch den Geist des Ruhenden, und er schlief ein« (TMW 8; 461).

Häufig auch schildert der Text einen Übergangsbereich zwischen Wachen und Träumen, Zustände einer Erschlaffung, eines Schwindens der Ich-Funktion. Auch diese sind mit den Bildern des Wassers und des Meeres verknüpft. Bei der Gondelüberfahrt zum Lido versucht sich Aschenbach zunächst gegen den Gondoliere, der ihn gegen seinen Willen befördert, zur Wehr zu setzen, doch schließlich siegt der »Bann der Trägheit«, obwohl es ihm »träumerisch« so vorkommt, als sei er einem Verbrecher in die Hände gefallen, der ihn – merkwürdig genug – zum »Aides«, zum Hades, schicken wolle (TMW 8; 466). Vor dem Hintergrund des Meeres auch wird Aschenbach als der »Einsam-Stumme« dargestellt, für welchen die Einsamkeit »das Verkehrte, das Unverhältnismäßige, das Absurde und Unerlaubte« (TMW 8; 468) hervorbringt; das Meer beherrscht viele der Tagträume Aschenbachs, es ist nicht nur die Bühne ihres Geschehens, sondern es trägt selbst alle Attribute des Unbewußten, das »Element« gleicht diesem ebenso wie seinen Bildprojektionen. Die Schilderung des Strandlebens als einer Erscheinung der »Kultur am Rande des Elementes« (TMW 8; 474) wird so zu einer psychologischen Metapher. Denn auf das Meer richten sich auch die unbewußten Phantasien des Künstlers Aschenbach, der jenes Element »aus tiefen Gründen« (TMW 8; 475) liebt, sein »verführerische(r) Hang [...] zum Ungegliederten, Maßlosen, Ewigen, zum Nichts« erscheint zugleich als eine andere Form seiner Sehnsucht nach dem Vollkommenen (TMW 8; 475). Es hat seinen besonderen Sinn, wenn Tadzio ausgerechnet dann »plötzlich die Horizontale des Ufersaums« überschneidet, als Aschenbach gerade »tief ins Leere« träumt. In einem wortwörtlichen Sinn bewegt sich der Knabe an der Grenze der unbewußten Wahrnehmung Aschenbachs, die phantasierte Anrede des Jünglings als »Kritobulos« findet ohne Zweifel in einem Augenblick der nachlassenden Ich-Kontrolle statt: »Trägheit fesselte den Geist, indes die Sinne die ungeheure und betäubende Unterhaltung der Meeresstille genossen« (TMW 8; 477/8).

Aschenbachs Rückkehr an den Strand nach seiner mißlungenen Abreise, sein unbewußtes Eingeständnis der »Wahrheit des Herzens«, die ihn beim Anblick Tadzios »die Begeisterung des Blutes, die Freude, den Schmerz seiner Seele« (TMW 8; 486) empfinden läßt, vollzieht sich bei einem aufklarenden Himmel, welcher dem Meer bereits wieder Farbe verleiht (TMW 8; 485); die Gebärde eines Empfangens, mit welcher der Protagonist Meeresszenerie und Tadzio begrüßt, ist wiederum zugleich die Situation eines Erschlaffens (TMW 8; 486).

Es scheint, daß vor dem Hintergrund jenes großen Nichts, welches das Element verkörpert, auch die Sprache versagt. Nicht nur bestärkt das Meeresbild bei Aschenbach die Erfahrung der Einsamkeit. Die beherrschenden Sprachfetzen in den am Meer geträumten und erlebten Szenen entstammen zudem aus einer ihm fremden Sprache, in welcher der u-Laut des Namens Tadzio dominiert; einer Arbeitsnotiz folgend könnte er auch auf den Ruf »Alla hu« weisen. Je mehr Aschenbach in seine Phantasien versinkt, desto mehr weiß er sich auch von der Sprache getrennt. Es ist nicht zufällig, daß zu dem Zeitpunkt, als er für Tadzio sein »Ich liebe dich!« (TMW 8; 498) flüstert, im Hotel längst nur noch »fremde Laute sein Ohr trafen« (TMW 8; 499). Die Hingabe an das Unbewußte, das Versinken in den Tagtraumphantasien gehen mit einem Enden der verständlichen und verstehbaren Sprache einher.

Zugleich bewirkt diese Situation eine Klarlegung. Sind über große Strecken des Textes hinweg Aschenbachs Träume, Tagträume und Phantasien noch auf den Bereich des Unbewußten verwiesen und von der Realität abgegrenzt, so bestimmen sie jetzt bereits unmittelbar sein Handeln. Er erfährt das »Glück eines späten und tiefen Rausches« (TMW 8; 503), in einem Zustand »völliger Trunkenheit« lehnt er sogar an den Türangeln von Tadzios Zimmer (TMW 8; 503). Die Stabilisierung des Ich durch eine Verpflichtung auf die Würde endet; der Künstler richtet seine Aufmerksamkeit mit unübersehbarer und zugleich unheimlicher Faszination auf die »unsauberen Vorgänge im Innern Venedigs«, auf jenes »Abenteuer der Außenwelt, das mit dem seines Herzens dunkel zusammenfloß und seine Leidenschaft mit unbestimmten, gesetzlosen Hoffnungen nährte« (TMW 8; 504).

Immer mehr fällt Aschenbach in »exotische [...] Ausschweifungen des Gefühls« (TMW 8; 503), die seinem bisherigen Leben widersprechen. Unter dem Eindruck der ebenso fremden wie faszinierenden Lieder der Musikanten, deren letztes in »unverständlichem Dialekt« (TMW 8; 509) dargeboten wird, gerät er in einen »Traumbann«, der nun völlig Außenwelt, das kranke Venedig, und Innenwelt, die Liebe zu Tadzio, miteinander verknüpft. Kein Zufall auch ist es, daß die Musikantenszene beschreibt, wie zuerst die Musik über eine ohnehin unverständliche Sprache dominiert, bis schließlich Singen und Musizieren zurückweichen hinter der Gestik und dem animalischen Lachen der Darsteller (TMW 8; 510-1), das ebenso mitreißend wie beängstigend wirkt. Von den Sicherheit verleihenden Normen der Sozialisation, die vor allem durch Reden und Schreiben befestigt sind, kehrt Aschenbach auf eine Stufe zurück, die sich unbewußten Verhaltensweisen annähert, wie sie sich auch vor der Ich-Gründung denken lassen.

Sein letzter Traum (TMW 8; 517) ist Wiederaufnahme und Verdichtung der vorher erzählten Motive und Bilder. Gleichzeitig vollendet und bekräftigt er die Abkehr des Protagonisten von der kontrollierenden Vernunft. Über ihn, der gerade im Reisebüro den wirklichen Grund für die Hygienemaßnahmen in der Stadt erfahren hat, heißt es, daß er »im Besitz der Wahrheit, einen Geschmack von Ekel dabei auf der Zunge und ein phantastisches Grauen im Herzen« in einem Prachthof auf und ab schreite (TMW 8; 514). Sehr genau wird dabei eine psychische Bewegung als räumliche abgebildet, sie führt vom Denken über die sinnliche Empfindung zur unbewußten Wahrnehmung: von den Formen der sekundären Sozialisation schreitet die Figur zurück in ihre unbewußten Anfänge. Eine ähnliche Bewegungsrichtung läßt die unmittelbare Vorgeschichte des Traums assoziieren. Ausgehend von einer geträumten bewußten Handlung, mit welcher er die Polen warnen will, erinnert sich Aschenbach nicht nur an die gleißenden Inschriften am Münchner Hauptfriedhof, die ursprünglich Auslöser seines ersten Tagtraums sind, sondern auch an jenen in diesem Zusammenhang geschilderten frühen Wahrnehmungszustand, der metaphorisch als sinnlicher beschrieben wurde und jetzt wieder so dargestellt wird; er denkt zurück an das, was er mit dem »Auge seines Geistes« (TMW 8; 515) gesehen hat. Erst dann taucht der Protagonist völlig in eine unbewußte Reaktion ein, die zugleich die Haltung der Moral leugnet, das »Bewußtsein seiner Mitwisserschaft, seiner Mitschuld berauschte ihn, wie geringe Mengen Weines ein müdes Hirn berauschen«. Und schließlich entzündet ihm das Bild der »heimgesuchten und verwahrlosten« Stadt Venedig »Hoffnungen, unfaßbar, die Vernunft überschreitend und von ungeheuerlicher Süßigkeit«, »Kunst und Tugend« stellt er nun nicht mehr nur einem unbewußten Trieb folgend, sondern schon bereitwillig hinter den »Vorteilen des Chaos« zurück (TMW 8; 515).

Der erzählte Traum, der selbst aus einem Einbruch des Unbewußten hervorgeht, schildert jene Bewegung weg von der Vernunft, diesen Einbruch der gegen die Ich-Kontrolle gerichteten Bilder noch einmal, als gälte es, das Ineinanderwirken von latentem und manifestem Traumgedanken und die Gesetze der Traumbearbeitung zu beschreiben. Schauplatz des Traumes ist ein Raumbild, in das Aschenbach eintreten könnte, und doch ist dieser Ort wieder nur seine Seele, in die alle Außenbilder unkontrolliert hereinbrechen und den »geistigen Widerstand«, die »Kultur seines Lebens« (TMW 8; 516), die Reste der kontrollierenden Ich-Instanz zerstören. So schreibt sich das Erzählen bis in jene Schicht der latenten Traumgedanken vor, die nicht ohne Grund unter dem Zeichen des Phallus Wollust und Mordlust, Tod und »grenzenlose

Vermischung«, »Unzucht und Raserei des Unterganges« (TMW 8; 517) unmittelbar nebeneinander treten läßt. Damit mündet die ambivalente Gefühlsstimmung von »Angst und Lust« und einer »entsetzte(n) Neugier« (TMW 8; 516), die zu Beginn noch durch gegensätzliche Gefühle beschrieben wird, in einen wirren Traum. Und auch in diesem verdrängen die Musik und das Singen, die schließlich in den gezogenen »u-Ruf« einmünden, die kontrollierte Rede, bis schließlich nur noch die »geilen Gebärden und buhlenden Hände« (TMW 8; 517) unter Lachen und Ächzen vorherrschen und die Sprache der Körper alles zu beherrschen scheint. Es ist signifikant, daß das einzige benennende Wort, das der Text überdies kursiv hervorhebt: »Der fremde Gott!« (TMW 8; 516) zwar bereits schon als dunkel bezeichnet wird, aber auch unmittelbar mit einer Vision verknüpft ist, in der Aschenbach ein Bergland erkennt, »ähnlich dem um sein Sommerhaus« (TMW 8; 516). Es ist jener Ort in den Bergen, an den er sich noch einige Zeit davor erinnert und der als die »Stätte seines sommerlichen Ringens« bezeichnet wird (TMW 8; 487-8), der gegenüber »Das Strandleben« als ein elysisches Gefilde erscheint.

Der letzte Traum schreibt die erinnerten Bilder an das Landhaus und die Zeit der Arbeit wie an die Strandszenerie mit Tadzio in ein faszinierendes und beängstigendes Bild um, in welchem der Verlust der Selbstkontrolle nicht nur durch das Verhalten der Traumfiguren und Traumereignisse, sondern zugleich durch eine Raummetaphorik ausgedrückt ist, die wiederum sexuell besetzt ist. Von den Höhen, die sich der Landschaft um das Landhaus Aschenbachs vergleichen lassen, vom Ort des Geistes mithin »wälzte es sich und stürzte wirbelnd herab« (TMW 8; 516), bis schließlich unten »auf zerwühltem Moosgrund grenzenlose Vermischung begann« (TMW 8; 517). An diesem Punkt erweitert sich überdies die Synästhesie des Traumbildes, das Töne, Rufen, Musik, Ächzen und Lachen nicht nur mit expressiven Bildern und Bewegungen, sondern auch mit der Beschreibung von Gerüchen verbindet. Noch auffälliger ist, daß sich Aschenbach als Figur seines eigenen Traumes erleben kann, »mit ihnen, in ihnen war der Träumende nun und dem fremden Gotte gehörig« (TMW 8; 517). Dieser geträumte Doppelgänger weist nicht allein voraus auf jenen anderen Aschenbach, der zum falschen Jüngling verwandelt den Friseursalon verläßt; der Doppelgänger ist vielmehr für den Träumenden auch der Verkünder des Todes.

Die geträumten Phantasien und die wirklichen Ereignisse werden nicht nur so im Traum transformiert, daß sie voneinander nicht mehr zu unterscheiden sind: Gerade in den Augenblicken, in denen sich Aschenbachs Leben dem Tode zuneigt, spricht auch der Erzähler allein noch aus der Perspektive der Figur. Er beschreibt, daß Aschenbach mit »gewissen, nur halb körperlichen Schwindelanfällen« zu kämpfen habe, die mit einem Gefühl der »Ausweg- und Aussichtslosigkeit« verbunden waren, »von dem nicht klar wurde, ob es sich auf die äußere Welt oder auf seine eigene Existenz bezog« (TMW 8; 522-3). Die Beschreibung von Aschenbachs Sterben aber geht noch weiter. Tadzio, nunmehr nur noch als »Psychagog« bezeichnet, scheint hinauszudeuten, ja voranzuschweben »ins Verheißungsvoll-Ungeheure«. Und völlig lapidar, als konstatiere der Erzähler einen Sachverhalt, der sich durch Augenschein überprüfen ließe, heißt es: »Und, wie so oft, machte er sich auf, ihm zu folgen« (TMW 8; 525). Für einen kurzen Augenblick entwirft gerade das genaue Beschreiben eine phantastische Perspektive.

1.2. Traum und Text

Das auffällige Gewicht der Tagträume und Träume im »Tod in Venedig« ist einerseits kennzeichnend für das Frühwerk Thomas Manns, andererseits charakteristisch für eine subjektiv empfundene Wechselbeziehung von Traum und Leben, mit welcher sich der Autor nicht nur in seinem fiktionalen Werk auseinandersetzt.
Fragt man nach der Bedeutung der Traumzustände in den frühen Texten, so zeigt es sich, daß sie in erster Linie unterdrückte Wünsche bewahren oder deren Erfüllung entwerfen. Gerade so rücken sie in enge Nähe zu Freuds Überlegungen über Form und Funktion der Träume und Tagträume. Charakteristisch für die frühen Texte ist auch, daß dort Traumzustände bisweilen fundamentale Einbrüche in eine Realitätswahrnehmung darstellen, die in den Texten dann phantastisch deformiert erscheint. Ein Beispiel dafür gibt die Novelle vom »Kleiderschrank«. Das phantastische Durchbrechen des unbewußten Wünschens in der Handlung einer Geschichte, die eine Episode aus dem Leben eines Décadent zu erzählen vorgibt, ist in jenem Text schon durch die Beseitigung der Ortsnamen, durch eine willentliche Gedächtnisaustilgung des Protagonisten vorbereitet. Das Mädchen, das van der Qualen im Kleiderschrank seines Hotelzimmers erscheint, ist in einem doppelten Sinn reines Produkt der Phantasie. Es erscheint als kindlich und sinnlich zugleich: »Sie war ganz nackt und hielt einen ihrer schmalen, zarten Arme empor [...] Wellen ihres langen, braunen Haares ruhten auf ihren Kinderschultern [...] Ihr Mund war ein wenig breit, aber von einem Ausdruck, so süß wie die Lippen des Schlafes [...]« (TMW 8; 159). Die Verführungsgewalt der schönen und unschuldig erscheinenden kindlichen Nackten geht von dem unerwarteten Satz aus: »Soll ich dir erzählen?« (TMW 8; 160). Immer dann aber, wenn van der Qualen sich »vergißt« (TMW 8; 161), bleibt die dafür vorgesehene Strafe nicht aus: Mehrere darauf folgende Abende ist das Mädchen nicht im Schrank, und

wenn sie wiederkommt, so schweigt sie noch einige Abende, bis sie wieder zu erzählen beginnt (TMW 8; 161).
Die in dieser Novelle entworfene Situation ist in mancher Hinsicht für die Rolle des Traums in Manns Frühwerk charakteristisch. Dieser erweist sich dort als symbiotische Phantasie, die auf ein unerreichbares Liebesobjekt gerichtet ist. Zugleich steht der Traum immer auch in Konkurrenz zur unterdrückten oder nicht möglichen Rede. Charakteristisch ist zudem, daß in jene zu Träumen verwandelten Wünsche schon das Tabu eingegangen ist, das ihnen entgegensteht. Nicht nur vollzieht sich van der Qualens erträumte Liebesgeschichte in einem Raum, der von einem Mahagonibett beherrscht ist, das der Leser als das mütterliche Bett des Autors erkennen kann, auch die Geschichten des geträumten Mädchens verkoppeln die sexuellen Wunschbilder mit Bildern des Todes. Durchaus vergleichbar jenem letzten Traum von Liebe und Gewalt, den Gustav Aschenbach träumt, heißt es über die Traumbeziehung im »Kleiderschrank«: »Das Ende war so traurig, wie wenn zwei sich unauflöslich umschlungen halten und, während ihre Lippen aufeinanderliegen, das eine dem anderen ein breites Messer oberhalb des Gürtels in den Körper stößt, und zwar aus guten Gründen. So aber schloß es« (TMW 8; 160).
Es zeigt sich auch, daß die Träume in Manns Frühwerk entweder in Konkurrenz zu bewußter Kommunikation stehen oder aber diese zu substituieren versuchen. In der Geschichte »Wie Jappe und Do Escobar sich prügelten«, die mit der Figur des Johnny Bishop schon weitgehend die Gestalt des Tadzio aus dem »Tod in Venedig« vorwegnimmt, befindet sich der Erzähler nicht nur in einer latent-homoerotischen Beziehung zu jenem Knaben. Er träumt sich auch schon den bevorstehenden Kampf zwischen Jappe und Do Escobar; mit einer »Art Pflichtgefühl«, einer »großen Scheu und Scham«, einer »nervösen Furcht« führt er einen erbitterten Kampf »auf Leben und Tod« und versetzt sich völlig in die Gefühle der kämpfenden Personen (TMW 8; 431). Er kämpft »im Geiste blind und blutig mit einem ebenso entmenschten Gegner«, bis sich schließlich herausstellt, daß alles ein Traum war, der übergangslos in die Schilderung der Geschichte eingeschoben ist (TMW 8; 432). Auch hier entwirft der Traum, allerdings verstellt in die Schilderung eines Kampfes, die Bilder einer starken und tiefen Sehnsucht nach anderen, die ohne Zweifel sexuell besetzt sind. Nicht anders ist es in der Novelle »Tristan«. Sie weist allerdings insofern über die Problematik vorangehender Novellen hinaus, als in ihr aus dem Tagtraum zugleich der Entwurf einer kommunikativen Situation entsteht, vermittels derer der Protagonist seine Wunschphantasien in Realität umzusetzen versucht. Dabei gehen die Tagträume unmittelbar aus der Erfahrungswirklichkeit von Detlef Spinell hervor. Nach dem Gesetz seiner Wunschphantasie

läßt er die angebetete Frau Klöterjahn zusammen mit ihren Freundinnen auftreten. Aus ihrem Erinnerungsbericht über den väterlichen Garten und ihr Zusammensein mit ihren sechs Freundinnen setzt er sich spontan eine Tagtraumszene zusammen, der er selbst in dem Maß als Hauptfigur angehört, wie er Frau Klöterjahn zum Ziel aller seiner Wünsche verklärt (TMW 8; 234). Zugleich wird die Textur dieses Tagtraums in einem Wechselgespräch verdichtet, das die kommunikative Situation verklärt, aus der es erst hervorgeht. Spinell phantasiert sich die Klöterjahn als eine Königin unter ihren Freundinnen, seine erdachte Szene ist eine Tagtraumversion der authentischen Erinnerungen von Gabriele Klöterjahn. Das Erzählen dieses Traums begründet für den Künstler eine Verständigung mit Gabriele, die schließlich zu deren geistiger Verführung wird. Anders als später Aschenbach kann Spinell allerdings noch über seine Träume verfügen, er vermag sie als Mittel der Verführung, als Methode der Kommunikation zu benutzen, insofern er sie erzählt. Während sich Aschenbach von Anfang an durch seine Träume von den anderen abtrennt, zu denen er sich hinwünscht, fängt Spinell den anderen in seiner Rede ein, ohne allerdings unmittelbar erleben zu können. Schon hier wird wiederum die Rede von der Musik abgelöst, so wie im »Tod in Venedig« das geträumte Sprechen Aschenbachs im orgiastischen Konzert und Geheul des letzten Traumes untergeht. Was im »Tristan« allerdings noch als »Mysterienspiel« bezeichnet wird, als »Vereinigung im ewigen Jenseits der Dinge«, in der die Liebenden »den Fesseln des Raumes und der Zeit entronnen« sind, »verschmolzen das Du und das Ich« (TMW 8; 245), gibt es für Aschenbach nur noch als einen geträumten Liebes- und Todesrausch, der keine bestimmte Person mehr kennt.

Hans Castorps Traum im »Schneekapitel« des »Zauberberg«, der immer wieder als die humanistische Botschaft des Mannschen Werkes ausgegeben wird, nimmt die antithetischen, vom unbewußten Wünschen bestimmten Bilder früherer Träume auf. Die Sehnsucht nach einer symbiotischen Beziehung, die einer narzißtischen Spiegelbeziehung ähnelt, kulminiert in einem synästhetisch ausgearbeiteten Bild des Goldenen Zeitalters, in dessen Zentrum sich nicht nur ein Jüngling, sondern auch eine stillende Mutter befindet. Zudem erweist sich auch dieses Bild als ambivalent. Beim Anblick der stillenden Mutter, der er heimlich zusieht, verspürt Castorp Schuldgefühle, er fühlt sich als »Unzugehöriger« und »unedel und häßlich und plump gestiefelt« (TMW 3; 681). Und auch der Jüngling, den er fixiert wie Aschenbach jenen Fremden am Hauptfriedhof, zeigt schließlich eine Miene der Todesverschlossenheit, das »Lächeln höflich geschwisterlicher Rücksicht« schwindet, weil er Castorp auf eine archaische Schlachtungsszene hinweist, in der zwei hexenhafte Weiber einen Säugling zerreißen (TMW 3; 681). So wird die ambivalente Wirklichkeitswahrnehmung rekonstruiert, welche die frühen Mannschen Novellenfiguren bestimmt, zugleich wird sie auf signifikante Weise gesteigert. Die Phantasie des Goldenen Zeitalters, die mit dem Wunsch nach einer symbiotischen Beziehung gekoppelt ist, und die Wahrnehmung des archaischen Schlachtungsritus werden unmittelbar miteinander verknüpft; sie setzen die spannungsvolle Beziehung von Phantasiewelt und Realitätserfahrung im Traum selbst noch einmal ins Bild. Durch die Logik des Traumes wird nahegelegt, daß die Bilder des Friedens und der Zerreißung in einem Zusammenhang stehen. Dieser ist ohne Zweifel genetisch, er bezieht sich auf die Geschichte des Ich. Damit ist die Verbindung zwischen dem träumenden Castorp und dem mythischen Bild in Wahrheit eine doppelte Relation. Was dem gebildeten Leser als das Goldene Zeitalter vorgeführt wird, ist nur Reflex der idealen dualen und sprachlosen Kommunikation von Kind und stillender Mutter, die gespiegelt wird, wo sie nur erinnert werden kann. Eben dieses Traumbild reproduzieren viele Texte Thomas Manns, zuletzt der »Krull« in der Episode mit Madame Houpflé. Doch anders als dort sind Bild und Gegenbild hier unmittelbar aufeinander bezogen. Im Traum des »Schneekapitels« tritt als Hinweis auf die Sehnsucht nach Wiederholung symmetrischer Kommunikation der schöne Knabe dem unförmig gestiefelten Träumer als Ideal-Ich gegenüber. Das Gegenbild zur geschichtlichen Urzustandsidylle, die Zerreißung des Kindes, ist allerdings in Wahrheit das geheime Zentrum jener geträumten Geschichte der Sozialisation. Es deutet auf eine Entwicklung des Ich, von der vorgeblich nicht die Rede ist. Das Kind in den Armen der Frau ist ein »Würmchen«, und in diesem erkennt der erfrierende und halluzinierende Hans Castorp sich selbst wieder, »weil sie eins sind«[10]. Uneingestandener Grund jeder Konstitution des Ideal-Ich ist die Urszene des Blutmahls, jene Zerschlagung der ersten imaginären Konstitution des Ich, die am Beginn der Sozialisation steht. Die mythische Welt, nach deren Gesetz die Geburt aus der Zerstückelung hervorgeht und in welcher an der Stelle der menschlichen Mutter und ihrer Liebe die Hexen und Ammen stehen, ist ihr Bild[11]. In ihm hätte auch der träumende Castorp die Stelle des zum Tode bestimmten Kleinkindes einzunehmen. Dies wird im Text deutlich durch Sprache. Ausgerechnet in der Urszene, im Augenblick größter Bedrohung und Todesangst, wird Castorps heimischer Dialekt gesprochen, erweist sich die Sprache als eben das, was nicht dem Subjekt angehört, sondern aus dem Wollen und Begehren, aus den Stimmen

---

[10] Fischer, Gottfried/Kittler, Friedrich A.: Zur Zergliederungsphantasie im Schneekapitel des »Zauberbergs«, in: Goeppert, Sebastian (Hrsg.): Perspektiven psychoanalytischer Literaturkritik, Freiburg 1979 (= rombach hochschulpaperback 92) S. 23-41, da S. 33

[11] Fischer/Kittler, a.a.O., S. 35. Vgl. dazu Eliade, Mircea: Schamanismus und archaische Ekstasetechnik, Frankfurt 1975 (= stw 126) S. 431

der anderen hervorgeht[12]. Der träumende Zuschauer Castorp erkennt sich als das gesprochene Wesen und erfährt, was es mit dem Unbewußten auf sich hat. Zugleich zeigt sich hier eine bemerkenswerte Querverbindung zum »Tod in Venedig«, die ebenfalls die synonyme Grundstruktur beider Texte deutlich macht. Das Standbild von Mutter und Tochter im »Schneekapitel« hat unzweifelhaft die Funktion, »von jenen unbeherrschbaren oral-aggressiven Impulsen abzulenken, die sich nicht nur in den hexenhaften Weibern, sondern auch in den reißenden und mordenden Gestalten im Traume Aschenbachs verkörpern«[13].
Der Vergleich mit dem »Schneekapitel« ist noch in anderer Hinsicht aufschlußreich; er weist auch auf die Transformation jener Angstträume, wie sie in der Folgezeit im Werk Thomas Manns charakteristisch ist. Denn einerseits bewahrt der Schneetraum Hans Castorps die Erinnerung an einen Zustand, der vor der Sprachwerdung des Menschen steht, er setzt ihn jenem zerstörenden Einbruch der Sprache der anderen gegenüber, der die Geschichte der Sozialisation prägt. Andererseits verfällt Hans Castorp, der später alles vergessen wird, was er geträumt hat, unmittelbar aus dem Traum erwachend in eine vernünftige Rede. In dieser führt er das Entstehen jener Bilder, denen er in Wahrheit untersteht, auf sich selbst als den Träger der Weltseele zurück. Er erklärt sich mit den Worten seines Autors zum Herrn der Gegensätze, so wie jener Herr des inszenierten diskursiven Dialogs ist, der alles zu sein vorgibt, was sich über Wirklichkeit sagen läßt.
Damit zeigt sich, daß bereits im »Zauberberg« das Träumen auf eine erzählte Selbstdeutung hinführt, die sich in den Texten Thomas Manns in zunehmendem Maß präzisiert und deren Ideal-Ich ein Dichter ist. Der »Zauberberg« ist insofern eine entscheidene Wende innerhalb des Mannschen Werks, als er den psychologisch beschreibbaren Kern des Erzählens, der zur Erfindung erzählter Träume führt, auf eine Stufe höherer Reflexion hebt. Er schreibt ein Problem fort, das im »Tod in Venedig« vorbereitet ist; zugleich transformiert er es durch die erzählerische Ironie zu einem Selbstentwurf. Was in der dramatischen Verdichtung der Venedignovelle noch als ungelöster Konflikt dargestellt wird, scheint im ironisch geprägten epischen Kontext des »Zauberberg«-Romans untragisch aufgelöst. Doch diese Konfliktlösung bedarf einer neuen Erzählweise, der Entfaltung jenes mythologischen Erzählens, das im »Tod in Venedig« erst vorbereitet ist.
Während im »Zauberberg« die vernünftige Rede über den Traum Herrschaft gewinnen muß, um einen Selbstentwurf zu schaffen, geht jener im Josephsroman unmittelbar aus den Träumen hervor. Josephs Träume

---

[12] Lacan, Jacques: Ecrits, Paris 1975, S. 161
[13] Dettmering, a.a.O., S. 32

stehen von Anfang an im Zusammenhang mit seiner Rede; Traum und Diskurs sind bei ihm an jeder Stelle synonym. Zusammen mit den Mythen, die Joseph erzählt, und in denen er seine eigene Rolle bestimmt, sind die Träume Teil eines umfassenden inszenierten Sprachspiels, das sich auf die Sprache des Unbewußten gründet und damit auch eine metasprachliche Kommunikation erlaubt. Im Ineinander von Traum, Diskurs und Rollenspiel erweist sich, daß Joseph zugleich »Gesegneter des Traums wie der Tat ist«[14]. Er, dessen Träume nur dann Bedeutung gewinnen, insofern sie erzählt werden, übt sich von Anfang an im Gespräch mit Benjamin und den anderen Brüdern. Dabei zeigt sich, daß seine kindlichen Allmachtsträume und Vaterphantasien zu einer Konstitution von Selbstbewußtsein führen, die sich im Erlernen eines sozial vermittelten Diskurses der Traumerzählung bestätigt. Dieses Erzählen wird zum Synonym des Dichtens. Im Erzählen erst werden Bericht, Erkenntnis und Selbstanalyse in zunehmendem Maß für die Figur eins. Joseph beginnt schließlich, eigenes Erleben nach den Mustern der Geistesgeschichte und der Psychoanalyse zugleich zu erzählen. Von ihm heißt es dann, er habe »geistig die Augen aufgemacht, um zu sehen, was ›eigentlich‹ geschah« (TMW 4; 582). Seine Traumdeutungen in Ägypten, die am Ende dieser Entwicklung stehen, zeigen, daß er nun in der Lage ist, einen sinnvollen Diskurs mit anderen zu führen. Dessen Besonderheit liegt darin, daß Joseph als Traumdeuter die äußeren und die inneren, unbewußten Voraussetzungen des Träumens dechiffriert und sich durch das Dechiffrieren zugleich selbst begreifen lernt. Insofern markiert die Traumdeutung eine Wende in der Geschichte Josephs und zugleich einen Endpunkt in jenen erzählten Geschichten des Traums, die Thomas Manns Werk bestimmen. Joseph, der dem Pharao seine Träume schließlich nach der Methode Freuds auslegt und von der Klärung der Vorbedingungen über die freie Assoziation zur Deutung schreitet, legt im Traumdeuten die Korrespondenz von Phantasie und Imagination, die lebensbestimmende Kraft des Träumens klar. Denn eines unterscheidet den begabten Träumer Joseph deutlich vom Träumer Hans Castorp wie vom leidenden Träumer Aschenbach: Sein Traum vermittelt sich in den sozialen Diskurs, ohne dabei den Entwurf seines eigenen Lebens zu verfehlen. Der Diskurs mit den anderen, das Erzählen und Deuten der Träume, macht das durch Joseph vorgestellte Ich-Selbst zu einem sozialen Ich, das die schmerzhafte Erinnerung an eine zwanghaft erfahrene und ihm nur aufgesprochene Sprache verloren hat. Und es ist klar, daß dies offenbar bloß gelingen kann, weil Joseph nicht allein Träumer und Deuter, sondern auch ein begnadeter Redner ist. Und wem es im Text

---

[14] Heftrich, Eckhard: Geträumte Taten: »Joseph und seine Brüder«, in: Thomas Mann 1875-1975. Vorträge in München – Zürich – Lübeck, hrsg. v. Beatrix Bludau, Eckhard Heftrich und Helmut Koopman, Frankfurt 1977, S. 659-676, da S. 660

selbst nicht klar wird, dem erläutert es später der Autor bereitwillig: Joseph ist »Künstler«, weil er mit dem Unbewußten zu spielen vermag (TMW 9; 499).
Von solcher Selbstversicherung sind Figur und Autor der Venedignovelle noch weit entfernt. Dort bleibt der Selbstentwurf des Autors, der sich in verschiedenen Facetten der Aschenbach-Gestalt findet, außerhalb aller sozialen Diskurse stehen; und auch Aschenbachs Versuche, zu anderen in eine unmittelbare Beziehung zu treten, verfangen sich in unbewußten narzißtischen Projektionen. Zwar weisen alle Träume im Werk Thomas Manns einen Weg ins Innere der Figur, der schließlich auf die unbewußten Wahrnehmungen des Autors weist. Doch klarer als bei Aschenbach ist Castorps Träumen zugleich ein Sich-Erinnern, das der Leser auf die psychische Entwicklung des Protagonisten zu beziehen vermag. Im Traum erscheint hinter den Diskursen mit den Bildungsvätern des norddeutschen Bürgerlichen, die allesamt auf eine begriffliche Ordnung der Wirklichkeit und auf die Kontrolle des Selbst abzielen, eine mythische Mutterwelt, in welcher Verheißung und Tod unmittelbar nebeneinander liegen. Wie im »Tod in Venedig« ist auch im »Zauberberg« Kern dieses doppelten Traums eine fundamentale Auseinanderlegung der Bedingungen des Ich-Selbst und des sozialen Ich. Doch anders als Aschenbach, dessen Traumrede alsbald endet, dechiffriert Castorp den Traum im nachhinein selbst, wenn auch unbewußt, als Wiederholung der eigenen Geschichte. Dies deutet voraus auf Texte, wo das Wiederholen zum Programm des Lebens wird, wie im Josephs- und im Lotteroman. Gegenüber dem »Tod in Venedig« ist diese Entwicklung augenfällig. Castorp träumt verständig, wird durch den Traum zum Sprecher, während Aschenbach diesem erliegt. Durch den Traum des Bürgers Castorp eröffnet sich die Möglichkeit des Diskurses da, wo der Künstler Aschenbach im sprachlosen Gestus endet.
Damit bildet das fiktionale Werk symmetrisch eine Entwicklung ab, die sich auch in den Briefen und Selbstreflexionen Thomas Manns verfolgen läßt. Das »unklare und haltlose Ich«[15] Thomas Manns, von dem seine frühen Tagebücher und Notizblätter handeln, sehnt sich einerseits nach der verlorenen »wirklichkeitsreinen« Jugend (TMW 11; 121). Andererseits reichen sein Leiden und seine Ängste bis in die Träume. Der im 8. Notizbuch verzeichnete Traum vom Tod der eigenen Mutter, der den Träumenden an das »Durcheinander von Geburt und Tod« erinnert[16], und der im 7. Notizbuch verzeichnete »Morgentraum von Katja«[17] ge-

---

[15] Wysling, Hans (Hrsg.): Dokumente und Untersuchungen. Beiträge zur Thomas-Mann-Forschung (Thomas-Mann-Studien, hrsg. v. Thomas-Mann-Archiv der Eidgenössischen Technischen Hochschule. Dritter Band) Bern und München 1974, S. 169; de Mendelssohn, a.a.O., S. 319, Notizblatt 560a
[16] de Mendelssohn, a.a.O., S. 705
[17] de Mendelssohn, a.a.O., S. 610

ben dafür deutliche Beispiele. Das immer wieder angesprochene Verhältnis von Traum und Wirklichkeit, das für Thomas Mann als Gesetz des Lebens zugleich das Verhältnis von Werk und Leben bestimmt, hat eine subjektive Zeitachse, die sich verschiebt. Während bis zum »Zauberberg« der fiktionale Text Wirklichkeit vorentwirft, Vorgabe des Lebens ist in dem Sinn, daß er den Wunsch nach Vollendung des Selbst der Erfahrung von Wirklichkeit entgegensetzt, erfüllt in der Zeit des Goethe- und Josephsromans der Wunsch Leben und Werk zugleich. Die Identifikation mit dem großen Vorbild, dem Dichtervater, die »phantastische Freude [...] Goethen einmal persönlich auf die Beine zu stellen«[18], die offensichtliche Orientierung am Nationalschriftsteller und Menschen zugleich ist durch Identifikation mit Figuren des eigenen Werks vorbereitet. Sie bleiben allerdings zunächst immer wieder in Fragmentierungen des Selbst stecken. So handelt Thomas Mann ausdrücklich davon, daß seine eigene Bohème-Existenz mit der des »Tonio Kröger« zu identifizieren sei[19], von dem er sagt, er enthalte das »ganze Gefühl [seiner] Jugend«; ebenso aber handelt er über die persönliche Betroffenheit von der Frage der »Künstlerwürde«, die im »Tod in Venedig« zur Diskussion stehe[20].

So läßt sich erkennen, daß es eine subjektive Zeitachse bei der narzißtisch besetzten Bestimmung der Beziehung von Traum und Leben gibt. Sie erweist sich daran, daß die gleichen Konflikte in unterschiedlichen Fassungen verarbeitet werden. Nur deshalb kann Thomas Mann später über seine frühe Novellenzeit ausführen, er habe eigentlich nur eine Novelle, und zwar viermal dieselbe, auf verschiedenen Lebensstufen geschrieben. Während der Tonio Kröger sein »Eigenstes in jugendlicher Gefühlsfrische«[21] sei, ist der »Tod in Venedig« zugleich Wiederholung dieses Lebenskonflikts und gewichtiges Selbstzitat. In diesem Text habe er, führt er schließlich gegenüber Felix Bertaux aus »[...] fünf Romanfiguren aufgezählt, die des Dichters (Aschenbach) Heldentypus variieren [...]. Das ist eine autobiographische Aufzählung, die ich mir dabei erlaubt habe«[22]. Diese zeitliche Abfolge erst gibt der Komplementarität von Werk und Leben, die in der Geschichte Aschenbachs als schmerzhafte und tödliche Erfahrung wiederholt ist, ihren vollen Sinn. Ein Brief-Essay Thomas Manns an den Grafen Keyserling belegt nicht nur, daß zwischen Thomas Buddenbrook und Aschenbach, sondern auch, daß zwischen diesen und ihrem Erfinder eine enge Beziehung besteht

---

[18] Thomas Mann, Briefe 1889-1936, Frankfurt 1961, S. 430. Im Folgenden: »Briefe 1«
[19] Bürgin, Hans/Mayer, Hans-Otto (Hrsg.): Die Briefe Thomas Manns. Regesten und Register. Bd. I: 1889-1933, Frankfurt 1979, S. 179
[20] Thomas Mann, Briefe 1, a.a.O., S. 123; Bürgin/Mayer I, a.a.O., S. 181
[21] Bürgin/Mayer I, a.a.O., S. 230
[22] Bürgin/Mayer I, a.a.O., S. 370

(TMW 10; 200). Zugleich wird deutlich, daß dieser Verschiebungsprozeß, der den Figuren einen Teil der eigenen psychischen Disposition zuschreibt, zum Versuch wird, eine im Leben nicht mögliche Integrität des Ich herzustellen.

Diese »Verarbeitung« des unmittelbaren Erlebens im Schreiben soll andererseits frei machen für das Leben; nicht anders als Goethe, den das Schreiben des »Werther« vor einem Zugrundegehen am Wertherschen Leiden bewahrt, geht es Thomas Mann, wenn man seinen eigenen Überlegungen Glauben schenkt: »Und der jugendliche Autor des Thomas Buddenbrook heiratete wenige Jahre, nachdem er ihn zum Sterben geleitet« (TMW 10; 200). Die wirkliche Domestizierung des Wunsches im Bezugsfeld einer Familie rettet vor dem Schrecken des ins Unbewußte und in den Traum Abgeschobenen. Sie verklärt auch nachträglich das Werk, in welchem – dafür ist gerade der »Tod in Venedig« ein Beispiel – jenes Wünschen stets seine Spur in erzählten Phantasien und Tagträumen hinterlassen hatte, und betrachtet es als Ergebnis von Zivilisation und Kultur. Wer sich so seiner selbst vergewissert, kann schreiben, als gäbe es keine Grenze zwischen Traum, Phantasie und Wirklichkeit.

Es ist auffällig, daß sich ähnliche Überlegungen bei Thomas Mann immer mit Blick auf die Familie, vor allem aber in Hinsicht auf die eigene Vaterschaft einstellen. Leibliche und geistige Vaterschaft, Zeugen im Leib und im Geist erweisen sich in der Vorstellung des Autors offensichtlich als vergleichbar, wenn nicht gar als austauschbar. In der Idylle des »Gesang vom Kindchen« verschwindet beim Blick auf das leibliche Kind die Grenze zwischen Traum und Wirklichkeit (TMW 8; 1070/1), Werk und Leben (TMW 8; 1072); der spätere Essay »Über die Ehe« sieht Kinder und Werke gleichermaßen als Geschöpfe eines Lebenstraumes an (TMW 10; 201).

Diese Verkoppelung der Phantasmen von geistiger und leiblicher Vaterschaft versucht, ein Problem aufzulösen, welches gerade die frühen Novellen durchzieht und dort als eine fortlaufende Spannung zwischen Fühlen und Erleben einerseits, Schreiben und Denken andererseits dargestellt wird. In den Vorarbeiten zum »Tod in Venedig« finden sich auf Blatt zwanzig drei voneinander abgeteilte Rubriken, in welchen die so skizzierte Spannung in dreifacher Hinsicht erläutert wird. Der erste Abschnitt bezieht sich offenbar auf Aschenbach, der sich »bei ansteigender Leidenschaft seiner sittenstrengen Vorfahren« erinnert[23], der zweite Abschnitt fügt die Begriffe Eros und Wort, die im ersten bereits angedeutet sind, unmittelbar nebeneinander und spricht einem griechischen Vorbild, offensichtlich aber auch Aschenbach eine besondere Fähigkeit im

---

[23] Reed, Terence James: Thomas Mann. »Der Tod in Venedig«. Text, Materialien, Kommentar mit den bisher unveröffentlichten Arbeitsnotizen Thomas Manns, München/Wien ³1984, S. 106. Im Folgenden »Kommentar«

Wort zu. Der letzte Satz dieses Abschnitts »Die Arbeit am Strande« weist allerdings schon auf den folgenden dieser Seite. Denn dort schließlich wird die Spannung von Leidenschaft und Sitte, von Eros und Wort zusammengeführt. Es heißt lapidar: »Nur der glänzt in der Kunst, den Eros unterweist«[24]. Durch den Satz »Tadzio war immer sein König« wird die von diesem Knaben ausgehende Verführung sowohl ein Gegenbild zur familialen Sozialisation wie Beispiel für eine Ablösung der Liebe zum Wort durch den Eros. Es liegt nahe, diese Spannung unmittelbar im Text zu verfolgen.

1.3. Eros und Wort

Der »Tod in Venedig« schildert nicht nur die letzte Zeit eines Künstlerlebens und einen Künstler im Stadium der Reife. Er erzählt gleichzeitig von einer doppelten Sozialisationsgeschichte, von einer sekundären, kulturalen und von einer primären, familialen Sozialisation. Es fällt allerdings auf, daß er dabei die intellektuelle und kulturale Sozialisationsgeschichte in den Vordergrund schiebt, während die familiale, die zugleich Aufschlüsse über die psychische Disposition Aschenbachs gibt, nur verdeckt erzählt wird oder fast völlig in den Hintergrund tritt. Der Text selbst rechtfertigt dies dadurch, daß er die Kunst höher einschätzt als das Leben. »Auch persönlich genommen ist ja die Kunst ein erhöhtes Leben. Sie beglückt tiefer, sie verzehrt rascher. Sie gräbt in das Antlitz ihres Dieners die Spuren imaginärer und geistiger Abenteuer, und sie erzeugt, selbst bei klösterlicher Stille des äußeren Daseins, auf die Dauer eine Verwöhntheit, Überfeinerung, Müdigkeit und Neugier der Nerven, wie ein Leben voll ausschweifender Leidenschaften und Genüsse sie kaum hervorzubringen vermag« (TMW 8; 457).
Es ist aufschlußreich, daß dieses Resumé ausgerechnet am Ende der Schilderung eines Künstlerlebens steht, das immer schon in äußerster Selbstkontrolle verlief, und daß nach einer offenbar kurzen Phase, in welcher der jugendliche Aschenbach »problematisch« und »unbedingt« gewesen war »wie nur irgendein Jüngling« (TMW 8; 454), in seinen Stil etwas »Amtlich-Erzieherisches« (TMW 8; 456) tritt, daß sich Aschenbach als Autor nicht nur gegen das »Wissen« (TMW 8; 454) wendet, sondern auch als »Meister« dem »libertinischen Puppenstande« entwächst und zu neuer »Würde des Geistes« findet (TMW 8; 456).
Dieser Weg vom Jüngling zum Meister wird auf doppelte Weise geschildert. Einmal als eine Werkgeschichte der Texte Aschenbachs, die sich unmittelbar an authentischen Werkentwürfen Thomas Manns orientiert und zugleich dessen Überlegungen über andere Künstler, zum Beispiel

---

[24] Reed, Kommentar, a.a.O., S. 107

über Fontane und Chamisso aufnimmt. Zum anderen durch die Darstellung des eindringlichen Psychogramms eines Autors, durch eine produktionspsychologische Schilderung von Aschenbachs Schreiben. Ohne Zweifel wendet sich dessen Werk in zunehmendem Maß nicht nur vom »unanständigen Psychologismus der Zeit« (TMW 8; 455) ab, der gleichzeitig ein moralischer Relativismus ist; sein Schreiben ist vor allem auch ein »Ausdruck der Zucht« (ebda). Das »Amtlich-Erzieherische« ist Ergebnis einer Abwendung von der »Sympathie mit dem Abgrund«, einer »Absage« an die »Laxheit des Mitleidssatzes, daß alles verstehen, alles verzeihen heiße« (TMW 8; 455). Nach dieser Charakteristik repräsentiert Aschenbachs Werk offenbar einen neuen Klassizismus. Das im Text als Zitat ausgewiesene »Wunder der wiedergeborenen Unbefangenheit«, ein Selbstzitat Thomas Manns[25], weist auf den besonderen Stil, der die Werke des Protagonisten kennzeichnet, auf »jene adelige Reinheit, Einfachheit und Ebenmäßigkeit der Formgebung, welche seinen Schöpfungen fortan ein so sinnfälliges, ja gewolltes Gepräge der Meisterlichkeit und Klassizität verlieh« (TMW 8; 455).
Der Künstler Aschenbach selbst macht allerdings auch deutlich, daß jene neue Klassizität aus einer Triebunterdrückung hervorgeht. Er handelt davon, daß »beinahe alles Große, was dastehe, als ein Trotzdem dastehe« (TMW 8; 452). Einen Kritiker erinnert seine intellektuelle und ästhetische Leistung gar an das Bild des Heiligen Sebastian; er spricht von einer »jünglinghaften Männlichkeit«, die »›in stolzer Scham die Zähne aufeinanderbeißt und ruhig dasteht, während ihr die Schwerter und Speere durch den Leib gehen‹« (TMW 8; 453). Der Erzähler folgt dieser erzählten Deutung Aschenbachs, er führt dessen künstlerische Leistung nicht allein auf die »dunkleren, feurigeren Impulse [...]« (TMW 8; 450) des mütterlichen Erbteils, sondern vielmehr auf die von väterlicher Seite ererbte Verpflichtung auf Leistung (TMW 8; 451), auf »Willensdauer und Zähigkeit« (TMW 8; 452) zurück und er schildert, wie ein Künstler, dessen Lieblingswort das »Durchhalten« ist (TMW 8; 451), sich seine Leistung in wenigen Morgenstunden und in einer fast religiös anmutenden Zeremonie abtrotzt (TMW 8; 452). Auch für den Erzähler wird die Sebastian-Gestalt zum schönsten »Sinnbild, wenn nicht der Kunst überhaupt, so doch gewiß der in Rede stehenden Kunst« (TMW 8; 453). Ohne Zweifel erhält diese Einschätzung ihr besonderes Gewicht noch dadurch, daß der Erzähler hier einen authentischen Kommentar zum Werk Thomas Manns für die Beschreibung von Gustav Aschenbach heranzieht und zustimmend wiederholt, den einst der Kritiker Lublinski formulierte.

---

[25] Reed, Kommentar, a.a.O., S. 116

Dieser geschilderten künstlerischen Sozialisationsgeschichte Aschenbachs läßt sich seine familiale symmetrisch an die Seite stellen. Schon in Bezug auf die ästhetische Produktion des Protagonisten vermerkt der Erzähler, daß dieser auf Leistung verpflichtete Künstler niemals »den Müßiggang, niemals die sorglose Fahrlässigkeit der Jugend gekannt« habe (TMW 8; 451). Ähnliches läßt die kurze und verdeckt mitgeteilte familiale Sozialisationsgeschichte Aschenbachs vermuten. In Hinblick auf sie heißt es lapidar, er sei schon nach »einigen Jahren der Unruhe« in München seßhaft geworden und dort in den bürgerlichen Ehrenstand und die Ehe eingetreten. Diese Ehe aber war von kurzer Dauer; eine Tochter »war ihm geblieben« und ist ihm doch schon als Gattin entzogen, und auffällig genug steht am Ende dieser kurzen Schilderung der Satz: »Einen Sohn hatte er nie besessen« (TMW 8; 456). Es spricht einiges dafür, daß die Neigung zum Knaben Tadzio auch mit einem unbewußten Wunsch des sohneslosen Vaters zusammenhängt. Und es scheint nicht zufällig, daß der Autor die Geschichte der leiblichen Vaterschaft Aschenbachs an einem Punkt enden läßt, der ihm selbst wohl problematisch gewesen wäre. Der glückliche Vater Thomas Mann schreibt einige Jahre zuvor dem Bruder über die Geburt seines ersten Kindes, einer Tochter: »Es ist also ein Mädchen: eine Enttäuschung für mich, wie ich unter uns zugeben will, denn ich hatte mir sehr einen Sohn gewünscht und höre nicht auf, es zu thun. Warum? ist schwer zu sagen. Ich empfinde einen Sohn als poesievoller, mehr als Fortsetzung und Wiederbeginn meinerselbst unter neuen Bedingungen«[26].

Die Parallelität von künstlerischer und intellektueller einerseits, familialer und leiblicher Sozialisation andererseits, strebt im Text allerdings in mehrfacher Hinsicht eine Vermittlung an. Einen Beleg für diesen Sachverhalt gibt die Schilderung Aschenbachs, bei welcher ein Körperbild, die Beschreibung seiner Gesichtszüge, auf jene Spannung zwischen Sinnlichkeit und Geistigkeit weist, aus der Aschenbachs Werk hervorgeht. Auch in dieser Hinsicht zeigt sich eine auffällige Koinzidenz zwischen der Beschreibung des Erzählers und der Schreibmotivation Aschenbachs. Der Erzähler schildert gerade die Wendung zum Geist mit Körperworten, er spricht von einer »Wiedergeburt« (TMW 8; 455) und von der »väterlichen Huld« dessen, »der sich opfernd im Geiste das Schöne zeugt« (TMW 8; 479). Von hier ist es nicht weit bis zu jener rauschhaften produktiven Reaktion auf die Wahrnehmung des Knaben Tadzio, der kurz zuvor noch in kühler und genauer Distanziertheit beschrieben wird, als sei er eine klassische Statue.

---

[26] Thomas Mann. Heinrich Mann. Briefwechsel 1900-1949. Aus den Beständen der Deutschen Akademie der Künste zu Berlin, des Schiller- Nationalmuseums zu Marbach und des Thomas-Mann-Archivs der Eidgenössischen Technischen Hochschule Zürich herausgegeben von Hans Wysling. Erweiterte Neuausgabe, Frankfurt 1984, S. 62

Unmittelbar im Anschluß an die ästhetischen und philosophischen Reflexionen Aschenbachs heißt es: »Sein Geist kreißte, seine Bildung geriet ins Wallen, sein Gedächtnis warf uralte, seiner Jugend überlieferte und bis dahin niemals von eigenem Feuer belebte Gedanken auf« (TMW 8; 490). Bis ins einzelne Bild verknüpfen sich hier die Metaphorik des Geistes und des Körpers und münden schließlich in die Bezeichnung Aschenbachs als eines »Enthusiasmierten« (TMW 8; 491). Damit realisiert der Erzähler im Schreiben schon einen Wunsch, der die Schreibhaltung seines Protagonisten prägt, je mehr dieser die Spannung zwischen seinem Schreiben und seinem unbewußten Wünschen erfährt. Schon seine erste Reaktion auf die Wahrnehmung Tadzios verkleidet seine ohne Zweifel sinnliche, körperliche Empfindung in literarische und mythische Metaphern (TMW 8; 469-70, 477). Und eben an diesem Punkt formuliert der Text die Idee einer Transformation des Sinnlichen in das Geistige, die Erzähler und Protagonisten unmittelbar aufeinander bezieht. Beim Ansehen von Tadzios Schönheit schreibt Aschenbach »jene anderthalb Seiten erlesener Prosa [...], deren Lauterkeit, Adel und schwingende Gefühlsspannung binnen kurzem die Bewunderung vieler erregen sollte« (TMW 8; 493). Ausgerechnet dieser Text also entsteht nicht aus der kühlen und überlegten intellektuellen Distanz, sondern durch die Umwandlung eines sinnlichen Affekts. Von Aschenbach, der in Tadzios Gegenwart arbeiten will, heißt es: »Nie hatte er die Lust des Wortes süßer empfunden, nie so gewußt, daß Eros im Worte sei [...]« (TMW 8; 492); und kurz darauf wird Aschenbachs Schreiben als »seltsam zeugender Verkehr des Geistes mit einem Körper« (TMW 8; 493) bezeichnet. »Glück des Schriftstellers ist der Gedanke, der ganz Gefühl, ist das Gefühl, das ganz Gedanke zu werden vermag« (TMW 8; 492) heißt es zu Beginn dieser Passage in einem Kommentar des Erzählers. Die »Krisis«, die Heimsuchung, die Gustav Aschenbach erfährt und die sein Autor später, geschult im Denken Freuds, in einem Essay als den Konflikt zwischen Zivilisation und unterdrückter Triebwelt dechiffriert (TMW 13; 136), gehorcht im vierten Kapitel der Venedignovelle jener Wunschphantasie der Transformation von Geist und Gefühl, Körper und Schrift, die Thomas Mann zwar schon im vor und gleichzeitig mit der Aschenbachgeschichte entstehenden Entwurf des »Krull« anvisiert, die in seinem Werk aber erst sehr viel später eingelöst werden kann. Schon jetzt aber zielt dieses Phantasma auf die Vermittlung jenes Gegensatzes von Leben und Geist, der noch Tonio Krögers »Erkenntnisekel« bestimmt.

Die Schrift, die zum Ort der Vermittlung und zum Gesetz der Transformation werden soll, bewahrt allerdings zugleich die Bilder des Verdrängten. Und wieder scheint es, als ob der Erzähler die Gefühle Aschenbachs nicht nur beschreibe, sondern sympathetisch nachvollziehe. Gerade dies bekräftigt jenen Widerruf der Phantasien einer Vermittlung von Körper und Geist, der im Zentrum von Aschenbachs letztem Traumgespräch mit Tadzio steht, den er dort als »Phaidros« anspricht. Während seine Physiognomie ins Willenlose entstellt scheint, seine Lider geschlossen sind und seine schlaffen Lippen, die kosmetisch aufgehöht sind, hervortreten, ist offenbar die ersehnte Verbindung von Wort, Geist und Körper völlig zerstört. Aschenbachs Lippen »bildeten einzelne Worte aus von dem, was sein halbschlummerndes Hirn an seltsamer Traumlogik hervorbrachte« (TMW 8; 521). Jetzt erscheint ihm die Meisterhaltung seines Stils als »Lüge und Narrentum«; der Dichter erweist sich als einer, der »Sympathie mit dem Abgrund« hat, und »Form und Unbefangenheit« führen ihn, wie er nun zu erkennen glaubt, allein »zum Rausch und zur Begierde« (TMW 8; 522). Gerade dies bestätigen Körperbilder und Körperphantasien Gustav Aschenbachs; schon am Ende des dritten Kapitels wird dies deutlich. Während ein früher Kritiker zur Charakterisierung des Künstlers das Bild verwendet, jener habe immer sozusagen mit geballter Faust, niemals aber mit einer entspannten und geöffneten Hand gelebt, eine Anspielung auf Goethe[27], schildert der Novellentext bereits am Ende dieses Kapitels auch das Gegenbild. Es wird ein Aschenbach dargestellt, der sich nun bereitwillig dem sinnlichen Eindruck und der Verführungskraft Tadzios öffnet: »Dann hob er den Kopf und beschrieb mit beiden schlaff über die Lehne des Sessels hinabhängenden Armen eine langsam drehende und hebende Bewegung, die Handflächen vorwärtskehrend, so, als deute er ein Öffnen und Ausbreiten der Arme an. Es war eine bereitwillig willkommen heißende, gelassen aufnehmende Gebärde« (TMW 8; 486). Gerade dieses Erschlaffen im Gegenüber zum verehrten Bild der Schönheit trägt eine unübersehbare Ambivalenz in sich. Denn die Kontrafaktur jener hingebenden Liebe zum Knaben erschließt noch ein anderes Bild. Über Aschenbach, der von Venedig abreisen will und dann doch wieder zurückkehren muß, heißt es in einer auffälligen Metaphorik, daß, »wenn er jetzt abreise, Scham und Trotz ihn hindern müßten, die geliebte Stadt je wiederzusehen, vor der er zweimal körperlich versagt hatte« (TMW 8; 483). Was sich im Zeichen des Gefühls vollzieht und Einlösung des unbewußten Wünschens zu sein vorgibt, trägt in Wahrheit schon die Spur des Verfalls, der sich als körperliches Ungenügen und Versagen manifestiert. Das Gegenbild zu Tadzios marmorner Schönheit ist jener Aschenbach, der sich beim Friseur in einen falschen Jüngling verwandeln läßt und sich als Körperbild zu bestätigen sucht, was sein Körper schon lange nicht mehr vermag (TMW 8; 518/9). Diese Verwandlung löst ein,

---

[27] Goethe, Brief an Zelter v. 24.8.1823, in: J.W.v. Goethe, Briefe. Kommentare und Register. Hamburger Ausgabe in 4 Bänden. Herausgegeben von Karl Robert Mandelkow, Band 4. Zweite, durchgesehene Auflage, München 1976, S. 84

was Thomas Mann in einer seiner Arbeitsnotizen über die »Beziehungen von Kap. II zu V« skizziert[28]. Dort heißt es im Anschluß an den Satz »Aufstieg von der Problematik zur Würde«: »Der Konflikt ist: von der ›Würde‹ aus, von der Erkenntnisfeindschaft und zweiten Unbefangenheit aus antianalytischem Zustande gerät er in *diese* Leidenschaft [...] Eros ist [für den Künstler] der Führer zum Intellektuellen, zur geistigen Schönheit, der Weg zum Höchsten geht für ihn durch die Sinne. Aber das ist ein gefährlich lieblicher Weg, ein Irr[weg]= und Sündenweg [...]. Im Leben [muß] (und der Künstler ist der Mann des Lebens!) muß die Sehnsucht *Liebe* bleiben: es ist ihr Glück und ihre Tragödie«[29].
Es ist signifikant für das Frühwerk Thomas Manns, daß im Zusammenhang mit der »novellistischen Tragödie« vom »Tod in Venedig« jene problematische Konzeption schließlich durchschlägt und die Transformation des Unbewußten in die Formen der Bewußtheit, die Verknüpfung von Eros und Wort nicht gelingt. In den Arbeitsnotizen ist auf S. 17 noch eine untragische Lösung anvisiert, und ausgerechnet diese Passage trägt die später hinzugefügte Überschrift »Ruhm und Zeugung«[30]. Innerhalb der Notiz aber sind die Worte des Leibes und des Geistes nicht miteinander vermittelt, wie es die Überschrift vermuten läßt, vielmehr stehen sie deutlich abgegrenzt, wenngleich spannungslos nebeneinander. Dabei wiederholt die Notiz jene Gedanken vom Verschieben des Lebens aufs Werk, jene Idee von der Ersetzung leiblicher durch geistige Kinder, die Thomas Manns Selbstreflexionen und Selbstäußerungen in seiner frühen Zeit durchziehen: »*Wer im Leibe zeugen will, den zieht es zum Weibe* hin, und die Kinder schon sollen ihm Unsterblichkeit und Erinnerung und Glück in die Zukunft tragen. Neben diesem aber leben jene anderen, *welche lieber in den Seelen das, was die Seele empfangen und gebären soll, die Einsicht und die Tugend zeugen wollen.* Und in diesem Sinne sind *alle Dichter Zeuger*«[31].
Die Bedeutung des »Tod in Venedig« liegt unter anderem darin, daß das Maskenspiel seiner Figuren und jenes Maskenspiel, das der Text insgesamt inszeniert, eine psychische Problematik überliefert, die Thomas Mann Jahre zuvor in seinem Briefwechsel mit Otto Grautoff ausspricht. Gleichzeitig schreibt der Text der Novelle diese Spannung nicht nur den Masken des Textes ein, er schafft zugleich eine neue Erzählebene, auf welcher individuelle psychologische Konfigurationen und verbindliche literarische Muster miteinander zur Deckung kommen: Es ist die Ebene des mythologisierenden Erzählens. Am 8. November 1896

---

[28] Reed, Kommentar, a.a.O., S. 87
[29] Thomas Mann. Heinrich Mann. Briefwechsel, a.a.O., S. 57; Reed, Kommentar, a.a.O., S. 87
[30] Reed, Kommentar, a.a.O., S. 103
[31] Reed, Kommentar, a.a.O., S. 104

schildert Thomas Mann dem Freund Otto Grautoff, in einem Brief aus Neapel, eine Situation, die er später Gustav Aschenbach unbewußt nachempfinden läßt. Nicht nur verwendet er für sein eigenes Wiedersehen Italiens die Formel des »tiefen Enthusiasmus«, er beschreibt auch, daß in ihm ein »großer Instinkt und Trieb« stark gewesen sei, sich »so weit nämlich wie nur immer möglich aus deutschem Wesen, deutschen Begriffen, deutscher ›Kultur‹ in den fernsten, fremdesten Süden auf- und davonzumachen... Ich bin, während mein Bruder in Rom blieb, nach Neapel gegangen, von dem ich mir eine ausgesuchte Mischsensation aus Rom und Orient versprach«[32].

Der Autor des »Tod in Venedig« beschreibt hier nicht nur ein Aufeinandertreffen von Europa und Orient, wie er es später Aschenbach in Venedig nacherleben läßt. Seine Beschreibung Neapels ist auch insofern hervorstechend, als er die Stadt wie eine menschliche Physiognomie schildert, deren »sinnliche, süße, südliche Schönheit« ihn ergreift. Unter dem Eindruck dieser sinnlichen Erfahrung schreibt er, und unter dem Einfluß dieser sinnlichen Erfahrung wird ihm zugleich bewußt, was sein Schreiben beeinflußt und hervorruft. Als Einsamer am Meer versinkt er wie Aschenbach später am Lido in ein Nachdenken über sich und über die Kunst. Sein Brief an Grautoff nimmt recht genau jene ambivalente Anschauung des Ästhetischen vorweg, die bei der Figur schließlich zum Zentrum eines letzten Verdrängungs- und Sublimierungsversuchs wird. »Meine Gedanken gleiten hin und wieder, gleich jenem Licht auf dem Wasser, das auf der dunklen Fläche etwas zu suchen scheint. Ich denke an mein Leiden, an das Problem meines Leidens. Woran leide ich? An der Wissenschaft... Wird sie mich denn zu Grunde richten? Woran leide ich? An der Geschlechtlichkeit... Wird sie mich denn zu Grunde richten? – Wie ich sie hasse, diese Wissenschaft, die selbst die Kunst noch zwingt, sich ihr anzuschließen! Wie ich sie hasse, diese Geschlechtlichkeit, die alles Schöne als ihre Folge und Wirkung für sich in Anspruch nimmt! Ach, sie ist das *Gift*, das in aller Schönheit lauert! ...«[33].

Was für Aschenbach zum unlösbaren Problem wird, spätere Texte Thomas Manns aber in erzählerischer Selbstberuhigung auflösen, lebt allerdings als latenter Konflikt weiter. Gerade dies bezeugen die Tagebücher Thomas Manns. 1934, erregt durch den Anblick eines schönen Gärtnerburschen, notiert er im Tagebuch über seine Begeisterung beim »Anblick dieser so billigen, so alltäglichen und natürlichen ›Schönheit‹, der Brust, der Bicepsschwellung«, er habe sich Gedanken gemacht »über das Irreale, Illusionäre und Aesthetische solcher Neigung, deren Ziel, wie es scheint, im Anschauen und ›Bewundern‹ beruht und, obgleich

---

[32] Thomas Mann, Briefwechsel Grautoff, a.a.O., S. 79
[33] Thomas Mann, Briefwechsel Grautoff, a.a.O., S. 80

erotisch, von irgendwelchen Realisierungen weder mit der Vernunft, noch auch nur mit den Sinnen etwas wissen will. Es ist dies wohl der Einfluß des Wirklichkeitssinnes auf die Phantasie, der das Entzücken erlaubt, aber es am Bilde festhält«[34].

Die wechselseitige Bezogenheit von sinnlicher und ästhetischer Erfahrung, die sich im Bild auflöst, macht den Kern jener erotischen Mystik aus, die insgesamt auch den Text des »Tod in Venedig« bestimmt. Die Kunst ist dabei nicht nur Transformation erotischer oder sexueller Konflikte, sie befreit auch von der politischen Auseinandersetzung. Eine Formel aus dem 12. Notizbuch, die sich auf die »Betrachtungen eines Unpolitischen« bezieht, macht dies deutlich. Dort heißt es unter dem Stichwort »Vorw.«: »Unbeschreibliche Irritation durch Zeittendenzen. Erkenntnisekel. Zu Anfang freilich Eifer, aber dann, welch ein Opfer, welch Heimweh nach der Kunst, welche Unruhe«[35]. Die Sehnsucht nach der Kunst, die noch zur Zeit der »Betrachtungen« intime Konflikte »im Geistigen« (TMW 12; 19) »beinahe zu einer Dichtung« (TMW 12; 41) werden läßt, ist ausschlaggebend für jene Verwandlung persönlicher und geistiger Konflikte in mythologische Bildkomplexe, die im zustande gekommenen Text das Persönliche fast verschwinden lassen. Der in der Figur Aschenbachs wiederholte innere Konflikt seines Erfinders strukturiert nicht nur den gesamten Text des »Tod in Venedig« durch ambivalente mythologische Bildkomplexe, er läßt zugleich das Objekt von Aschenbachs Wünschen selbst als ein Doppeltes erscheinen. Tadzio, der in zunehmendem Maß auch eine mythologische Kontur erhält, tritt in den Traumphantasien Aschenbachs nicht nur als Kritobulos und Phaidros auf, er erhält auch die Züge von Dionysos und Apoll zugleich.

1.4. Mythos und Psychologie

Der Fremde, den Gustav Aschenbach am Hauptfriedhof sieht, erscheint als ein von weither Kommender in mehrfacher Hinsicht. Er ist als rothaariger Typ »durchaus nicht bajuwarischen Schlages«, sein Basthut verleiht ihm »ein Gepräge des Fremdländischen und Weitherkommenden« (TMW 8; 445), der Stock, den er mit sich führt, weist auf einen Wanderer, sein Grimmassieren gegen die untergehende Sonne, das durch die von den Zähnen zurückgezogenen Lippen hervorgerufen wird, welche diese bis zum Zahnfleisch bloßlegen, läßt einen Totenkopf assoziieren. Und obwohl dieser Fremde scheinbar gelassen »bei gekreuzten Füßen« gegen seinen Stock lehnt, erwecken nicht nur seine Augen und

---

[34] Thomas Mann, Tagebücher 1933-1934, hrsg. v. Peter de Mendelssohn, Frankfurt 1977, S. 397-8. Im Folgenden »Tagebücher 2«

[35] de Mendelssohn, a.a.O., S. 1136

der hervortretende Adamsapfel, sondern auch »zwei senkrechte, energische Furchen« (TMW 8; 446) zwischen den Augen den Eindruck des Wilden und Bedrohlichen.

Was im Text zunächst als eine detailgenaue Beschreibung erscheint, ist in Wahrheit konstruiert; die Schilderung des Fremden verbindet unterschiedliche Bild- und Bedeutungskomplexe zu einem einzigen Bild. Der Fremde ist eine Konfiguration des Todes, ohne Frage ähnelt seine Physiognomie dem norddeutschen Freund Hein; zugleich weisen seine roten Haare auf jene anderen Rothaarigen im Werk Thomas Manns, die wie Gerda von Rinnlingen im »Kleinen Herrn Friedemann« und Gerda Arnoldsen in den »Buddenbrooks« eine fremde und nicht kontrollierbare Macht repräsentieren[36]. Überformt aber werden diese Bezüge durch ein mythisches Muster. Die gekreuzten Beine erinnern an die vielen Hermeskonfigurationen, die dem Hermes des Lysipp und dem Narziß des Philostrat verwandt sind und die das gesamte Werk Thomas Manns durchziehen. Stock und Hut weisen dabei unter den vielen möglichen Bedeutungen des Hermes zunächst auf Hermes psychopompos oder psychagogus, auf den Seelenführer, der die Verstorbenen in den Hades geleitet.

Bedeutung gewinnt diese Stilisierung des Fremden, weil sie diesen zugleich zu anderen Figuren des Textes in Beziehung setzt, die allesamt Aschenbach an Wendepunkten der Handlung begegnen. Sie sind durch einzelne Attribute motivisch oder assoziativ mit jener ersten Gestalt verbunden. Dieser Zusammenhang ist so eindeutig, daß man die fünf so miteinander verknüpften Personen mitunter als »Todesboten« bezeichnet hat[37].

Die Szenerie in der Innenkoje auf dem Schiff nach Venedig, in welcher Aschenbach seine Fahrkarte löst, schildert eine »Unterwelt« im wörtlichen Sinn, die Fahrkartenausstellung läßt eine »Verschreibung« assoziieren. Der Matrose »schrieb große Krähenfüße, streute aus einer Büchse blauen Sand auf die Schrift, ließ ihn in eine tönerne Schale ablaufen, faltete das Papier mit gelben und knochigen Fingern« (TMW 8; 459). Zudem erinnert sein grimassenhaftes Geschäftsgebaren an das Grimassieren des Fremden in München.

Der greise Geck inmitten der Reisegesellschaft auf dem ersten Verdeck trägt wiederum einen Strohhut, seine Krawatte ist rot und er zeigt sich als ein falscher Jüngling, dessen Schminke und gefärbte Haare sein Alter und seine Greisenhände, sein auffällig in Erscheinung tretendes

---

[36] Reed, Kommentar, a.a.O., S. 128

[37] Kohut, Heinz: Thomas Mann ›Tod in Venedig‹. Zerfall einer künstlerischen Sublimierung, in: H.K., Introspektion, Emphatie und Psychoanalyse. Aufsätze zur psychoanalytischen Theorie, Pädagogik und Forschung und zur Psychologie der Kunst, Frankfurt 1977

»gelbes und vollzähliges Gebiß« nur um so deutlicher erscheinen lassen (TMW 8; 460). Auch der Gondoliere, der Aschenbach wider seinen Willen zum Lido übersetzt, trägt einen Strohhut, er ist durch seine rötlichen Brauen, durch seine kurz aufgeworfene Nase und die Tatsache, daß er »durchaus nicht italienischen Schlages« ist (TMW 8; 465), der Münchner Erscheinung physiognomisch verwandt, überdies entblößt auch er seine weißen Zähne, wenn er vor Anstrengung seine Lippen zurückzieht. Abgesehen davon, daß schon die Gondel wie ein Sarg erscheint, eine Assoziation, die Thomas Mann aus Wagners Briefwechsel übernimmt, ähnelt diese Gondelfahrt noch mehr als die vorangegangene Dampferfahrt einer Reise in die Unterwelt und in den Tod. Kurzzeitig denkt Aschenbach selbst daran, daß ihn dieser Gondoliere möglicherweise in den »Aides« befördere.

Der Bänkelsänger im Hotel schließlich ist ebenfalls in den Motivstrang der Hermes- und der Todeskonfigurationen einbezogen. Während Aschenbach den Saft des Granatapfels trinkt, dessen Genuß nach dem Mythos von Persephone diese einst dem Hades verfallen ließ, erscheint ein wiederum rothaariger Sänger (TMW 8; 507), der ebenfalls durch einen »groß und nackt wirkende(n) Adamsapfel« (TMW 8; 508) ausgezeichnet ist, und dessen starker Karbolgeruch dieser Figur »ihre eigene verdächtige Atmosphäre« (TMW 8; 508) verleiht. Auch er ist bleich und stumpfnäsig wie der Fremde in München, entblößt starke Zähne und hat zwei drohende Furchen auf der Stirn zwischen den roten Brauen stehen, ein Bild, das durchaus Teufelshörner assoziieren läßt. Im Anschluß an das Auftreten dieses Musikanten erinnert sich Aschenbach an eine Sanduhr im Haus der Eltern, es verdichtet sich jene Assoziation, die bereits durch den Matrosen vorbereitet wurde, der den zum Ablöschen der Tinte bestimmten Sand in eine tönerne Schale ablaufen läßt. Zugleich erscheint das Auftreten des Musikanten wie ein phantastischer Einbruch in Aschenbachs abgezirkelten und geordneten Lebensbezirk, der mit dem Bereich des Hotels zusammenfällt, in dem man sich am Abend im »weltgültige(n) Abendanzug« zusammenfindet, jener »Uniform der Gesittung«, welche »äußerlich die Spielarten des Menschlichen zu anständiger Einheit« zusammenfaßt (TMW 8; 469). Während der Musikvorführung sitzt Aschenbach bereits am Rand dieses Bezirks, an der Balustrade (TMW 8; 506), der Musikvortrag läßt ihn in Erinnerungen zurückfallen, die mit der Zeit und der Vergänglichkeit zu tun haben, und genau bei der Schilderung dieser Situation mündet auch die bis dahin distanzierte Erzählweise in eine phantastische Formel: »Die Nacht schritt vor, die Zeit zerfiel« (TMW 8; 511).

Ausgerechnet im Verlauf dieses musikalischen Ereignisses tritt Tadzio auf und nimmt die Positur des Hermes ein. Er steht in »unvermeidlicher und anerschaffener Grazie, den linken Unterarm auf der Brüstung,

die Füße gekreuzt, die rechte Hand in der tragenden Hüfte, und blickte mit einem Ausdruck, der kaum ein Lächeln, nur eine entfernte Neugier, ein höfliches Entgegennehmen war, zu den Bänkelsängern hinab« (TMW 8; 506/7). Auch Tadzio, an dessen Kleidung später eine rote Schleife auffällt (TMW 8; 477), gehört den von weither Kommenden an, spricht jene Sprache des Ostens, die schließlich im Hotel am Lido dominieren wird, und auch er läßt an einen Führer in ein anderes Reich denken. Schon als Aschenbach Tadzio in einer Gondel zu folgen versucht, scheint diese Fahrt in eine fremde Welt zu führen; nicht nur versinkt der Dichter offenbar in eine Art Halbdämmer, die durchfahrene Stadt Venedig, jene »schmeichlerische und verdächtige Schöne« (TMW 8; 503) macht ihm jetzt in erster Linie einen fremden und orientalischen Eindruck. »Aus kleinen, hochliegenden Gärten hingen Blütendolden, weiß und purpurn, nach Mandeln duftend, über morsches Gemäuer. Arabische Fensterumrahmungen bildeten sich im Trüben ab. Die Marmorstufen einer Kirche stiegen in die Flut; ein Bettler, darauf kauernd, sein Elend beteuernd, hielt seinen Hut hin und zeigte das Weiße der Augen, als sei er blind« (TMW 8; 502). Ganz abgesehen davon, daß Aschenbach beim Anschauen Tadzios häufig in Traumzustände versinkt, die seine Wahrnehmung nach innen richten oder längst vergessene Bilder heraufbeschwören, erscheint der Knabe am Ende des Textes schließlich explizit als Führer ins Jenseits, dort bekommt er sogar eines der Attribute des Hermes, das auf diese Bedeutung weist, offen zugesprochen. »Ihm war aber, als ob der bleiche und liebliche Psychagog dort draußen ihm lächle, ihm winke; als ob er, die Hand aus der Hüfte lösend, hinausdeute, voranschwebe ins Verheißungsvoll-Ungeheure« (TMW 8; 525). Auffällig genug verändert sich auch an dieser Stelle die Erzählweise des Textes. Bevor er wiederum distanziert vom Ableben Aschenbachs berichtet, findet er eine Formel, welche die früheren Zustände des Träumens und In-Sich-Versinkens, die Aschenbach beim Anblick Tadzios erfährt, und seinen endgültigen Tod als gleichwertig behandelt. Lapidar heißt es nach der Schilderung von Tadzios auffordernder Gebärde über Aschenbach: »Und, wie so oft, machte er sich auf, ihm zu folgen« (TMW 8; 525).
Erst durch die Zuordnung aller Todesmotive und Todeskonfigurationen zum Motiv des Hermes erhält dieses ein besonderes Gewicht im Text. Denn es wird klar, daß es nicht nur einzelne Figuren bestimmt, sondern das Erzählen insgesamt konturiert. Allerdings wird dabei deutlich, daß Hermes als psychopompos und psychagogus nur eine Seite dieses ambivalenten Mythologems bezeichnet, die andere aber, die auf Hermes, den Gott des Wissens und der Weisheit, auf Thot trismegistos weist, ist ebenfalls im Text angesprochen.

Deshalb durchziehen diesen nicht nur Konfigurationen des Hermes selbst, sondern immer wieder auch Bilder des Hermetischen. Sie gehören dem Mythos von Hermes trismegistos an, weil jener, auf dessen Weisheiten sich noch die mittelalterliche Alchimie stützt, auch als Erfinder des vas hermeticum, des luftdicht abgeschlossenen Gefäßes, gilt. Ein Bild dafür findet sich bereits bei Aschenbachs Dampferfahrt nach Venedig. Diese wird nicht nur mit dem Motiv der unversehens verrinnenden Zeit verbunden, sondern auch mit jenem des ort- und zeitlosen Raums, das den Bezirk des Hermetischen assoziieren läßt. »Der Horizont war vollkommen. Unter der trüben Kuppel des Himmels dehnte sich rings die ungeheure Scheibe des öden Meeres. Aber im leeren, im ungegliederten Raume fehlt unserem Sinn auch das Maß der Zeit, und wir dämmern im Ungemessenen« (TMW 8; 461). Schon diese Szene weist darauf hin, daß der hermetische Raum zugleich einer des Unbewußten ist, ein Projektionsraum der Wünsche und Traumbilder, in welchem für Aschenbach eine »träumerische Entfremdung« und jene »Entstellung der Welt ins Sonderbare« vonstatten gehen, die bereits mit Ablegen des Schiffes einsetzt (TMW 8; 460).

Diese Funktion der hermetischen Motive und der erzählten hermetischen Räume erhält im Werk Thomas Manns besondere Bedeutung; sie setzt sich im »Zauberberg«, dem eigentlichen Paralleltext zum »Tod in Venedig«, fort und gewinnt dort zugleich an Bedeutung. In jenem Roman bezieht sich das zentrale Kapitel »Schnee« ebenfalls auf diese einfache Bestimmung des Hermetischen, die beim Mythos des Hermes trismegistos ansetzt und die in dieser Form im Text auch zitiert wird (TMW 3; 723). Auch dort findet in Analogie zu den entsprechenden Textpassagen im »Tod in Venedig« eine partielle Aufhebung von Raum und Zeit im Zuge von Hans Castorps Desorientierung im Schnee statt. Nachdem er von einem seiner Lehrmeister, von Settembrini, verabschiedet ist, verliert er sich im Raum und zugleich in der Zeit: Er begibt sich bei seinem Aufstieg in eine Stille, in ein »bodenloses(s) Schweigen« (TMW 3; 657), in die Welt des »Urschweigens« (ebenda). Der immer stärker werdende Schneefall erscheint ihm schließlich auch räumlich als ein »Nichts« (TMW 3; 667). Zugleich ist diese Schneewanderung ein Abschied von den Castorp bis dahin bestimmenden Vaterfiguren, ein Ende jener Geschichte, in welcher sich Castorp durch deren »Lehren« beeindruckt zeigt. An die Stelle dieser vernünftigen Reden treten nun im hermetischen Raum traumhafte Assoziationen und Erinnerungen, die schließlich von einer Darstellung umfassender Traumbilder abgelöst werden (TMW 3; 675). Weil sie allein Castorps Assoziationen folgen und nur noch in vermittelter Weise mit der vorangegangenen Handlung verbunden sind, suspendiert der hermetische Raum zugleich den Bereich konventionellen Erzählens. An die Stelle einer »Geschichte« läßt er Reflexion und Traum treten. Strukturiert werden beide auch hier durch den Bezug auf zusammenhängende Mythologeme. Während diese im »Tod in Venedig« durch die ambivalente Hermesfigur zentriert sind, legen sie sich im »Zauberberg« schließlich in zwei gegensätzliche Bildbereiche auseinander. Hier wie dort aber erhalten die mythischen Bilder ihre besondere Bedeutung im fiktionalen Zusammenhang dadurch, daß sie sich als Bilder für die Phantasmen ansehen lassen, welche die Wirklichkeitswahrnehmung der Figuren bestimmen. Während Aschenbachs äußere und innere Geschichte im mythologischen Kontext zusammenfallen, verallgemeinern auch die Mythologeme im Roman von Hans Castorp dessen Geschichte. Am Zusammenhang der Bilder und Symbole, der sowohl das »Schneekapitel« in sich strukturiert, als auch gleichzeitig dessen Bezug auf den Gesamttext klarlegt, wird dies deutlich (TMW 3; 661, 671). In beiden Texten haben die Bilder ihre Logik, im »Zauberberg« allerdings ist diese ungleich stringenter als im »Tod in Venedig«. Denn die Abfolge der Traumbilder Castorps läßt sich auch als hermetisch-pädagogische Steigerung ansehen. Das »Schneekapitel« ahmt deshalb den Ablauf eines alchimistischen Transsubstantiationsprozesses nach. Die den Roman bestimmende Polarität von offenem Raum (Flachland) und hermetischem Raum (Zauberberg) unterwirft die Hauptfigur selbst einer alchimistischen Verwandlung.

Das alchimistische Stufenprinzip läßt sich entsprechend auch auf die Gesamthandlung des »Zauberberg« anwenden. Die »putrefactio« ist das Abbrechen der Verbindungen zum Flachland, die »coniunctio« bezeichnet die Vereinigung des männlichen und des weiblichen Prinzips, wie sie im Kapitel der »Walpurgisnacht« durch Castorp und Madame Chauchat dargestellt wird, und die beiden Stufen des Mond- und des Sonnenzustandes sind schließlich im »Schneekapitel« selbst geschildert. Sie beziehen sich dort auf jene Gegensätze, welche durch die einander widersprechenden Mythen zum Ausdruck gebracht werden, und sie bezeichnen zugleich den Anfang und das Ende von Castorps Träumen. Mondzustand und Sonnenzustand sind dabei durch die Bilder des Schnees und der apollinischen Meereslandschaft symbolisiert. Auch die Erfahrung der Doppelnatur des Menschen, die Zusammenschau von Leben und Tod in Castorps Vision, läßt sich vom hermetischen Denken ableiten. Die Hermetik des Zauberbergromans bezieht sich somit unmittelbar auf die erlebnishafte Erkenntnissteigerung Castorps, die ebenfalls mit alchimistischer Symbolik markiert ist[38].

In dieser Hinsicht bestätigt der Text des »Zauberberg«, was sich bereits in der Venedignovelle andeutet. Die im hermetischen Kontext veranker-

---

[38] Fietz, Lothar: Strukturmerkmale der hermetischen Romane Thomas Manns, Hermann Hesses, Hermann Brochs und Hermann Kasacks, in: DVjS 40 (1966) S. 161-183, da S. 166

ten Bilder, Symbole und Anspielungen erschließen Bezüge, welche die Lebensgeschichte der Figur betreffen. Der Raum des Hermetischen ist dabei dem Bereich traumsymbolischer Verknüpfungen vergleichbar. Dies gilt einerseits aus der Perspektive der Figur, andererseits aus jener des Erzählers. Denn das hermetische Erzählen des Erzählers ist in beiden Texten eine Form uneigentlichen Sprechens, eine Darstellung, in welcher die Grenze zwischen zu berichtender Realität und der Abbildung des Unbewußten fließend wird.

Die geschilderten Bilder und Symbole beschränken sich allerdings nicht allein auf den mythologischen Bereich, sondern sie verknüpfen die mythologischen mit philosophischen Denkmustern und verleihen beiden einen immer präziseren psychologischen Sinn[39]. Es steht zu vermuten, daß der Bruch in der Wirklichkeitswahrnehmung der Figur wie jener in der Erzählweise des Erzählers, die beide im hermetischen Erzählen aufscheinen, zugleich den Einbruch einer textkonstituierenden psychischen Wirklichkeit markieren. Dort allererst verbinden sich die unbewußten Phantasien des Autors mit seinen Figuren und den ihnen zugeschriebenen Phantasmen. Gerade diese Mehrschichtigkeit verleiht den Texten Thomas Manns Bedeutung. Die doppelte Optik, die sich beim Blick auf die mythologischen Strukturen seiner Erzählung zunächst eröffnet, muß als eine dreifache aufgelöst werden, weil auch nach der Perspektive des Autors und der Bedeutung des Mythos für seine Selbstreflexion zu fragen ist.

Es ist charakteristisch für die Werkphase, in deren Zentrum der »Tod in Venedig« steht, daß zu dieser Zeit das Hermesmotiv noch ambivalent bleibt. Spätere Texte Thomas Manns zeigen dagegen, daß sich ebendieses Motiv in charakteristischer Weise verändert und sich in zunehmendem Maß als eine dem Werk eingeschriebene Wunschphantasie zu erkennen gibt. Sie bestätigt, daß das bereits Tadzio zugedachte Wort vom »Standbild und Spiegel« nicht allein auf dessen Schönheit weist, von der sich Aschenbach angezogen fühlt, sondern auch darauf, daß sich, so wie es sein Protagonist versucht, zugleich auch dessen Autor in dieser Figur spiegeln möchte.

Der Josephsroman, in dem das mythische Erzählen noch bestimmender wird als in der Venedignovelle, zeigt diesen Sachverhalt offen. In ihm erscheint ein Protagonist, der durch mehrere Motive Tadzio verwandt scheint. Doch er deutet auf eine Überwindung jener ambivalenten Empfindungen und Wünsche, die sich für Aschenbach im Gegenüber zu Tadzio noch einstellen. Joseph löst die latente erotische Spannung, von welcher noch der »Tod in Venedig« erzählt, weil er seine höchste Schönheit auf der Grenze zwischen Jüngling und Mann entfaltet und

---

[39] Dierks, a.a.O., S. 120

dabei zugleich als ein doppelgeschlechtliches Sehnsuchtsbild erscheint. »Mit siebzehn, das ist wahr, kann einer schöner sein als Weib und Mann, schön wie Weib und Mann, schön von beiden Seiten her und auf alle Weise, hübsch und schön, daß es zum Gaffen und Sichvergaffen ist für Weib und Mann« (TMW 4; 395). Ebenso überwindet die Figur des Joseph die Grenze zwischen Körper und Geist. In einem Kapitel, das diese frühere Problematik unter der Überschrift »Von Körper und Geist« aufnimmt, wird Joseph zur Idealprojektion dessen, der Schönheit und Wissenschaft vereint. Es gibt keinen Zweifel, daß er in jenem späten Roman bereits zum Ideal-Ich eines Autors geworden ist, der sich selbst unter dem Zeichen des Thot mythologisierend abzubilden versucht. Und so liest sich jene späte Beschreibung Josephs als Fortschreibung einer anderen, die dem nur schönen Tadzio die sublimierte Zuneigung eines Aschenbach zuteil werden läßt. »Die exemplarische Überbrückung der Kluft nun aber, die zwischen Geist und Schönheit gesetzt ist, die Vereinigung beider Auszeichnungen im Einzelwesen erscheint als Aufhebung einer Spannung, die man als im Natürlich-Menschlichen begründet anzusehen gewohnt ist, und läßt ganz unwillkürlich an Göttliches denken. Das unbefangene Auge ruht auf solchem Vorkommnis göttlicher Spannungslosigkeit notwendig mit reinstem Entzücken, während es ganz danach angetan ist, die bittersten Empfindungen auszulösen bei solchen, die Grund haben, sich durch sein Licht verkürzt und verdunkelt zu finden« (TMW 4; 410).

Allerdings erweist sich noch jene späte Phantasie als problematisch; vor allem Joseph, der konsequente Träumer von geheimen Träumen, die allein vom Wünschen bestimmt sind, steht zu Beginn seines Lebens in der gleichen Gefährdung wie jene anderen Figuren, die vor ihm schon zu Konfigurationen ihres Erfinders geraten. Der Schönheits- und Zeichenzauber, den er sich erfindet, den er an sich selbst wahrnimmt und den er jederzeit zu träumen vermag, berauscht ihn und hat »seinem einsamen Kult das Gepräge gegeben [...] – einem etwas abwegigen, wirren und zur Ausartung geneigten Kult, wohl geeignet, den Vater zu beunruhigen, aber ebendarum leicht ins Trunkene hinüberspielend, weil die Gefühle des Körperlichen und Geistigen auf eine entzückende Art darin durcheinandergerieten« (TMW 4; 411). Doch dieser Ausgezeichnete gewinnt Halt dadurch, daß er einen Vater erhält, den seine Vorgänger nicht hatten. Jaakob kontrolliert nicht nur Josephs Verhalten, sondern auch seine Träume, denn jene »konnten es brauchen, in genaue Zucht genommen zu werden durchs Buchstäblich-Vernünftige« (TMW 4; 418). Die Geschichte Josephs in Ägypten ist nicht nur die eines Hermes, der sich als narzißtische Projektion seines Erfinders zu erkennen gibt, sondern auch eine Erzählung von erfüllter geistiger Vaterschaft. An ihm erweist sich die sozialisierende Kraft jener geistigen Zeugung, die sich noch Aschenbach gegenüber Tadzio herbeiwünscht.

Josephs »natürliche Anlage zur Selbstkostümierung« (TMW 4; 482), die seinen träumerischen Allmachtsphantasien eine narzißtische Prägung gibt, verbindet ihn mit Felix Krull. Jener ist nicht nur ein »Joseph redivivus«, wie Mann am 6.11.51 an Jonas Lesser schreibt, er bezieht sich auch auf das Frühwerk Thomas Manns zurück und läßt sich auf einen Satz des »Bajazzo« hin lesen, wo es heißt, es gäbe »nur ein Unglück: das Gefallen an sich selbst einbüßen« (TMW 8; 138).

Noch konsequenter als im Josephsroman wandeln sich im »Krull« authentische narzißtische Wunschbilder zu erzählbaren Bildern und Geschichten. Während die entsprechenden textkonstituierenden Wünsche im Josephsroman zu einer bilderreichen und phantastischen Sozialisationsgeschichte umgeschrieben werden, bringen sie sich im Rollenspiel des Hochstaplers als befreiende Kraft ebenso ungehemmt wie unzensiert zur Geltung. Die Phantasien des Rollentausches, der Selbsterweiterung und der Selbstbespiegelung belegen dies eindringlich. Sie variieren immer wieder ein Thema, das in den frühen Notizbüchern programmatisch formuliert wird: »Die Langeweile, immer das selbe ›Ich‹ zu sein, ist tötlich«[40]. Auch die Träume und Phantasien Krulls vollziehen sich im Zeichen des Hermes (TMW 7; 540), doch anders als in den vorangegangenen Texten entspringt die Hermesrolle einem erzählten Spiel im Text und scheint dem Zugriff des Erzählers entzogen. Anders auch als vorher scheint alle erzählte Wirklichkeit den Allmachtsphantasien und Projektionen Krulls zu unterstehen.

Es ist auffällig, daß das Hervordringen der Hermesfigur im Schreiben Thomas Manns zugleich im fiktionalen Werk in den Vordergrund treten läßt, was im wirklichen Leben an Bedeutung verliert: die Verfügungsgewalt des Traumes über das Leben. Das Motiv des Hermes und die hermetischen Erzählstrukturen weisen darauf, daß die erfundene Wirklichkeit in zunehmendem Maß gleichwertig neben die authentische tritt. Im gleichen Zug erweisen sich die logischen und philosophischen Begründungen für jene Herrschaft des Traums über das Leben im Text als Verblendungen eines psychologischen Sachverhalts. Die Verwandlung philosophischer Sätze in poetische Bilder, wie sie für den »Tod in Venedig« insgesamt ebenso wie für den »Zauberberg« charakteristisch ist, läßt hinter allen Bildern des hermetischen Erzählkomplexes die Psychologie des Ich als das eigentliche Thema der Kunst erkennen. Die Bilder der Kunst und die Symbole für die Herausbildung des Selbst werden symmetrisch. Beide fassen philosophische Sätze zusammen, die ihnen vor-

---

[40] Wysling, Pläne, a.a.O., S. 158; Wysling, Hans: Narzißmus und illusionäre Existenzform. Zu den Bekenntnissen des Hochstaplers Felix Krull (= Thomas-Mann-Studien. Herausgeben vom Thomas-Mann-Archiv der Eidgenössischen Technischen Hochschule in Zürich. Fünfter Band) Bern und München 1982, S. 125, Notizblatt 584. Im Folgenden: »TMS V«

ausgehen und die sie zu deuten beanspruchen. Die Strukturierung des
»Tod in Venedig« durch die Hermeskonfigurationen und die hermetischen Muster, die Verdichtung der Motive des Hermes zu einem umfangreichen Mythologem im »Schneekapitel« des »Zauberberg« fassen vorangegangene psychologische und diskursive Begründungen des Künstlerproblems auf einer höheren Stufe zusammen. Dabei verändert sich nicht nur der allgemeine Begriff von Künstlertum, wie er noch in den frühen Novellen verhandelt wird, sondern auch das Selbstverständnis des Künstleressayisten: Hermes wird schließlich zum Bild für ein kommunikatives Phantasma des Künstlers Thomas Mann, er zeigt die reflektierte Objektivation eines sich im Werk erfüllenden Narzißmus[41].
Die Bilder des Hermetischen und das hermetische Erzählen sind so nicht nur durch die ihnen eingeschriebenen Signifikanten auf das Unbewußte bezogen, sie folgen auch nicht allein dem Gestus verwandter fiktionaler Diskurssysteme. Nie auch ist das Hermetische in Manns Texten allein Motiv oder Metapher, vielmehr erhält es im Zusammenhang aller Werke seine strukturelle und inhaltliche Bedeutung. Es weist darauf hin, daß in der Entwicklung dieses dichterischen Werks die ironische Darstellung einer geschlossenen Wirklichkeit an Bedeutung verliert gegenüber dem Versuch, die Geschlossenheit der erzählten und erzählbaren Wirklichkeit inhaltlich und formal durch eine Signifikantenkette zu verbürgen, die eine mythische Deutung von Wirklichkeit imitiert. In ihr fallen Inhalt und Erzählweise wieder zusammen, während sie im ironischen Erzählen in einer spannungsvollen Beziehung zueinander stehen.
Diese Wende der Mannschen Erzählhaltung beginnt bereits im »Tod in Venedig«, sie vollendet sich im Josephsroman, wo sie den ganzen Text bestimmt, während im »Zauberberg« neben den Diskurs der Hauptfiguren das Hermetische als ein Deutungsschema tritt, das diesen Diskurs ins Bild setzt und zugleich auslegt.
Die durch das Motiv des Hermes zusammengefaßten mythologischen Bilder sind vielfältig. Sie weisen zugleich auf philosophische Diskurse und auf psychologische Wendemarken in der Entwicklung Aschenbachs. Diese Funktion der mythologischen Bezüge wird dadurch vorbereitet, daß die Figur Tadzios durch ihre stilisierende Beschreibung in den Bereich der Antike rückt. Dies geschieht schon unmittelbar dann, als Aschenbach zum erstenmal Tadzio sieht. Schon dort heißt es: »Mit Erstaunen bemerkte Aschenbach, daß der Knabe vollkommen schön war. Sein Antlitz, bleich und anmutig verschlossen, von honigfarbenem Haar umringelt, mit der gerade abfallenden Nase, dem lieblichen Munde, dem Ausdruck von holdem und göttlichem Ernst, erinnerte an griechische Bildwerke aus edelster Zeit, und bei reinster Vollendung der

---

[41] Dierks, a.a.O., S. 139

Form war es von so einmalig persönlichem Reiz, daß der Schauende weder in Natur noch bildender Kunst etwas ähnlich Geglücktes angetroffen zu haben glaubte« (TMW 8; 469). Wenig später heißt es in einer weiteren Zuspitzung dieser Metaphorik: »Man hatte sich gehütet, die Schere an sein schönes Haar zu legen; wie beim ›Dornauszieher‹ lockte es sich in die Stirn, über die Ohren und tiefer noch in den Nacken« (TMW 8; 470). Diese Verschiebung der von Tadzio auf Aschenbach ausgehenden erotischen Wirkung auf eine ästhetische Ebene bestimmt noch jene Szene, in welcher der erregte Künstler seine Gefühle zu solchen des Geistes erklärt und die Metaphorik der Skulptur sowohl für seine Empfindungen wie auch für seine künstlerische Tätigkeit benutzt: »Sein honigfarbenes Haar schmiegte sich in Ringeln an die Schläfen und in den Nacken, die Sonne erleuchtete den Flaum des oberen Rückgrats, die feine Zeichnung der Rippen, das Gleichmaß der Brust traten durch die knappe Umhüllung des Rumpfes hervor, seine Achselhöhlen waren noch glatt wie bei einer Statue, seine Kniekehlen glänzten, und ihr bläuliches Geäder ließ seinen Körper wie aus klarerem Stoffe gebildet erscheinen. Welch eine Zucht, welche Präzision des Gedankens war ausgedrückt in diesem gestreckten und jugendlich vollkommenen Leibe! Der strenge und reine Wille jedoch, der, dunkel tätig, dies göttliche Bildwerk ans Licht zu treiben vermocht hatte, – war er nicht ihm, dem Künstler, bekannt und vertraut? Wirkte er nicht auch in ihm, wenn er, nüchterner Leidenschaft voll, aus der Marmormasse der Sprache die schlanke Form befreite, die er im Geiste geschaut und die er als Standbild und Spiegel geistiger Schönheit den Menschen darstellte?« (TMW 8; 490).
Übergangslos geht diese Tendenz der Ästhetisierung in eine Mythisierung über, die schließlich nicht nur die unmittelbaren Beschreibungen Tadzios erfaßt, sondern zugleich die Wendemarken des Textes in zunehmendem Maß konturiert. Schon das erste mythologische Bild erwächst unmittelbar aus einer Ästhetisierung. »Auf diesem Kragen aber, der nicht einmal sonderlich elegant zum Charakter des Anzugs passen wollte, ruhte die Blüte des Hauptes in unvergleichlichem Liebreiz, – das Haupt des Eros, vom gelblichen Schmelze parischen Marmors, mit feinen und ernsten Brauen, Schläfen und Ohr vom rechtwinklig einspringenden Geringel des Haares dunkel und weich bedeckt« (TMW 8; 474). Und gerade in dem Augenblick, in dem Aschenbach Tadzio und dessen Namen als »etwas zugleich Süßes und Wildes« wahrnimmt, verfällt er unvermittelt wieder in einen mythisierenden Vergleich: »und zu sehen, wie die lebendige Gestalt, vormännlich hold und herb, mit triefenden Locken und schön wie ein zarter Gott, herkommend aus den Tiefen von Himmel und Meer, dem Elemente entstieg und entrann: dieser Anblick gab mythische Vorstellungen ein, er war wie Dichterkunde von anfänglichen Zeiten, vom Ursprung der Form und von der Geburt der Götter.

Aschenbach lauschte mit geschlossenen Augen auf diesen in seinem Innern antönenden Gesang, und abermals dachte er, daß es hier gut sei und daß er bleiben wolle« (TMW 8; 478). Die äußerste Zuspitzung seiner Liebe zu Tadzio, ein ihn selbst irritierendes Hervordringen der Leidenschaft, verwandelt seine Wahrnehmung und läßt ihn, kaum erwacht, den Sonnenaufgang als eine mythologische Konfiguration erleben, in welcher mythische Geschichten und unbewußte Wünsche, die überlieferten Bilder der Tradition und die neuen der Sehnsucht und des Gefühls unmittelbar zusammenfallen, einander durchdringen und eine geschlossene Welt aus Bildern des Wunsches entstehen lassen. Diese sind Aufnahme und Verstärkung des Wunsches und zugleich seine Transformation. Der Liebende denkt sich Bilder der Liebe und des Geliebtwerdens. Dies macht schon die Abfolge der Sehnsuchtsbilder Aschenbachs deutlich. Nach dem Erwachen und in Erinnerung an die Gefühle des Vortags nimmt er den Sonnenaufgang wahr. »Das wundervolle Ereignis erfüllt seine vom Schlafe geweihte Seele mit Andacht. Noch lagen Himmel, Erde und Meer in geisterhaft glasiger Dämmerblässe; noch schwamm ein vergehender Stern im Wesenlosen. Aber ein Wehen kam, eine beschwingte Kunde von unnahbaren Wohnplätzen, daß Eos sich von der Seite des Gatten erhebe, und jenes erste, süße Erröten der fernsten Himmels- und Meeresstriche geschah, durch welches das Sinnlichwerden der Schöpfung sich anzeigt«. Das ins mythologische Bild transformierte Naturereignis, das in zunehmendem Maß eine auffällige Dynamik gewinnt, die sich in der Metaphorik der Bewegung ausdrückt, erscheint wie eine Befreiung, wie eine Freisetzung von Aschenbachs Gefühl. Der Sonnenaufgang symbolisiert ein Hervorbrechen des Verdrängten, Unbewußten, es scheint kein Zufall, daß auch in dieser Szenerie das Bild des Speeres, immer wieder Zeichen für Leidenschaft, Liebe und Tod zugleich, dominiert. »Ein Rosenstreuen begann da am Rande der Welt, ein unsäglich holdes Scheinen und Blühen, kindliche Wolken, verklärt, durchleuchtet, schwebten gleich dienenden Amoretten im rosigen, bläulichen Duft, Purpur fiel auf das Meer, das ihn wallend vorwärts zu schwemmen schien, goldene Speere zuckten von unten zur Höhe des Himmels hinauf, der Glanz ward zum Brande, lautlos, mit göttlicher Übergewalt wälzten sich Glut und Brunst und lodernde Flammen herauf, und mit raffenden Hufen stiegen des Bruders heilige Renner über den Erdkreis empor. Angestrahlt von der Pracht des Gottes saß der Einsam-Wache, er schloß die Augen und ließ von der Glorie seine Lider küssen. Ehemalige Gefühle, frühe, köstliche Drangsale des Herzens, die im strengen Dienst seines Lebens erstorben waren und nun so sonderbar gewandelt zurückkehrten, – er erkannte sie mit verwirrtem, verwundertem Lächeln. Er sann, er träumte, langsam bildeten seine Lippen einen Namen, und noch immer lächelnd, mit aufwärts gekehrtem Antlitz, die

Hände im Schoß gefaltet, entschlummerte er in seinem Sessel noch einmal« (TMW 8; 495/6). In der Folge jenes Ereignisses erweist sich der Tag, der so feurig-festlich begann, als »im ganzen seltsam gehoben und mythisch verwandelt« (TMW 8; 496).
Nicht nur die Naturwahrnehmungen transformieren sich immer wieder zu mythischen Bildern, auch Tadzio erscheint erneut als eine Gestalt des Mythos, als Hyakinthos, dessen Tod durch ein Eifersuchtsdrama verursacht wird (TMW 8; 496). Vermittels der »zarten Farben«, die Aschenbach träumt und die allesamt mythologische Konfigurationen und Szenen sind, vermag der Künstler schließlich zum unverstellten Gefühl zu finden. In Tadzios Lächeln, das die Verheißungskraft früher gewechselter Blicke einzulösen scheint, erkennt er das »Lächeln des Narziß, der sich über das spiegelnde Wasser neigt, jenes tiefe, bezauberte, hingezogene Lächeln, mit dem er nach dem Widerscheine der eigenen Schönheit die Arme streckt« (TMW 8; 498). Dieses Lächeln allererst bringt den Alternden zum Eingeständnis seines Gefühls: »Ich liebe Dich!« (TMW 8; 498).
Die Tatsache, daß das Hervordringen der mythischen Bilder Hand in Hand geht mit einem Verlust der Selbstkontrolle bei Aschenbach und damit fast einem Nachlassen der Realitätsprüfung gleichkommt, zeigt, daß jene Bilder eine innere Geschichte anschaulich machen. Die Abfolge der mythologischen Bilder baut eine Entwicklung auf, in welcher die Logik der inneren Geschichte an die Stelle einer ausmachbaren Kausalität in der äußeren Novellenhandlung tritt. Kausalität und Logik in der äußeren Geschichte werden durch die Stimmigkeit dieser Bilderfolge substituiert. An jeder Stelle sind die Mythologeme im Text funktionalisiert: Sie werden Aschenbach in dem Maß zu eigen, wie seine Traumwelt die Erfahrung der Realität ablöst. Als erzählbare Formen traumhafter Selbstdeutung und Identifikation mit vorgegebenen Erfahrungsmustern weisen sie zugleich auf die psychologischen Auswirkungen von Aschenbachs Tätigkeit als Künstler und auf den Entwurf einer Theorie der Kunst, deren einzelne poetologische Aspekte Aschenbachs Geschichte auch klarlegt.
Die mythologischen Erklärungsmuster, welche um die unbewußte Wahrnehmung zentriert sind, von der sie ausgehen und die sie zugleich erschließen helfen, haben in ihrem Zentrum gemäß der ambivalenten Bedeutung der Hermeskonfiguration zwei mögliche Erfahrungsweisen von Wirklichkeit, die ebenfalls wieder durch mythologische Namen, durch die des Apoll und des Dionysos, gekennzeichnet sind. Auf Apoll weisen all jene mythologischen Einschiebungen, die sinnliche und geistige Schönheit als identisch erscheinen lassen, auf Dionysos vor allem jene, welche die Erfahrung der Schönheit aus einem Rausch begründen (TMW 8; 478, 515 f.). Die immer ungezügelter werdenden Rauschzu-

stände Aschenbachs, vor allem aber sein letzter Traum, lösen dieses Muster ein.
Sowohl die mythologische Anspielung auf Apoll, der sich, zumindest was die eine Seite seines Wesens betrifft, als Gott des Geistes, der Klarheit und der Schönheit bezeichnen läßt, und jener Bezug auf Dionysos, welcher als der Gott des Rausches und der orgiastischen Erfahrung von Wirklichkeit und Schönheit auftritt, werden erst durch die philosophischen Bezüge deutlich, die sich im Text mit ihnen verbinden oder die in der Tradition als Interpretationen der mythischen Bilder benutzt werden. Diese Rückgriffe auf eine philosophische Tradition scheinen zunächst von der individuellen Geschichte Aschenbachs wegzuführen. Sie sind Ausdruck jener kulturalen Einschrift, die für den unbefangenen Leser des »Tod in Venedig« allererst auffällig ist. Im Folgenden wird versucht, dieser kulturalen und traditionellen Einschrift des »Tod in Venedig« zu folgen, bevor in einer Parallellektüre die Urschrift des Textes erschlossen werden soll, jene Ebene, auf der Bildungsgeschichtliches und Psychologisches unmittelbar zusammenfallen.

2. Die kulturalen Einschreibsysteme

Mehr als die frühen Novellen, die zwar schon von der Schopenhauer-Lektüre ihres Autors mitbestimmt sind, die philosophischen Versatzstücke und Denkmuster aber nur verdeckt in den Text aufnehmen, gibt der »Tod in Venedig« den Blick auf die kulturalen Voraussetzungen des Schreibens frei; nicht nur das zeitgenössische Publikum zeigt sich bisweilen durch seine »hieratische« Atmosphäre irritiert. Es gilt daher zuerst, die Spur des Fremden zu verfolgen, welches sich Thomas Manns Schreiben anverwandelt, vor allem die antike griechische Philosophie, Schopenhauer, Nietzsche und Wagner gewinnen dabei Bedeutung. Entscheidend ist bei diesem Blick auf die philosophischen und ästhetischen Gewährsmänner nicht die Frage nach der Angemessenheit des literarischen Rezeptionsvorgangs und nach der theoretischen Schlüssigkeit der erzählerischen Zusammenfügung. Es geht vielmehr darum, die Voraussetzungen eines Schreibens zu benennen, das alles Fremde in Eigenes zu verwandeln vermag und mit den Sätzen der Tradition eine neue Wahrnehmung von Wirklichkeit entfaltet.

2.1. *Platon und die Antike*

Der Geist der Antike, welcher die mythologischen Transformationen Tadzios prägt, beherrscht auch die erdachten Traumgespräche, die Aschenbach mit dem Knaben führt. Scheinbar zufällig scheint er diesen zunächst als »kleinen Phäaken« zu bezeichnen. Er belegt ihn mit dem Namen jenes sorgenfreien Volks, das nach Homer die Insel Scherie bewohnt und das ursprünglich in engem Verkehr mit den Göttern stand. Auch jener Mythos könnte allerdings ambivalent sein. Denn in einer älteren Deutung werden die Phäaken auch als Totenfährmänner aufgefaßt, wohl in Hinblick darauf, daß ihre Schiffe von Nebel umgeben sind und daß Odysseus, den sie nach Ithaka zurückbringen, von einem totenähnlichen Schlaf befallen wird[1]. Eben dies würde wiederum die Verbindung zu Hermes psychagogus herstellen, auf den Thomas Manns Arbeitsnotizen auf Blatt II unter dem Namen des Merkur verweisen[2].

---

[1] Der kleine Pauly. Lexikon der Antike. Auf der Grundlage von Pauly's Realencyclopädie der classischen Altertumswissenschaft unter Mitwirkung zahlreicher Fachgelehrter bearbeitet und herausgegeben von Konrat Ziegler und Walther Sontheimer, Band 1–5, München 1979; da Band 4, S. 690; Od 8, 249.

[2] Reed, Kommentar, a.a.O., S. 96

Neben dieser noch verhältnismäßig neutralen Bezeichnung stehen andere Anspielungen auf die Antike, die unmittelbar mit Aschenbachs Gefühlen verknüpft sind oder die sich auf Texte beziehen, welche das Verhältnis von sinnlicher und geistiger Schönheit behandeln. Die Erwähnung des Namens Kritobulos (TMW 8; 477) erinnert an eine in Xenophons »Memorabilien« geschilderte Episode. Dort erhält Kritobulos, der den Sohn des Alkibiades geküßt hat, von Sokrates den Rat, ein Jahr auf Reisen zu gehen[3].

Die von Aschenbach beobachtete Szene, in welcher der Knabe »Jaschu« Tadzio küßt, wird von ihm offenkundig sofort als homoerotische Szene interpretiert. Die Vermutung ist nicht überzogen, daß er dadurch manches von seinem eigenen Gefühl verrät. Gleichzeitig bezieht er sich auf eine antike Philosophie, in welcher der sinnliche Reiz des Schönen, der zumeist am Beispiel der Knabenliebe erörtert wird, wie die körperliche Liebe überhaupt Sinnbild und Hinführung zugleich für eine geistige Anschauung des Wahren und Schönen sind. In Platons »Symposion«, das er seinen Aschenbach ebenso zitieren läßt wie Platons »Phaidros«, findet der Künstler Thomas Mann einen philosophischen Diskurs, der ihm die Lösung für ein ästhetisches wie ein psychisches Problem anbietet. Nicht nur zielt der vor allem im »Symposion« vorgetragene Lobpreis des Eros sowohl auf eine sinnliche und auf eine geistige Liebe; im »Phaidros« ist die körperliche Liebe überdies als ein heilsamer Wahn angesehen, der es erlaubt, die Wahrheit und Unsterblichkeit der Seele wiederzufinden[4]. Die Seite 14 der Vorarbeiten zum »Tod in Venedig« handelt von jener Raserei, die dort noch als »Enthusiasmus« bezeichnet wird, in der Novelle tritt Aschenbach dann als der »Enthusiasmierte« auf.

Diese Platonische Eroslehre ist im Text des »Tod in Venedig« somit funktionalisiert und erzählerisch entfaltet. Sie löst dort jene problematische psychologische Disposition, die Thomas Mann auch seinem Protagonisten zuschreibt. Der philosophische Diskurs liefert Aschenbach wie seinem Erfinder ein Beispiel für die Überwindung der Antinomie von Körper und Geist. Dies ist im »Phaidros«-Text angelegt, im »Symposion« aber erst voll entwickelt. Aristophanes, der Vorredner des Sokrates in jenem Wettstreit um den Lobpreis des Eros, berichtet einen Mythos, nach welchem Zeus den ursprünglichen Menschen in zwei Hälften geschnitten habe, so daß die übriggebliebenen Hälften stets nach einer

---

[3] Reed, Kommentar, a.a.O., S. 136
[4] Platon, Sämtliche Werke. Nach der Übersetzung von Friedrich Schleiermacher und Hieronymus Müller mit der Stephanus-Nummerierung. Hrsg. v. Walter F. Otto, Ernesto Grassi, Gert Plamböck, 6 Bände, Hamburg 1958 ff. (= Rowohlts Klassiker der Literatur und der Wissenschaft. Hrsg. v. Ernesto Grassi unter Mitarbeit von Walter Hess). Band 4: Phaidros, Parmenides, Theaitetos, Sophistes, 249d ff. Im Folgenden »Phaidros«

anderen Hälfte auf der Suche sind. In diesem Mythos des zerrissenen Menschen, in dem jeder sein anderes Stück sucht, ohne zu wissen, welchem Geschlecht er eigentlich angehört[5], vermag Eros die ursprüngliche Natur des Menschen wiederherzustellen[6], die Liebe, die auf Verschmelzung mit dem Geliebten zielt, ist ein Trachten nach dem Ganzen[7].
In der Rede des Sokrates aber wird dieser Mythos der Zerreißung zurückgewiesen. Eros als Liebe zum Schönen und Guten ist jetzt selber dessen bedürftig[8], er ist ein großer Dämon zwischen dem Sterblichen und Unsterblichen[9], aber er weist auf die Stufen einer Erkenntnis, die von der sinnlichen Liebe zu einer geistigen, von der Sinneswahrnehmung zur Erkenntnis führt[10]. Der so entwickelte Stufenweg zur Erkenntnis des Schönen[11] gibt der Knabenliebe erst ihre volle Bedeutung[12], sie ist Voraussetzung für jene Vollendung des Lebens, die in der Schau des Schönen selbst liegt[13]. Durch die Liebe zum Schönen erhalten die Menschen die Möglichkeit, am Unsterblichen teilzuhaben[14]. Der philosophische Diskurs entwickelt damit ein Sozialisationsmodell, das sich als fortschreitende Kulturisation begreifen läßt, gerade dies gibt ihm als Kommentar und Identifikationstext für den sozialisierten Künstler Aschenbach seine besondere Bedeutung. Von der Liebe zum schönen menschlichen Körper[15] über die Liebe zur Schönheit in den Seelen[16] und die Schönheit des Wissens[17] schreitet die menschliche Erkenntnis schließlich zur Schau des Schönen selbst[18].
Aus jenem Diskurs über eine Sozialisation durch Erkenntnis bezieht der Verfasser der Venedignovelle seine Sehnsucht nach der Einheit von geistiger und leiblicher Zeugung, die in den Vorarbeiten auf Blatt 17 ihren Niederschlag findet[19]. Von hier auch gelingt ihm die bildungsgeschichtliche und zugleich philosophische Verblendung jener homoerotischen Leidenschaft, von welcher sein Text vor allem handelt. Denn ohne Zweifel ziehen die aus beiden platonischen Texten übernommenen und aufnotierten Versatzstücke gerade diese Linie aus. In Platons »Phaidros«

---

[5] Platon, Sämtliche Werke, a.a.O., Band 2, Menon, Hippias I, Euthydemos, Menexennos, Kratylos, Lysis, Symposion. Im Folgenden »Symposion«
[6] Symposion 191cd
[7] Symposion 193a
[8] Symposion 199c
[9] Symposion 202d
[10] Symposion 204c; 206d ff.
[11] Symposion 210e ff.
[12] Symposion 210d
[13] Symposion 210e; 211a-e
[14] Symposion 207a ff.
[15] Symposion 210d
[16] Symposion 210b
[17] Symposion 210c
[18] Symposion 211c
[19] vgl. Symposion 208d ff.; Reed, Kommentar, a.a.O., S. 103

ist das Gespräch zwischem dem Lehrer und dem Schüler auch vom erotischen Affekt geprägt, der von dem jungen Schönen auf den weisen und häßlichen Alten ausgeht. Die Selbstverständlichkeit dieser zugleich geistigen und erotischen Sozialisation, welche der antike Text eröffnet, bestärkt und bekräftigt die Wunschbilder der intimen Lehrgespräche im »Tod in Venedig«, die allesamt auch Verführungsgespräche sind. Auf Seite 14 der Vorarbeiten ist jene Liebe unter Bezug auf das »Symposion« Platons[20] als homoerotische Beziehung zwischen dem Geliebten und dem Freund kenntlich gemacht und von der »Niedrigkeit der Anschauung« in der Tyrannis als ein Ergebnis von Kultur und Philosophie abgegrenzt.

Doch so genau sich Thomas Mann auf die philosophische Vorlage rückbezieht, so konsequent schneidet er die Zielpunkte jener philosophischen Diskurse ab. Denn der sokratische Lobpreis des Eros, der für diesen aus einem sinnlichen Affekt hervorgeht und zugleich jenem Gefühl seine Bedeutung für die Erkenntnis zumißt, mündet in eine Preisrede auf die Rhetorik. Am Ende des »Symposion« erweist sich Sokrates in der Rede des Alkibiades als leibhaftige Verkörperung des Eros, als ein dämonisches Mittelwesen zwischen Gott und Mensch. Sein Vermögen bestätigt sich vor allem in seinem Reden, das die anderen zur Philosophie drängt. Am Ende des »Phaidros«-Dialoges wird diese Fähigkeit zur Rede nicht nur im Gespräch zwischen Sokrates und Phaidros entwickelt, jenes Wechselgespräch selbst erweist sich als Einlösung eines tiefen Gefühls für den jugendlichen Schüler.

Der Text des »Tod in Venedig« allerdings folgt weder diesem erkenntnistheoretischen Entwurf bis zum Schluß, noch zeigt er eine gelingende Verführung. Aus der Leidenschaft erwächst für Aschenbach keine wirkliche Rede, die ihn dem Gegenstand seiner Liebe näher bringt, sondern nur eine traumlogische, in welcher sich seine eigenen Phantasien einem geträumten Gespräch zwischen Sokrates und Phaidros einschreiben. Bis in die Logik des Traums aber dringt die Erkenntnis, daß die im künstlerischen Produzieren freigesetzte Leidenschaft nicht kontrolliert werden kann; »Form und Unbefangenheit, Phaidros, führen zum Rausch und zur Begierde, führen den Edlen vielleicht zu grauenhaftem Gefühlsfrevel, den seine eigene schöne Strenge als infam verwirft, führen zum Abgrund, zum Abgrund auch sie« (TMW 8; 522).

Fatal ist dieser Sachverhalt vor allem deshalb, weil die Leidenschaft auch vom Schreiben entfernt. Zwar gelingt es Aschenbach noch unter dem Eindruck der Schönheit Tadzios, jene »anderthalb Seiten erlesener Prosa« zu schreiben, deren »Lauterkeit, Adel und schwingende Gefühlsspannung binnen kurzem die Bewunderung vieler erregen sollte« (TMW

---

[20] Symposion 182b

8; 493) und in welchen offensichtlich das höchste Gefühl des Schriftstellers erreicht wird: »der Gedanke, der ganz Gefühl, [...] das Gefühl, das ganz Gedanke zu werden vermag« (TMW 8; 492). Doch gerade so macht er umgekehrt auch bewußt, daß Gedanke und Gefühl die Schrift ablösen oder an ihre Stelle treten können. Mit seiner – unausgesprochenen – Phantasie von der möglichen Ersetzung der Schrift durch andere Ausdrucksformen folgt die Geschichte des »Tod in Venedig« einer anderen Überlegung Platons, welche der »Phaidros«- Dialog im Mythos von Teut entwickelt, jenem Gott, der im Werk Thomas Manns als Hermes trismegistos und Hermes psychopompos immer wieder auftaucht. Platons wie Manns Texte handeln somit auch von einer Freisetzung des Gefühls, die ohne die Schrift möglich ist. Der König Thamus von Ägypten mißbilligt unter den Erfindungen des Teut vor allem die Schrift. »Denn diese Erfindung wird den Seelen der Lernenden vielmehr Vergessenheit einflößen aus Vernachlässigung der Erinnerung, weil sie im Vertrauen auf die Schrift sich nur von außen vermittels fremder Zeichen, nicht aber innerlich sich selbst und unmittelbar erinnern werden«[21].

Im Text der Venedignovelle ist die Frage nach dem Aufbewahren des Eigenen, nach der Unmittelbarkeit des Gefühls immer wieder gestellt; die Sozialisationsgeschichte des Künstlers Aschenbach zeigt, wie die Schrift und das Schreiben jene ursprünglichen Erfahrungen wenn nicht zerstören, so doch unterdrücken. Doch während die antike Vorlage das Sprechen leisten läßt, was dem Schreiben nicht gelingt, gibt es in der Venedignovelle auch diesen Ausweg nicht. Sie handelt somit nicht nur von den Gefahren der Sozialisation und Kulturisation, sondern auch vom Schrecken des Nichtsozialisierbaren. Diese Wende ist charakteristisch für das Frühwerk Thomas Manns; gerade die Rezeption eines vernünftigen Diskurses legt hier die Macht des Widervernünftigen frei. Es ist zugleich kennzeichnend für den Ort dieses Textes im Gesamtwerk Thomas Manns, daß hier im Zeichen des Hermes psychopompos die Verfügungsmacht von Schrift und Sprache gleichermaßen enden, während später im Josephsroman im Bereich jener anderen Seite des Hermes, des Thot trismegistos, Schrift und Rede gleichermaßen bewußte Kommunikation mit anderen und Spiel mit dem eigenen Unbewußten erlauben; dort sind sie Voraussetzungen eines Sozialisationsspiels, in welchem sich das Ich zu stabilisieren vermag. Es ist auffällig, daß diese Lösung auch von einer rezeptionsgeschichtlichen Wende begleitet wird; die antiken Mythen und Geschichten dringen später nicht mehr in vergleichbarer Unmittelbarkeit in den Text wie im »Tod in Venedig«, sondern sie sind Versatzstücke von fiktionalen Entwürfen nur noch insofern, als sie

---

[21] Phaidros 274a

bereits einer Deutung nach den Gesetzen der Psychoanalyse unterworfen sind.
Dieses Vermögen der Distanzierung kennt die Venedignovelle nicht. Deshalb läßt sie unmittelbar neben jenen Enthusiasmus des Erkennens, der zu der Erkenntnis des Schönen führt, die andere Seite des Wahns treten, die Raserei der Liebe, wie sie Plutarchs »Erotikos« beschreibt. Und es ist kein Zufall, daß dieser Text bei der Beschreibung von Aschenbachs zunehmender Leidenschaft an Bedeutung gewinnt, daß Motive aus ihm eine Episodenfolge ausbilden, die Aschenbach als ebenso leidenschaftlichen wie würdelosen Liebhaber zeigt[22].
Der anderen Seite jenes Platonischen Enthusiasmus, welcher Aschenbach zugeschrieben wird und der in den Vorarbeiten auf Seite 14 benannt ist, tritt nicht nur die in Plutarchs »Erotikos« formulierte Raserei der Liebe an die Seite, die das Durchbrechen der Leidenschaft bei Aschenbach zeigt. Der Traum vom fremden Gott bezieht sich, wie die Arbeitsnotizen auf Seite 8 erkennen lassen, auch auf den thrakischen Dionysoskult, der eine orgiastische Gotteserfahrung, eine »*Besessenheit* durch fremde Gewalten« schildert und als eine »zeitweilige Störung des psychischen Gleichgewichts« erscheint[23]. Vor allem Seite 9 der Arbeitsnotizen zeigt, daß Dionysos, der in Aschenbachs letztem Traum als »der fremde Gott« auftritt, nicht nur das Motiv des Fremden in der Venedignovelle unterstützt, sondern zugleich auf einen Kult weist, der zu einem erotischen Rausch führt und dessen Vordringen nach Griechenland mit Metaphern beschrieben wird, die an den Zeugungsakt erinnern. Über den Dionysoskult heißt es in den Arbeitsnotizen, er habe »bei den Thrakiern u. Phrygiern ein besonders wildes, rauschendes Treiben angenommen und in wiederholten Stößen auf Hellas sich den griechischen Dionysos substituiert. Der Gott wird als ein *Fremder, von draußen gewaltsam Eindringender* geschildert, als Sohn oder Begleiter der phrygischen Göttermutter, welche sich ja ebenfalls in Griechenland eingedrängt hatte (*Kybele*)«[24].
Das Motiv des Eindringens von außen, das zumeist mit einem Zustand der Ekstase und Trunkenheit verbunden ist und das in Aschenbachs letztem Traum vom fremden Gott das ganze Traumbild beherrscht, ist im Text des »Tod in Venedig« bereits vor dieser Kulmination der Handlung vorgezeichnet. Da, wo der Text nicht unmittelbar von einem »Einbruch trunkener Mächte« erzählt, läßt er zumindest immer wieder Bilder einer drängenden Bewegung sichtbar werden. Schon Aschenbachs

---

[22] Plutarch, Vermischte Schriften. Nach der Übersetzung von Kaltwasser hrsg. v. Heinrich Conrad. 2. Band, München 1911, 759b; im Folgenden: »Erotikos«; vgl. Reed, Kommentar, a.a.O., S. 96/7; TMW 8, a.a.O., S. 503
[23] Reed, Kommentar, a.a.O., S. 92
[24] Reed, Kommentar, a.a.O., S. 95

erster Tagtraum in München mündet in ein Gefühl der Bewegung, »Fluchtdrang« verspürt er und eine »Sehnsucht ins Ferne und Neue« (TMW 8; 448). Gerade hier beginnt sich zu zeigen, daß diese Bewegung in zunehmendem Maße nicht von ihm selbst ausgeht, sondern auf ihn zukommt; Bilder des Eindringens werden zu Metaphern für einen Zusammenbruch der Selbstkontrolle Aschenbachs. Sowohl der Beginn von Kapitel 4 (TMW 8; 486ff), dessen antikisierend-mythologische Beschreibung des Wetters in Venedig sich ohne Zweifel an Homer orientiert, wie auch die Schilderung des Sonnenaufgangs im gleichen Kapitel entwerfen Bilder einer auffälligen Dynamik, die sich als metaphorische Umsetzungen von Aschenbachs Gemütszustand, als Zeichen für das Hereinbrechen des Unbewußten in die bewußte Wahrnehmung ansehen lassen (TMW 8; 495). Während dieser sich zunächst vor der andrängenden Bewegung in die Tätigkeit des Schreibens zu retten vermag (TMW 8; 492), ein anderes Mal aber selbst zu einem Drängenden wird, der den Geliebten bis zum Strand und später noch durch die Stadt Venedig verfolgt (TMW 8; 493), erweist sich alles, was seinem Unbewußten entspringt, als eine Bewegung, die in seine bewußte Wahrnehmung dringt und diese zerschneidet. Bereits das erste Erscheinen Tadzios am Meer zeigt sich wie ein beunruhigendes Eintreten in eine vorher ruhige Szenerie des Strandlebens. »Er sah ihn kommen, von links, am Rande des Meeres daher, sah ihn von rückwärts zwischen den Hütten hervortreten oder fand auch wohl plötzlich, und nicht ohne ein frohes Erschrecken, daß er sein Kommen versäumt und daß er schon da war [...]« (TMW 8; 489).

Auch das Auftreten der Musikanten wird als ein psychologisch eindeutiges Andrängen gegen die Balustrade mit den Hotelgästen, gegen den Ort der Zivilisation beschrieben. Der Musikant »drang agierend gegen die Rampe vor« (TMW 8; 506), er »schleuderte [...] seine Späße zur Terrasse empor« (TMW 8; 507), auch sein »Kunstlachen« wird »unverschämt zur Terrasse emporgesandt« (TMW 8; 510); schließlich streckt er, bevor er seinen Auftritt beendet, »frech die Zunge heraus« (TMW 8; 511), um dann im Dunkel zu verschwinden.

Im Zeichen dieses Andrängens von außen endet die Selbstkontrolle Aschenbachs. Der Text bestärkt diesen Eindruck noch in einer anderen Hinsicht. Im »Taumeln seiner Vernunft und auch mit Entsetzen«, aber zugleich mit »Triumph« nimmt Aschenbach wahr, daß Tadzio häufig seinen Kopf über die linke Schulter dem Platz seines Liebhabers zuwendet, »als gelte es eine Überrumpelung« (TMW 8; 507). Und während der Schriftsteller durch seinen Schreibversuch am Meer wie auch im Anschluß an das Auftreten der Musikanten und später nach seinem letzten Traum (TMW 8; 517) entnervt, »zerrüttet« und kraftlos (TMW 8; 493, 517) ist, verfällt er unter dem Eindruck seiner Phantasien in einen Zustand völligen Verlusts der Selbstkontrolle. »Haupt und Herz waren ihm

trunken« (TMW 8; 502), heißt es im Anschluß an jene Szene, in welcher er Tadzio durch Venedig verfolgt, bis er in einen Zustand »völliger Trunkenheit« vor dessen Hoteltür endet (TMW 8; 503).
Der Traum vom fremden Gott schließlich ist Zusammenfassung und Verstärkung jener Bewegungen des Andrängens und Einbrechens, die sich im Verlauf des 5. Kapitels verdichten. Das dort beschriebene Hervorbrechen der Korybanten entspricht jenem durch den Erzählerkommentar beschriebenen Vordringen der asiatischen Cholera nach Europa, von dem scheinbar distanziert, in Wahrheit aber metaphorisch berichtet wird. In späterer Zeit wird dieses Aufeinandertreffen von Europa und Asien für Thomas Mann zur Metapher der Beziehung von Ich und Es (TMW 9; 486). Die Schilderung von der Ausbreitung der Cholera verbindet das Motiv des Hereindringens von außen mit den Bildern von unten und oben, die auf eine Entfesselung der Triebe weisen. Auch dies wird zugleich auf einer äußeren Ebene geschildert.
Gegen die »Korruption der Oberen« in Venedig bricht schließlich eine »gewisse Entsittlichung der unteren Schichten hervor [...], die sich in Unmäßigkeit, Schamlosigkeit und wachsender Kriminalität bekundete«. Nicht nur die Betrunkenen, auch die Mordtaten nehmen zu »und die gewerbsmäßige Liderlichkeit nahm aufdringliche und ausschweifende Formen an, wie sie sonst hier nicht bekannt und nur im Süden des Landes und im Orient zu Hause gewesen waren« (TMW 8; 514). Beide Motive verdichten sich im Traum vom fremden Gott durch die psychologische Konstellation eines Zusammenfallens von »Angst und Lust« (TMW 8; 516). Der orgiastische Kult des fremden Gottes erscheint als eine alles erdrückende Bewegung. »Und in zerrissenem Licht, von bewaldeter Höhe, zwischen Stämmen und moosigen Felstrümmern wälzte es sich und stürzte wirbelnd herab: Menschen, Tiere, ein Schwarm, eine tobende Rotte, – und überschwemmte die Halde mit Leibern, Flammen, Tumult und taumelndem Rundtanz« (TMW 8; 516).
Dieses Andringen der durch Sexualität und Opferrausch Entfesselten erscheint wie ein Vorbrechen des Unbewußten gegen das kontrollierende Ich. Auch diesen Sachverhalt skizziert bereits die Sprache, in welcher der Traum beschrieben wird. »Groß war sein Abscheu, groß seine Furcht, redlich sein Wille, bis zuletzt das Seine zu schützen gegen den Fremden, den Feind des gefaßten und würdigen Geistes« (TMW 8; 517). Doch vor dem »hinreißende(n) Wahnsinn« (TMW 8; 517), der die Bilder von Tod, Krankheit und Sexualität vermischt, versagt die Selbstkontrolle. Von den »Paukenschlägen dröhnte sein Herz, sein Gehirn kreiste, Wut ergriff ihn, Verblendung, betäubende Wollust« (TMW 8; 517). Dieses Andringen des Unkontrollierbaren steht im Zeichen des Phallus, das »obszöne Symbol« erweist sich als Zentrum des letzten Traums. Damit enthüllt jener Traum nicht einfach nur das Unbewußte Aschenbachs,

sondern er weist in einem Zug zugleich in die Anfänge der Phylogenese und der Ontogenese zurück. Er erinnert an den totemistischen Kult der Urgesellschaften und ebenso an jene familiale Sozialisation, die im »Namen-des-Vaters« geschieht. Deutlich wird auch, daß Aschenbach nicht nur die Selbstkontrolle verliert, sondern zugleich in einen Wahrnehmungszustand regrediert, der auf die ontogenetischen Anfänge des Ich verweist, weil er noch keine Grenze zwischen außen und innen kennt. »Aber mit ihnen, in ihnen war der Träumende nun und dem fremden Gotte gehörig. Ja, sie waren er selbst [...]« (TMW 8; 517).
Der letzte Traum Aschenbachs verleiht diesen Beschreibungen des Liebeswahns, die sich neben Platon vor allem auf Plutarch stützen, nunmehr eine psychologische Zuspitzung, die nur dann verständlich ist, wenn man sich klar macht, daß die in den Text eingegangenen Bilder der Antike von Anfang an einem deutenden Kommentar unterstehen, den Thomas Mann bei Schopenhauer und Nietzsche, aber auch bei Wagner findet.

2.2. Schopenhauer

Im »Lebensabriß« von 1930, in welchem Thomas Mann über seine Beziehung zu Nietzsche und Schopenhauer handelt, schildert er seine Rezeption des letzteren als einen »metaphysische(n) Rausch, der mit spät und heftig durchbrechender Sexualität« zusammenhing (TMW 11; 111); in einem kurz darauf verfaßten Essay zu Wagner meint er über dessen »Tristan«, daß die Willensphilosophie Schopenhauers von jenem »erotische(n) Grundcharakter« sei, der den »Tristan« bestimmt (TMW 9; 401).
Während das frühe Werk Thomas Manns allgemein durch eine biographische Erfahrung geprägt ist, die der Autor in »On Myself« als »*immer dasselbe*« und als »Idee der *Heimsuchung*, des Einbruchs trunken zerstörender und vernichtender Mächte in ein gefaßtes und mit allen seinen Hoffnungen auf Würde und ein bedingtes Glück der Fassung verschworenes Leben« bezeichnet (TMW 13; 136), hat er seinen eigenen Texten Versatzstücke der Philosophie Schopenhauers eingeschrieben. In den »Buddenbrooks« führt die Lektüre eines Kapitels aus Schopenhauers Werk Thomas Buddenbrook zur Revision seiner Einstellung gegenüber seinem Sohn, im »Tristan« wird von Spinell nicht nur Wagners Musik als ein »Mysterienspiel« bezeichnet, welches auf das »Entzücken der metaphysischen Erkenntnis« bezogen ist (TMW 8; 246); die Darstellung der Rolle der Musik folgt dort offenbar Schopenhauers Ansicht vom unterschiedlichen Erkenntnisvermögen der Poesie und der Musik. Für den »Tod in Venedig« kann man einen vergleichbaren unmittelbaren Bezug

auf die Philosophie Schopenhauers nicht in dieser Deutlichkeit belegen, andererseits läßt sich nicht übersehen, daß der Autor seiner Künstlerfigur eine Erfahrung zuschreibt, die mit seinem eigenen Schopenhauererlebnis verglichen werden kann. Die Bilder einer Sehnsucht nach dem Grenzenlos-Unendlichen und der Einbruch erotischer Gefühle scheinen für Aschenbach zusammenzufallen. Es gibt überdies gute Gründe dafür anzunehmen, daß sowohl die Rezeption der antiken Autoren Platon und Plutarch wie auch die Anlehnung an das Verfahren der Meditation über Schopenhauer vermittelt sind. Unter seinem Einfluß und später unter demjenigen Nietzsches dürfte es zu jener Zentrierung der Kunst und der Erkenntnisproblematik um das Thema der Sexualität gekommen sein; es ist kein Zufall, daß Thomas Mann die Hinweise auf Platons »Symposion« und den »Phaidros« wie auf Plutarchs »Liber Amatorius« einem Kapitel aus »Die Welt als Wille und Vorstellung«, nämlich aus Kapitel 44, der »Metaphysik der Geschlechtsliebe«, entnehmen kann[25].

Aschenbachs von Träumen, Tagträumen und Zuständen der vorübergehenden Entrückung durchsetzte Geschichte weist auch auf die Bedeutungslosigkeit des individuellen Bewußtseins, darauf, daß, wie es Schopenhauer entwickelt, der Wille, jene außerhalb von Raum und Zeit stehende amorphe Kraft, den menschlichen Intellekt, das einzelne Individuum, das nur Individuation, Vereinzelung jener mächtigen Kraft ist, überdauert und bestimmt. Das individuelle Bewußtsein erweitert sich gerade deshalb nur vorübergehend durch eine Wiederholung des Lebens als Vorstellung[26], die in Schlaf, Traum und Somnambulismus ihre Vorformen hat.

Der Text des »Tod in Venedig« schildert ein allmähliches Hineingleiten Aschenbachs in jene anderen Wahrnehmungszustände. Er folgt dabei einer anderen Überlegung Schopenhauers, der am Beispiel des Traums, des Schlafs und des Somnambulismus erläutert, daß das Erwachen aus dem »Traum des Lebens« zugleich dessen »Grundgewebe« zerstöre, und dazu ausführt: »dies aber ist sein Organ selbst, der Intellekt sammt seinen Formen, als mit welchem der Traum sich ins Unendliche fortspinnen würde«[27]. Das Eintauchen in den Traum zeichnet somit bereits das Ende des individuellen Bewußtseins vor, es ist »Befreiung von der Einseitigkeit einer Individualität, welche nicht den innersten Kern unsers Wesens ausmacht, vielmehr als eine Art Verirrung desselben zu denken ist«[28]. Die Traumbilder, die Aschenbachs kreißendes Bewußtsein

---

[25] Schopenhauer, Arthur: Zürcher Ausgabe, Werke in 10 Bänden. Der Text folgt der historisch-kritischen Ausgabe von Arthur Hübscher (dritte Auflage, Brockhaus, Wiesbaden 1972). Die editorischen Materialien besorgte Angelika Hübscher. Redaktion von Claudia Schmölders, Fritz Senn und Werner Haffmanns, Zürich 1977; Band 4, S. 623, 663
[26] Schopenhauer, Bd. 1, a.a.O., S. 334-5
[27] Schopenhauer, Bd. 4, a.a.O., S. 577
[28] Schopenhauer, Bd. 4, a.a.O., S. 596

produziert, erscheinen als Fragmente einer »Succession der Lebensträume eines an sich unzerstörbaren Willens«, von der Schopenhauers Metempsychosenlehre handelt[29]; der Schneetraum Hans Castorps im »Zauberberg« wird jene Fragmente zu einem antithetischen Bild umformen. Wie in jener Traumerzählung nimmt auch in Aschenbachs letztem Traum die Musik eine wichtige Rolle ein: »Aber alles durchdrang und beherrschte der tiefe, lockende Flötenton« (TMW 8; 516/7). Es ist nicht nur die Flöte des Dionysos, sondern es ist auch ein Ansichtig-Werden des Willens, das für Schopenhauer nicht in der Dichtung, wohl aber in der Musik möglich ist: »Weil die Musik nicht gleich allen andern Künsten *die Ideen*, oder Stufen der Objektivation des Willens, sondern unmittelbar den *Willen selbst* darstellt; so ist hieraus auch erklärlich, daß sie auf den Willen, d. i. die Gefühle, Leidenschaften und Affekte des Hörers, unmittelbar einwirkt, so daß sie dieselben schnell erhöht, oder auch umstimmt«[30]. Die Zuwendung zum überindividuellen Willen, die Aufgabe des Willens zum Leben, die sich in Traum und Tagtraum vorbereitet, vollzieht sich für Aschenbach vor der Bühne des Meeres. Es scheint, daß jenes zum zentralen Symbol für die Unbegrenztheit des jenseits von Zeit und Raum stehenden Willens wird. Im »eintönigen Dunst der Raumeswüste« (TMW 8; 475) verliert sich Aschenbachs Blick, und über ihn als Künstler heißt es weiter: »Er liebte das Meer aus tiefen Gründen: aus dem Ruheverlangen des schwer arbeitenden Künstlers, der vor der anspruchsvollen Vielgestalt der Erscheinungen an der Brust des Einfachen, Ungeheuren sich zu bergen begehrt; aus einem verbotenen, seiner Aufgabe gerade entgegengesetzten und ebendarum verführerischen Hange zum Ungegliederten, Maßlosen, Ewigen, zum Nichts. Am Vollkommenen zu ruhen, ist die Sehnsucht dessen, der sich um das Vortreffliche müht; und ist nicht das Nichts eine Form des Vollkommenen?« (TMW 8; 475).
Die vielen träumerischen Zustände Aschenbachs (TMW 8; 444/5, 460, 461, 462, 520, 525) werden durch ihre Zentrierung um das Symbol des Meeres zu einer Jenseitsmystik, die recht genau dem von Schopenhauer entwickelten Gegensatz zwischen der Maja-Welt der Vorstellungen und Erscheinungen und der begründenden Alleinheit des Willens entspricht. Die Sehnsucht zum Meer und der beherrschende Eindruck, den das Meer auf die Phantasie des Protagonisten ausübt, ist zugleich eine unbewußte Sehnsucht nach dem Tode, die sich als Wunsch nach dem Aufhören der Individuation in Schopenhauers Sinn verstehen läßt. So wird der tatsächliche physische Tod Aschenbachs in seinen Traumzuständen bereits vorweggenommen, auch dies entspricht Schopenhauers Vorstellung

---

[29] Schopenhauer, Bd. 4, a.a.O., S. 589
[30] Schopenhauer, Bd. 4, a.a.O., S. 527

von der Ekstase als einem Tod des Ich im Leben. Der Traum ist Vorwegnahme jenes endgültigen Aufgehens im Willen, denn der Träumende überwindet seine Individuation vorübergehend dadurch, daß er eintaucht in »diesem großen Traum, den ein einziges Wesen, der Wille selbst, mit uns allen träumt [...]«[31]. Es ist allerdings kennzeichnend für die Art der Einwirkung Schopenhauers auf Thomas Manns Text, daß die metaphysische Konstruktion, der die Traumdarstellungen folgen, zugleich psychologisiert wird. Schon jenes Bild der Anamnesis, in dem es heißt »Das war der Rausch [...]. Sein Geist kreißte, seine Bildung geriet ins Wallen, sein Gedächtnis warf uralte, seiner Jugend überlieferte und bis dahin niemals von eigenem Feuer belebte Gedanken auf« (TMW 8; 490), handelt einerseits von einer Aufhebung der Grenzen von Raum und Zeit und einer Entgrenzung des Bewußtseins. Andererseits ist diese Beseitigung der Grenzen der Individuation auch nach innen projiziert und als ein Aufheben der Grenze zwischen Bewußtem und Unbewußtem verstanden.

Diese Psychologisierung der metaphysischen Konstellation kann man sowohl mit Blick auf Thomas Manns fiktionales Werk als auch in Hinsicht auf seine autobiographischen Überlegungen zeigen. Für das erste ließe sich nicht nur die »Kleiderschrank«-Novelle heranziehen, die als ein Entwurf »praktischer Metaphysik«[32] lesbar ist, sondern vor allem die Fortschreibung des Meeressymbols in Hans Castorps Schneetraum. Im Verlauf von Castorps traumhafter Erinnerung (TMW 3; 678), die wie die ganze Traumpassage des »Schneekapitels« aus dem Bewußtsein der Todesnähe begründet ist, erscheint das Meer nicht anders als der Schnee, in dem sich Castorp kurz vorher verirrt hat, als ein Bild für die Urmonotonie des Lebens und somit als Abbild des Willens. Eben jenes Bild ist schon in den »Buddenbrooks«, im Anschluß an Thomas Buddenbrooks Schopenhauerlektüre vorweggenommen. Castorps individuelle Geschichte bezieht nunmehr beide Naturerfahrungen aufeinander und schildert recht genau wiederum jene ambivalente Struktur des Unbewußten, die sich auch in Aschenbachs letztem Traum, der von Lust, Todesangst und Todessehnsucht zugleich gekennzeichnet ist, ausdrückt. Über den Protagonisten des »Zauberberg« heißt es: »Von dorther kannte der junge Mensch das Begeisterungsglück leichter Liebesberührungen mit Mächten, deren volle Umarmung vernichtend sein würde. Was er aber nicht gekannt hatte, war die Neigung, diese begeisternde Berührung mit der tödlichen Natur so weit zu verstärken, daß die volle Umarmung drohte« (TMW 3; 658).

---

[31] TMW 9, a.a.O., S. 487; Schopenhauer, Bd. 7, a.a.O., S. 240
[32] Dierks, a.a.O., S. 43 ff

Einen anderen Aspekt belegt eine Studie Manns aus dem Jahr 1909, die den Titel »Süßer Schlaf« trägt (TMW 11; 333-339) und eine psychologische Verknüpfung von Werk und Essay gerade unter diesem Thema liefert. Dabei läßt sich festhalten, daß der Verfasser kaum irgendwo seinen erfundenen Künstlerfiguren so nahe rückt wie ausgerechnet in diesem autobiographischen Essay, der von jenem Lebenskampf handelt, den Schopenhauer als einen Prozeß des Leidens beschreibt. »Das Leben eines Menschen, mit seiner endlosen Mühe, Noth und Leiden, ist anzusehen als die Erklärung und Paraphrase des Zeugungsaktes, d. i. der entschiedenen Bejahung des Willens zum Leben: zu derselben gehört auch noch, daß er der Natur einen Tod schuldig ist, und er denkt mit Beklemmung an diese Schuld«[33]. Ohne Zweifel führt Schopenhauer die Hand des Essayisten, der hier vom Schlaf schreibt, über sein »Indertum« handelt – von »indischer Passivität« spricht auch ein Brief an Heinrich[34] – und über sein Verlangen nach »jener Form oder Unform des Vollkommenen, welche ›Nirwana‹ oder das Nichts benannt ist [...]« (TMW 11; 336). Den Schlaf stellt der Text des Essays als eine Erlösung dar, er beschreibt ihn als archaisch urzuständlichen Glücksraum, als Weg zu einem befreienden Glücksgefühl, eingeschoben in den »Passionsweg des Lebens« (TMW 11; 333). Der Essayist berichtet davon, wie er zum ersten Mal zu der Zeit, als er das Märchen vom verlorenen Schlaf hört, diesen als Erlöser zu erwarten beginnt. Kindliches Wissen und kindliche Phantasien erst geben seinem Wunsch nach Bewußtlosigkeit Sinn und Kraft: der Schlaf gehört auch den Anfängen einer psychischen Entwicklung an, die im Antworten auf die Realität erst beginnt.

Es ist auffällig, daß der Schlaf im Essay nicht mehr allein als natürlicher Zustand und nicht ausschließlich als Metapher von Erlösung aufgefaßt wird, vielmehr erscheint er als wirkliche Befreiung von der »Widrigkeit des Lebens in Gestalt der Schule«, als »Heimkehr in den Schoß der Nacht« (TMW 11; 335), rettend vor dem Unglück der Welt. Dadurch verknüpfen sich jenem geschilderten Zustand auch die Bilder des Unbewußten. Deshalb auch fallen die Phantasie einer liebenden Hingabe und einer Heimkehr in den Mutterschoß für den Essayisten unvermittelt zusammen. Das Bild der zivilisierten Höhle des Bettes, der Gedanke an jenes »metaphysische Möbelstück«, das im übrigen das wirkliche Bett der Mutter ist, wird mit Erinnerungen an die Unendlichkeit des Meeres und die Vielgestalt des Gebirges verbunden und verweist schon so auf die Texte von Aschenbach und Castorp. Zugleich liefert jene Verknüpfung eine Begründung für die gemeinsame Wurzel der Bilder der Sehnsucht und des Schlafs. Es heißt im Essay: »So ist es geblieben: Nie schlafe ich

---

[33] Schopenhauer, Bd. 4, a.a.O., S. 666
[34] Thomas Mann – Heinrich Mann, Briefwechsel, a.a.O., S. 52

tiefer, nie halte ich süßere Heimkehr in den Schoß der Nacht, als wenn ich unglücklich bin, wenn meine Arbeit mißlingt, Verzweiflung mich niederdrückt, Menschenekel mich ins Dunkel scheucht...« (TMW 11; 335). Schlaf und Bett erinnern den Essayisten – dabei folgt er dem Bild – an »die Mysterien der Geburt und des Todes«, an den Zustand, in dem wir »unbewußt und mit emporgezogenen Knien wie einst im Dunkel des Mutterleibes, wieder angeschlossen gleichsam an den Nabelstrang der Natur, Nahrung und Erneuerung an uns ziehen auf geheimnisvollen Wegen...« (TMW 11; 336). Eben dies macht die psychologische Bedeutung des Essays aus. Was im Text des »Tod in Venedig« nicht gelingt, im »Zauberberg« aber erst durch eine mythologische Konstruktion erreicht wird, nimmt der Essayist hier vorweg. Aus der Orientierung an Schopenhauers metaphysischen Vorstellungen entwickelt er die Bilder und Metaphern einer zweiten Geburt, die mitten im Leben durch den Traum begründet werden kann. Sie ist ermöglicht allein durch das Hinausschaukeln »auf das Meer des Unbewußtseins und der Unendlichkeit« (TMW 11; 336).

Unter diesem Blickwinkel zeigen gerade die Spuren Schopenhauers im »Tod in Venedig« eine neue Linie, die jener Text im Werk Manns eröffnet. Aus der Psychologisierung eines metaphysischen Systems entwickelt die Novelle bereits Ansätze zu einer Auflösung der im Werk dargestellten Künstlerproblematik, Ansätze aber zugleich für eine Überwindung der gegenwärtigen psychischen Konstitution dessen, der sie schreibt. Andererseits bricht die Geschichte Aschenbachs immer wieder vor der entscheidenden Wende ab. Die Transformation des metaphysischen Entwurfs zu einem psychologischen Orientierungsmodell gelingt noch nicht völlig. Dies unterscheidet sie vom Entwurf des »Krull«. Denn dort wird später eine geschlossene Maja-Welt, eine Welt, in welcher die Phantasie und das Illusionäre über die Realität siegen, dargestellt, dabei orientiert sich dieses Romanfragment ebenfalls an Schopenhauer, an seiner »transcendenten Speculation über die anscheinende Absichtlichkeit im Schicksal des Einzelnen«[35]. Die Künstlerfigur Aschenbach dagegen zerbricht an jenem Schein der Welt, an welchem sie sich ausrichtet. Auch bei Schopenhauer heißt es an einer Stelle: »Das Leben stellt sich dar als ein fortgesetzter Betrug, im Kleinen, wie im Großen. Hat es versprochen, so hält es nicht; es sei denn, um zu zeigen, wie wenig wünschenswert das Gewünschte war: so täuscht uns also bald die Hoffnung, bald das Gehoffte«[36]. Allein dieser Überlegung scheint Aschenbach in seiner letzten erdachten Rede an Phaidros-Tadzio zu folgen. »Die Meisterhaltung unseres Stiles ist Lüge und Narren-

---

[35] Schopenhauer, Bd. 7, a.a.O., S. 240-242
[36] Schopenhauer, Bd. 4, a.a.O., S. 670/1

tum, unser Ruhm und Ehrenstand eine Posse, das Vertrauen der Menge zu uns höchst lächerlich, Volks- und Jugenderziehung durch die Kunst ein gewagtes, zu verbietendes Unternehmen« (TMW 8; 522).

Ein weiterer Grund für die Einwirkung Schopenhauers auf den »Tod in Venedig« dürfte darin liegen, daß sich Thomas Mann, wie seine Orientierung an Platon und Plutarch bezeugt, vor allem mit dem Kapitel über die »Metaphysik der Geschlechtsliebe« befaßt. Die dort vorgelegte metaphysische Konstruktion konzentriert sich mit der Frage der Homoerotik auf eine sexuelle Problematik, von der sich Mann unmittelbar betroffen weiß. So findet er beim Philosophen nicht nur den Gegensatz von Willen und Intellekt als Thema seiner Texte wieder: der »Geschlechtsapparat« kann ihm auch, wie er es später formulieren wird, als »Ausdruck des Willens auf einem bestimmten Punkte seiner Objektivität« (TMW 9; 539) erscheinen.

Noch entscheidend ist ein anderer Gesichtspunkt. Die Auseinandersetzung mit dem Philosophen gerät nicht allein zur Selbstinterpretation; im Gegenüber zu dessen Person erkennt Thomas Mann auch die Konflikte wieder, die er, um eigene psychische Probleme zu verarbeiten, seinen Figuren zugeschrieben hat. Nicht zuletzt seine Darstellung Gustav Aschenbachs belegt dies. »Die Willenstriebe dieses Menschen, besonders seine Sexualität, müssen überaus stark und gefährlich gewesen sein, torturierend wie die mythologischen Bilder, mit denen er die Fron des Willens beschreibt, – sie müssen der Gewalt seines Erkenntnistriebes, seiner klaren und mächtigen Geistigkeit auf eine so widerstreitende Weise entsprochen haben, daß eine furchtbar radikale Zweiheit und Zerrissenheit der Erfahrung und tiefstes Erlösungsverlangen, die geistige Verneinung des Lebens selbst, die Beschuldigung seines An-Sich als böse, irrsälig und schuldhaft das in einem hohen Sinn groteske Ergebnis war« (TMW 9; 574). Zugleich bestätigt ihm Schopenhauers Philosophie noch zu einem späteren Zeitpunkt eine Erkenntnis, die den »Tod in Venedig« durchzieht: daß »Künstlertum, Schöpfertum, nichts anderes ist und auch in ihm nichts anderes war als vergeistigte Sinnlichkeit, vom Geschlecht her genialisierter Geist« (TMW 9; 575).

Diese Möglichkeiten der Identifikation haben allerdings auch ihre Grenze. Die scharfe Ablehnung der Homosexualität durch Schopenhauer dürfte nicht ohne Folgen geblieben sein; die Geschichte Gustav Aschenbachs zeigt zwar den Zusammenbruch der Kultur des Lebens unter dem Ansturm der Triebe, doch sie verweigert sich ebenso entschieden jeder Möglichkeit, diese zu erfüllen. Es scheint kein Zufall, daß dem alternden Aschenbach ein Problem zugeschrieben wird, das eher dem jungen Künstler Thomas Mann angehört, gerade dies kann sich auf die Ausführungen Schopenhauers stützen. Denn dieser handelt nicht nur über die Tradition der Knabenliebe in der Antike, deren Erscheinungs-

formen man auch in der Geschichte zwischen Aschenbach und Tadzio wiederfinden kann. Er beschreibt zugleich jenen Haß gegen den Geliebten[37], der auch Aschenbachs Gefühle bisweilen zu bestimmen scheint. »›Er ist sehr zart, er ist kränklich‹, dachte Aschenbach. ›Er wird wahrscheinlich nicht alt werden.‹ Und er verzichtete darauf, sich Rechenschaft von einem Gefühl der Genugtuung oder Beruhigung zu geben, das diesen Gedanken begleitete« (TMW 8; 479). Schopenhauers Metaphysik der Liebe, welche die Geschlechtsliebe als ein in Wahrheit auf den Erhal der Gattung gerichtetes Verhalten ansieht, als Ausdruck eines inneren Wesens, das »als Ding an sich, frei vom *principio individuationis*, eigentlich das Selbe und Identische ist in allen Individuen, sie mögen neben, oder nach einander daseyn«[38], führt nicht nur zu einer scharfen Verurteilung der Päderastie, weil diese nicht auf Nachkommenschaft zielt. Sie erklärt zugleich das Erscheinen dieser Sexualpraktik aus physiologischen Ursachen. Nicht nur behauptet Schopenhauer unter Berufung auf Aristoteles, daß ältere Männer keine gesunden Kinder mehr zu zeugen vermöchten[39], er konstatiert auch lapidar, daß »je mehr im Manne die Zeugungskraft abnimmt, desto entschiedener ihre widernatürliche Richtung wird. – Diesem entsprechend finden wir die Päderastie durchgängig als ein Laster alter Männer«[40]. Wohlgemerkt ist dieses Urteil Schopenhauers kein moralisches, sondern ein biologisches. Gerade deshalb aber muß es als Hintergrund der Venedignovelle der Liebe des alternden Künstlers zum Knaben ihre völlige Aussichtslosigkeit geben. »Uebrigens ist der wahre, letzte, tief metaphysische Grund der Verwerflichkeit der Päderastie dieser, daß, während der Wille zum Leben sich darin bejaht, die Folge solcher Bejahung, welche den Weg zur Erlösung offenhält, also die Erneuerung des Lebens, gänzlich abgeschnitten ist«[41].
So ist die Venedignovelle über weite Strecken von einer philosophischen Vorlage bestimmt, die sich zugleich als ein inverses Orientierungsmodell ansehen läßt, weil sie die männliche Sehnsucht, von welcher der Text handelt, entschieden verwirft und damit zugleich einen niedergeschriebenen Wunsch des Autors verurteilt. Von hier ergab sich die innere Notwendigkeit, daß jener beigezogene metaphysische Entwurf durch einen anderen abgelöst wurde, der an die Stelle einer »Metaphysik der Geschlechtsliebe« eine Metaphysik der Kunst setzt und so jenes Zeugen im Geiste erlaubt, das die Wünsche des Autors wie diejenigen seiner Figur schon immer durchzieht. Unter der Perspektive von Nietzsche beginnen

---

[37] Schopenhauer, Bd. 4, a.a.O., S. 651
[38] Schopenhauer, Bd. 4, a.a.O., S. 656
[39] Schopenhauer, Bd. 4, a.a.O., S. 660
[40] Schopenhauer, Bd. 4, a.a.O., S. 662
[41] Schopenhauer, Bd. 4, a.a.O., S. 664

sich jene Impulse zu zentrieren, die Thomas Mann von Schopenhauer empfängt.

2.3. Nietzsche

Auf Blatt 9 und 10 der Arbeitsnotizen zum »Tod in Venedig« befindet sich neben einer kurzen Aufzeichnung zu Apollo auch eine Beschreibung des Gottes Dionysos, dessen Kult kleinasiatisch genannt wird und nach Griechenland vordringen soll. Insgesamt weist die Notiz, die ein orgiastisches Ritual schildert, das schon sehr deutlich auf Aschenbachs letzten Traum deutet, darauf hin, daß der Gott von Satyrn und Korybanten begleitet ist und daß er nicht nur den Rausch, sondern auch Wahnsinn und Tod mit sich zu bringen vermag[42]. Damit schildert die Aufzeichnung zugleich die andere Seite des Wahns und der Selbsttäuschung, von welcher die Geschichte des Künstlers und Liebhabers Aschenbach handelt. Die unmittelbare Quelle dieser Vornotiz Thomas Manns ist bislang noch nicht geklärt, bisher nimmt man an, daß sie einem Vorwort zum »Bakchen«-Drama des Euripides entstammt[43]. Doch den Hinweis auf diesen wie auch eine ausführliche Schilderung des Dionysos-Mythos kann Thomas Mann in Nietzsches »Geburt der Tragödie aus dem Geist der Musik« finden. Diese vor allem nennt den Kult des Dionysos einen kleinasiatischen, sie schildert, wie dieser Gott mit seinen Sendboten nach Griechenland vordringt[44].
Ohne Frage lassen sich einige Motive des Novellentextes, wie schon skizziert, mit dem Mythologem des Dionysos in Beziehung bringen. Dabei wird deutlich, daß man die sogenannten Todesboten und die Hermesgestalten zugleich als Konfigurationen des Dionysos betrachten kann, die Fremden wären dann die Satyrn aus dem Schwarm des Dionysos. Der Basthut, den einige von ihnen tragen, weist auf den einwandernden Dionysos, auch die Attribute von Efeukranz, Thyrsos und Maske vermag man an ihnen wahrzunehmen[45]. Selbst die »seltsame Ausweitung seines Innern«, die Aschenbach empfindet, läßt sich als Anspielung auf eine dionysische Ekstasis ansehen (TMW 8; 446, 515). Diese motivische Verflechtung zwischen dem Novellentext, Nietzsches Tragödienschrift und Euripides' Drama hat allerdings weiterreichende Folgen, sie gehört einem zugleich kulturpsychologischen und kunsttheoretischen Entwurf an, den Nietzsche in seiner Schrift offensiv vertritt.

---

[42] Reed, Kommentar, a.a.O., S. 95/6
[43] Dierks, a.a.O., S. 21 ff
[44] Dierks, a.a.O., S. 19-20
[45] Dierks, a.a.O., S. 25; TMW 8, a.a.O., S. 516

Eine Bemerkung am Ende von Kapitel 22 der Tragödienschrift, in welchem sich zugleich Motive des Novellentextes wiederfinden lassen, macht dies deutlich. »Die Zeit des sokratischen Menschen ist vorüber: kränzt euch mit Epheu, nehmt den Thyrsusstab zur Hand und wundert euch nicht, wenn Tiger und Panther sich schmeichelnd zu euren Knien niederlegen. Jetzt wagt es nur, tragische Menschen zu sein: denn ihr sollt erlöst werden. Ihr sollt den dionysischen Festzug von Indien nach Griechenland geleiten! Rüstet euch zu hartem Streite, aber glaubt an die Wunder eures Gottes!«[46].

Dieser Aufruf ist Schlußfolgerung aus einer Einschätzung der kulturellen und künstlerischen Entwicklungsgeschichte des abendländischen Menschen, die Nietzsche in der Antike beginnen läßt. Die Götter Apoll und Dionysos sind ihm mythologische Muster für Grundtriebe des Menschen, die in der wahren Kunst zusammenwirken müssen, wie dies noch das Drama des Aischylos zeigt. Auf das apollinische Element führt Nietzsche die Kunst des Bildners, auf das dionysische die unbildliche Kunst der Musik zurück; den Gegensatz zwischen dem Apollinischen und dem Dionysischen sieht er in den getrennten Kunstwelten des Traumes und des Rausches verwirklicht[47]. Da diese psychologische Konstellation zugleich auf das metaphysische Konzept Schopenhauers bezogen wird, weist das apollinische Prinzip auch auf die Maja-Welt des Scheins, auf den Bereich der Vorstellungen, damit zugleich auf das principium individuationis, während das Dionysische gerade dessen Zerstörung anstrebt, indem es auf den Bereich des Willens und des Ursprungs aller Dinge bezogen ist. Doch die kulturelle Entwicklung Griechenlands unterdrückt für Nietzsche diese Duplizität des Menschen, sie verschleiert die wahre Natur der Welt; schon Homers vermeintliche Naivität ist für ihn nur der »vollkommene Sieg der apollinischen Illusion«, einer gründlichen Täuschung, die allerdings noch an den Urgrund erinnert, den sie vergessen machen will. »Das wahre Ziel wird durch ein Wahnbild verdeckt: nach diesem strecken wir die Hände aus, und jenes erreicht die Natur durch unsere Täuschung«[48]. Doch nach Meinung des Philosophen hat die Tragödie des Euripides, die den Menschen des alltäglichen Lebens aus den Zuschauerräumen auf die Bühne dringen läßt[49], nicht nur Dionysos, sondern auch das Dionysische, das auf den »verhüllten Untergrunde des Leidens und der Erkenntnis« weist, beseitigt[50]. Dagegen hält Nietzsche fest, daß die griechische Tragödie in ihrer ältesten

---

[46] Nietzsche, Friedrich: Werke in drei Bänden, hrsg. v. Karl Schlechta, München [8]1977, S. 113
[47] Nietzsche, Bd. 1, a.a.O., S. 21
[48] Nietzsche, Bd. 1, a.a.O., S. 31
[49] Nietzsche, Bd. 1, a.a.O., S. 65
[50] Nietzsche, Bd. 1, a.a.O., S. 34

Gestalt vom Leiden des Dionysos bestimmt und ursprünglich aus »dem tragischen Chor« entstanden sei[51]. Seine Kritik geht noch weiter: Nicht nur die Tragödie, die Poesie überhaupt sei durch Euripides zerstört worden[52], weil jener die Doppelheit des Dionysischen und Apollinischen beendete, aus welcher sich Ursprung und Wesen der griechischen Tragödie begründeten, und weil er das »ursprüngliche und allmächtige dionysische Element aus der Tragödie auszuscheiden und sie rein und neu auf undionysische Kunst, Sitte und Weltbetrachtung aufzubauen« begann[53]. Diese künstlerische Entwicklung ist für den Philosophen auch aus dem Auftreten der Philosophie des Sokrates begründet; im Euripideischen Prolog erkennt er eine rationalistische Methode wieder, die sich an dem Satz des ästhetischen Sokratismus orientiert, daß alles verständig sein müsse, um schön zu sein[54].

Es ist bemerkenswert, daß der Philosoph Nietzsche am Beispiel des Sokrates nicht allein eine rudimentäre Psychologie des Schöpferischen, sondern zugleich eine Charakteristik des schöpferischen Menschen gibt, die sich Thomas Manns Beschreibung des disziplinierten Künstlers Aschenbach im »Tod in Venedig« unmittelbar vergleichen läßt. Als sei von dessen Produktionsweise die Rede, heißt es über den Philosophen: »Während doch bei allen produktiven Menschen der Instinkt gerade die schöpferisch-affirmative Kraft ist, und das Bewußtsein kritisch und abmahnend sich gebärdet: wird bei Sokrates der Instinkt zum Kritiker, das Bewußtsein zum Schöpfer – eine wahre Monstrosität *per defectum*!«[55]. Von hier ergibt sich eine unmittelbare Parallele zur Venedignovelle. Aschenbach, der als der Vertreter eines neuen Klassizismus beschrieben wird und einer Kultur der Vernunft angehört, wenn er die Aufgabe zu lösen versucht, »welche sein Ich und die europäische Seele ihm stellten« (TMW 8; 447), hat sich nicht nur dem Schein der Maja-Welt verschrieben, er ist auch einer modernen Welt verpflichtet, die »in dem Netz der alexandrinischen Kultur befangen« ist und die »als Ideal den mit höchsten Erkenntniskräften ausgerüsteten, im Dienste der Wissenschaft arbeitenden *theoretischen Menschen*« kennt, »dessen Urbild und Stammvater Sokrates ist«[56]. Seine in die Schulbücher eingegangene Kunst ist Abwehr jenes Wissens, das auf psychologische Sachverhalte verweist, und »Abkehr von allem moralischen Zweifelsinn, von jeder Sympathie mit dem Abgrund« (TMW 8; 455), der in der Auffassung Nietzsches nichts anderes ist als der Wille selbst[57].

---

[51] Nietzsche, Bd. 1, a.a.O., S. 44
[52] Nietzsche, Bd. 1, a.a.O., S. 64
[53] Nietzsche, Bd. 1, a.a.O., S. 70
[54] Nietzsche, Bd. 1, a.a.O., S. 72/3
[55] Nietzsche, Bd. 1, a.a.O., S. 77
[56] Nietzsche, Bd. 1, a.a.O., S. 99
[57] Nietzsche, Bd. 2, a.a.O., S. 844

Von jener Kontrolle des Schöpferischen will Nietzsches kunstpsychologischer Ansatz befreien. Die dionysische Kunst, die von der »ewigen Lust des Daseins« überzeugen soll, hat »diese Lust nicht in den Erscheinungen, sondern hinter den Erscheinungen zu suchen«. Und sie erfordert dazu die Bereitschaft »zum leidvollen Untergange«, erst dann vermag der Mensch in kurzen Augenblicken »das Urwesen selbst« zu werden und »dessen unbändige Daseinsgier und Daseinslust« zu empfinden[58], Apollo und Dionysos zusammen erst erschließen die volle Erfahrung der Wirklichkeit. »Apollo steht vor mir als der verklärende Genius des *principii individuationis,* durch den allein die Erlösung im Scheine wahrhaft zu erlangen ist: während unter dem mystischen Jubelruf des Dionysus der Bann der Individuation zersprengt wird und der Weg zu den Müttern des Seins, zu dem innersten Kern der Dinge offen liegt«[59]; Aschenbachs Kunst ist ohne Zweifel aus der Auseinandersetzung mit jener Kraft entstanden.

Es ist kein Zufall, daß die Beschreibung seines Entschlusses, »das Wissen zu leugnen, es abzulehnen, erhobenen Hauptes darüber hinweg zu gehen«, sein »Ekel gegen den unanständigen Psychologismus der Zeit«, seine »Abkehr von jeder Sympathie mit dem Abgrund, die Absage an die Laxheit des Mitleidssatzes, daß alles Verstehen, alles Verzeihen heiße«, seine endgültige »Wiedergeburt«, die als das »Wunder der wiedergeborenen Unbefangenheit« erscheint (TMW 8; 455), daß diese Wendung zum apollinischen Kunstprinzip in einzelnen Passagen sogar wörtlich jenem Text entnommen ist, in dem sich Nietzsche vom Einfluß Wagners zu befreien sucht. Der Epilog von »Nietzsche contra Wagner« fordert dazu auf, sich in Orientierung an den Griechen vom Genuß und der Leidenschaft zu lösen und sich wiederum dem »Olymp des Scheins« zuzuwenden. Allerdings ist diese Aufforderung eine differenzierte Folgerung dessen, was in der Tragödienschrift entwickelt wurde. »Diese Griechen waren oberflächlich – *aus Tiefe* ... Und kommen wir nicht eben darauf zurück, wir Wagehalse des Geistes, die wir die höchste und gefährlichste Spitze des gegenwärtigen Gedankens erklettert und von da auch uns umgesehn haben, die wir von da aus *hinabgesehn* haben? Sind wir nicht eben darin – Griechen? Anbeter der Formen, der Töne, der Worte? Eben darum – *Künstler?* –«[60].

Im Nachlaß der achtziger Jahre, in welchem Nietzsche ebenfalls über den »Antagonismus dieser beiden Natur-Kunstgewalten« des Dionysischen und des Apollinischen handelt, weist er nachdrücklich darauf hin, daß jener Wille zum Einfachen und zur Oberfläche, der Entschluß zum Prinzip der Individuation, den er in der europäischen Geschichte bis hin

---

[58] Nietzsche, Bd. 1, a.a.O., S. 93
[59] Nietzsche, Bd. 1, a.a.O., S. 88
[60] Nietzsche, Bd. 2, a.a.O. S. 1061

zum Christentum als eine Wegbewegung vom Ursprung interpretiert[61], bei den Griechen einem Kampf entspringt. Ihr Wille »zum Maß, zur Einfachheit, zur Einordnung in Regel und Begriff« hat seine Voraussetzungen und seinen Untergrund, über dem er sich erst erheben kann. »Das Maßlose, Wüste, Asiatische liegt auf seinem Grunde: die Tapferkeit des Griechen besteht im Kampfe mit seinem Asiatismus: die Schönheit ist ihm nicht geschenkt, so wenig als die Logik, als die Natürlichkeit der Sitte – sie ist erobert, gewollt, erkämpft – sie ist sein *Sieg*[62]. Ohne Frage nimmt der Text des »Tod in Venedig« mit der Geschichte Gustav Aschenbachs dieses Motiv vom Kampf mit dem Asiatismus auf und formt es zu einem Handlungsmuster um.

Gerade diese Transformation ist nicht ohne den Einfluß Nietzsches zu denken. Denn diejenige Kunstform, in welcher sich der Antagonismus des Dionysischen und Apollinischen vor allem zeigt, ist für Nietzsche die Tragödie, und nicht ohne Grund nennt Thomas Mann später die Venedigerzählung eine »novellistische Tragödie der Entwürdigung« (TMW 11; 125). Auffällig genug ist der Text des »Tod in Venedig« in fünf Abschnitte gegliedert, die sich dem Schema der Tragödie vergleichen lassen, und es gibt gute Gründe dafür anzunehmen, daß der geschilderte Zusammenbruch von Aschenbachs Künstlerwürde und Wertvorstellungen in Anlehnung an Euripides' Tragödie der »Bakchen« geformt ist, die vom Siegeszug des Gottes Dionysos berichtet, der von Kleinasien nach Griechenland vordringt und dem sich der König Pentheus vergeblich entgegenzustellen sucht.

Die Orientierung an der Tragödie führt nicht nur in einem äußeren Sinn dazu, daß der Gegensatz von Süden und Norden, welcher die Beziehungs- und Familienkonstellationen früherer Texte Manns durchzieht, nunmehr in einen Ost-West-Gegensatz umgelegt wird. Der Rückgriff auf die Dionysosgeschichte leistet in Anlehnung an den Stoff der Tragödie des Euripides bereits eine Mythisierung der Personen und der Handlung; schon jetzt beginnt sich eine Erzähltechnik vorzubereiten, bei welcher mehrere Ebenen in eine gespiegelt werden. Allein der Mythos vermag durch die Ambivalenz seiner Bilder bewußte und unbewußte Geschichten begriffslos aufeinander zu beziehen. Die Gleichsetzung des Dionysoszuges mit dem Vordringen der Cholera asiatica nach Europa und die Parallelisierung dieses Vorgangs mit der Gefühlsentwicklung Aschenbachs sind dafür nur das zentrale Motiv[63]. Damit bestätigt sich im Erzählen Manns die Bedeutung jener Verschränkung eines horizontalen und eines vertikalen Bezugssystems, die bereits im »Kleinen Herrn Friedemann« beginnt und die vor allen Dingen die Texte des Spätwerks,

---

[61] Nietzsche, Bd. 2, a.a.O., S. 1159
[62] Nietzsche, Bd. 3, a.a.O., S. 792; Dierks, a.a.O., S. 34/5
[63] Dierks, a.a.O., S. 20

besonders aber den »Josephsroman« und den »Doktor Faustus« bestimmen wird.
Entscheidend ist, daß dieser Weg zum Mythos, der hier mit Bezug auf Nietzsche erfolgt, eine psychologische Bedeutung hat; denn bei dem Philosophen ist die Mythologie ein Hinweis auf kulturpsychologische und anthropologische Konstanten zugleich. Nur so läßt sich Nietzsches vehemente Attacke gegen das Christentum als den Fortsetzer des sokratischen Rationalismus, als eine Methode der Unterdrückung des Leibes verstehen, wie dies am Ende von »Ecce homo« mit großer Eindringlichkeit vorgetragen wird. »Der Begriff ›Jenseits‹, ›wahre Welt‹ erfunden, um die *einzige* Welt zu entwerten, die es gibt [...]. Der Begriff ›Seele‹, ›Geist‹, zuletzt gar noch ›unsterbliche Seele‹, erfunden, um den Leib zu verachten, um ihn krank – ›heilig‹ – zu machen [...]. Der Begriff ›Sünde‹ erfunden samt dem zugehörigen Folter-Instrument, dem Begriff ›freier Wille‹, um die Instinkte zu verwirren, um das Mißtrauen gegen die Instinkte zur zweiten Natur zu machen![64]«.
Der Rausch, von dem in der Geschichte Aschenbachs so häufig die Rede ist, bedeutet für Nietzsche bereits ein Eintauchen ins Unbewußte, in die Welt des Instinkts; singend und tanzend vermag der Mensch selbst zum Kunstwerk zu werden. Ebenso notwendig gehört der Rausch für den Philosophen zur Psychologie des Künstlers: »Der Rausch muß erst die Erregbarkeit der ganzen Maschine gesteigert haben: eher kommt es zu keiner Kunst. Alle noch so verschieden bedingten Arten des Rausches haben dazu die Kraft: vor allem der Rausch der Geschlechtserregung, diese älteste und ursprünglichste Form des Rausches«[65].
Im »Tod in Venedig« kulminieren die Rauschzustände in jenem letzten Wunsch Aschenbachs, Tadzio ins »Verheißungsvoll-Ungeheure« zu folgen. Er ist eine offensichtliche Anlehnung an eine Formulierung Nietzsches in seiner Auseinandersetzung mit dem Sokratismus. Dort preist dieser die »Tapferkeit und Weisheit Kants und Schopenhauers«, die den im »Wesen der Logik verborgen liegenden Optimismus« besiegten und klarlegten, daß beispielsweise die vermeintlich ewigen Gesetze von Raum, Zeit und Kausalität nur die »bloße Erscheinung, das Werk der Maja, zur einzigen und höchsten Realität« erheben. Er selbst orientiert sich dagegen an jener »tragischen« Kultur, welche »an die Stelle der Wissenschaft als höchstes Ziel die Weisheit« rückt[66].
Zugleich hofft er auf eine neue Generation »mit dieser Unerschrockenheit des Blicks, mit diesem heroischen Zug ins Ungeheure [...]«[67]. Aschenbachs Weg ins Verheißungsvoll-Ungeheure als Endpunkt einer

---

[64] Nietzsche, Bd. 2, a.a.O., S. 1159
[65] Nietzsche, Bd. 2, a.a.O., S. 995
[66] Nietzsche, Bd. 1, a.a.O., S. 101
[67] Nietzsche, Bd. 1, a.a.O., S. 102

künstlerischen Abkehr vom Wissen vollendet dieses Kulturmuster; gerade ihn führt sein Erfinder im Sinne Nietzsches zu einer Erfahrung der »Urfreude im Schoße des Ur-Einen«[68], er läßt ihn in jenes psychophysische Dionysische eintauchen, das er selbst später als das Unbewußte erkennen wird. Isoldes von Nietzsche zitierter metaphysischer Schwanengesang zeichnet vor, was Manns Aschenbach erfährt:

»In des Wonnemeeres
wogendem Schwall,
in der Duft-Wellen
tönendem Schall,
in des Weltatems
wehendem All –
ertrinken – versinken –
unbewußt – höchste Lust!«[69]

Es entspricht dabei dem Entwurf Nietzsches, daß auch für Aschenbach das Ausschreiten dieses Wegs tragisch und tödlich zugleich ist.
Diese Parallelität von Handlung und philosophischer Einschrift läßt die Venedignovelle als ein Stück erzählte Kulturtheorie erscheinen, als eine erzählte »Geburt der Tragödie«[70]. Der photographische Apparat, der auf seinem dreibeinigen Stativ mit in jenes Schlußtableau hineingehört, das die Geschichte von Aschenbach und Tadzio enden läßt, und der »scheinbar herrenlos« und »am Rande der See« steht (TMW 8; 523), ließe sich dann in der Tat als Symbol für den Dreifuß des Apoll, als Zeichen einer Ordnung ansehen, der Aschenbach nicht mehr nachfolgt[71].
Die mythologisierende Erzählweise der Novelle erfüllt damit auch eine Perspektive von Nietzsches kulturpsychologischem Entwurf. Denn dieser zielt ebenfalls, zu dieser Zeit noch in Anlehnung an Wagners Kunsttheorien, auf eine Reetablierung des Mythos. Ohne diesen gehe ihm, so führt Nietzsche aus, »jede Kultur ihrer gesunden schöpferischen Naturkraft verlustig: erst ein mit Mythen umstellter Horizont schließt eine ganze Kulturbewegung zur Einheit ab. Alle Kräfte der Phantasie und des apollinischen Traumes werden erst durch den Mythos aus ihrem wahllosen Herumschweifen gerettet«[72]. Der Satz, »daß nur als ein ästhetisches Phänomen das Dasein und die Welt gerechtfertigt erscheint«[73], bestätigt sich für den Philosophen gerade am tragischen Mythos. Thomas Mann, der im »Tod in Venedig« nicht nur durch sein Konzept der

---

[68] Nietzsche, Bd. 1, a.a.O., S. 121
[69] Nietzsche, Bd. 1 a.a.O., S. 121
[70] Wysling, Hans: »Mythos und Psychologie« bei Thomas Mann, in: H.W., TMS III, a.a.O., S. 172
[71] Dierks, a.a.O., S. 28
[72] Nietzsche, Bd. 1, a.a.O., S. 125
[73] Nietzsche, Bd. 1, a.a.O., S. 131

»novellistischen Tragödie«, sondern auch mit dem erzählten Leidensweg des Künstlers Aschenbach diese Forderung aufnimmt, führt sie im Verlauf seines Schreibens weiter, verändert sie aber zugleich. An die Stelle des von Nietzsche geforderten deutschen Mythos setzt er später, nicht zuletzt unter dem Eindruck dessen, was aus deutschen Mythen zu werden vermag, seinen Begriff des Mythos als eines Werkzeugs der Aufklärung, welches das Unbewußte und seine Gewalt zwar nicht leugnet, ihm aber einen angemessenen Platz zuweist. Erst damit kann er eine Konfliktkonstellation überwinden, die ihn mindestens bis zum »Tod in Venedig« bestimmt. Es ist von entscheidender Bedeutung, daß diese Transformation des Mythos, die einerseits Nietzsches kulturtheoretische und kulturpsychologische Bestimmung des Mythos aufnimmt, sich aber andererseits ganz entschieden vom Mißbrauch des Mythos durch den Faschismus abwenden wird, in einer Auseinandersetzung mit Wagner erfolgt. Und es ist kein Zufall, daß jene »anderthalb Seiten erlesener Prosa«, die Aschenbach unter dem Eindruck Tadzios schreibt (TMW 8; 493), als eine Schrift Thomas Manns entschlüsselt werden können, die eine erste kritische Auseinandersetzung mit Wagner beinhaltet; es ist die später unter dem Titel »Über die Kunst Richard Wagners« gedruckte Studie, die zuerst auf dem Briefpapier des »Grand Hôtel des Bains« auf dem Lido in Venedig geschrieben wird. Dieser Text ist nicht nur Beginn einer lebenslangen Auseinandersetzung mit dem Werk des Musikers, er liefert im Jahre 1911 zugleich ein fragmentarisches ästhetisches Programm, das Thomas Mann dem klassizistischen Künstler Aschenbach zuschreibt und das er zugleich mit dessen Geschichte scheitern läßt. Diese Kontrafaktur von fiktionalem Text und Essay ist nicht untypisch für das Schreiben Thomas Manns. Sie ist eines der vielen Beispiele dafür, daß das ästhetische Werk bereits weiter ist als das diskursive Denken, das die Essays bestimmt.

2.4. Wagner und die Theorie der Kunst

Nicht weniger als die Rezeption Schopenhauers und Nietzsches ist die Auseinandersetzung mit Wagner emotional besetzt. Zugleich ist sie zum Zeitpunkt der Entstehung des »Tod in Venedig« durch andere vermittelt, sie erfolgt vor allem aus dem Blickwinkel Nietzsches. Für beides gibt es Beispiele. Der Essay »Über die Kunst Richard Wagners« ist neben dem theoretischen Entwurf auch eine Darstellung von Gefühlen bei Theaterbesuchen, die sich den erzählten Erfahrungen des Hanno Buddenbrook und Krulls Geschichte vergleichen lassen. Von diesen Gefühlszuständen versucht sich der Essayist kritisch abzusetzen. Es sind

Zustände einer Sensibilisierung, eines Nervenreizes und höchster Entrückung, Rauschzustände, die jenen Gustav Aschenbachs an die Seite zu stellen sind (TMW 10; 841). Sie gehören einem artistisch-lebensunfähigen Gefühl an, das die Novellen noch bis zum »Tonio Kröger« beschreiben und problematisieren.

Diese Distanz zum theatralischen Effekt und zum Pathos bei Richard Wagner ist von Nietzsche beeinflußt. Dessen »Geburt der Tragödie aus dem Geist der Musik« läßt sich als theoretischer Kommentar für die Bewertung einer künstlerischen Technik ansehen, die zunächst nur gefühlsmäßig abgelehnt wird. Andererseits entwickelt die Wagnerschrift von 1911, die sich im Gegensatz zum »Versuch über das Theater« von 1908 bereits im Vergleichen übt, auch eine Beziehung zwischen Thomas Manns eigener künstlerischer Technik und Wagners Kunst. Der »Versuch« entwirft mit seiner Wendung gegen die Illusionstechnik des Theaters und gegen das Theater als Institution eine Rangskala des Romans (TMW 10; 61), der Aufsatz »Über die Kunst Richard Wagners« entdeckt in diesem auch den Epiker; im ursprünglichen Verkünder des neuen Theatralischen sieht der Essayist einen Lehrmeister für die epischen Formen. Damit versucht er, jenes andere Programm der Kunstübung, das Nietzsche in seinem Anti-Wagner entwirft, an dem von Nietzsche Kritisierten selbst zu erkennen. Beim epischen Lehrmeister Wagner beobachtet Thomas Mann die Rolle von Leitmotiv, Selbstzitat und Symbolik (TMW 10; 840), die zugleich als Formen des eigenen Schreibens entschlüsselt werden und ohne Zweifel im »Tod in Venedig« auch realisiert sind. Manns Einstellung gegenüber Wagner äußert sich aber nicht allein mit Blick auf dessen künstlerische Technik, sondern zugleich in Hinsicht auf die Inhalte seiner Kunst.

Aschenbachs ursprüngliches Programm der neuen Meisterschaft korrespondiert zwar dem apollinischen Kunstentwurf, den Thomas Mann in seinen an Schopenhauer orientierten Notizen zu »Geist und Kunst« entwickelt, es entspricht aber auch dem Tenor der ersten Wagnerschrift, die – Nietzsches Haltung in »Nietzsche contra Wagner« vergleichbar – eine neue Kunst der apollinischen Distanz und Selbstkontrolle propagiert. Es ist deshalb charakteristisch für die Zeit des »Tod in Venedig«, daß die Auseinandersetzung mit Wagner einer doppelten Optik untersteht. Sie ist einerseits für Thomas Manns Versuch einer künstlerischen Neuorientierung symptomatisch, andererseits läßt sie sich aus den wechselnden Perspektiven begründen, die das Vorbild Nietzsche für Wagners Werk bereitstellt. Ohne Zweifel bestärkt diese doppelte Optik bei der Bewertung des Vorbilds eine Ambivalenz, die in der Psychologie Gustav Aschenbachs und in dessen Geschichte ebenfalls vorherrscht.

Gerade die Auseinandersetzung mit Wagner liefert den Beleg, daß für Thomas Mann jedes Moment der Kritik schon Bestandteil eines Neuentwurfs ist. Dies zeigt sich etwa dann, wenn er Wagner geistesgeschichtlich als einen Autor des 19. Jahrhunderts klassifiziert und ihm kritisch das Ideal einer neuen Kunst entgegensetzt, deren Beschreibung als kühle, vornehme und »gesundere [...] Geistigkeit« (TMW 10; 842) wie eine Vorwegnahme seiner späteren Ausführungen zum Apollinischen in der epischen Kunst wirkt.

Die ambivalente Haltung gegenüber Wagner, der im frühen Werk Vorbild und Gegenbild zugleich ist, erklärt sich auch daraus, daß die Auseinandersetzung mit ihm nur eine widersprüchliche Gefühlslage spiegelt, die den Essayisten und Künstler Thomas Mann selbst bestimmt. Dieser Sachverhalt wird klar, wenn man die spätere Einstellung Manns zu Richard Wagner ins Auge faßt. Gegenüber den frühen distanzierten und verhältnismäßig schematischen Wagnerdarstellungen gewinnt die Schrift über »Leiden und Größe Richard Wagners« (TMW 9; 363-426) ein Profil, das sie ohne Frage aus der persönlichen Betroffenheit des Essayisten bezieht. Darüber kann nicht hinwegtäuschen, daß auch jene späte Schrift eine zunächst abstrakt anmutende Fragestellung entwirft. Noch jener Wagner-Essay bemüht sich, deutlich zu machen, daß die klare Opposition von »mythischer« und »logischer« Kunst, wie sie Thomas Mann bis dahin selbstverständlich scheint, noch nie haltbar war. Diese Begriffsdialektik entspringt vielmehr frühesten Rationalisierungen des eigenen unbewußten Wünschens, das sich im Gegenüber zu fremder Kunstübung zu artikulieren versucht.

Dagegen zeigt sich, daß das Leiden und die Größe des Künstlers, die im Wagneressay programmatisch miteinander verkoppelt sind, eine lebensgeschichtliche Ambivalenz zu erschließen suchen, die sich als autobiographischer Diskurs des Essayisten erkennen läßt. Es bedürfte der Ausführungen über den unmittelbaren Einfluß Wagners auf das eigene Leben nicht (TMW 9; 373), um klarzulegen, daß dieser Künstleressay ein innerer Roman des Essayisten ist. Zugleich wird dieses Wiedererkennen des Eigenen im anderen auch zum Modell für die Rezeption des eigenen Werks. Nur einige Punkte dieses inneren Romans sollen hier angedeutet werden; es sind vor allen Dingen biographische Notizen zu Wagner, die mit dem eigenen Biogramm zur Deckung kommen. Die Betonung der Pedanterie, der Bürgerlichkeit und des Handwerklichen in der Kunstübung (TMW 9; 410-11) des Musikers einerseits und seine Sehnsucht nach Anerkennung durch ein Publikum andererseits (TMW 9; 415) sind als Konstanten der autobiographischen Reflexion bei Thomas Mann seit frühester Zeit bekannt und in Brief und Tagebuch bezeugt. Von weiterreichender Bedeutung ist, daß auch die geistige und psychologische Situation Wagners als der eigenen symmetrisch begriffen und dargestellt wird. In des Komponisten Leben scheint sich für den Essayisten über große Abschnitte hinweg die eigene Lebensgeschichte zu wiederholen.

Die Entstehungsbedingungen von Wagners Kunstübung (TMW 9; 419) erinnern an Thomas Manns bewußten Rückzug in die »machtgeschützte Innerlichkeit« des kaiserlichen Vorkriegsdeutschlands, einen Rückzug, den man auch in der Künstlergeschichte Gustav Aschenbachs finden kann[74]. Die Betonung des spezifisch Deutschen, ja »Reaktionären« in der Wagnerschen Musik, eine Bewertung, die Thomas Mann von Georg Lukács übernimmt (TMW 9; 425, 421)[75], ist eine klare Parallele zum eigenen frühen Versuch, sich im Rekurs auf jenes Deutsch-Reaktionäre zu stabilisieren, wie dies besonders in den »Betrachtungen eines Unpolitischen« deutlich wird.

Die Auseinandersetzung mit Wagner ist somit zugleich eine autobiographische Reflexion, die durch ästhetische Überlegungen nur zentriert ist. Dabei lassen sich wie so häufig ein typisierender und ein individualisierender oder psychologisierender Gesichtspunkt ausmachen. Der typisierende taucht signifikant häufig in der Selbstreflexion Thomas Manns auf: am Beispiel des Verhältnisses von Wagner und Liszt, der Gegenüberstellung des unter Qualen Produzierenden und des leichthin Gestaltenden, dem alles zufällt und alle Ideen überquellen, läßt sich das Schema für die Beschreibung der unterschiedlichen Produktionsweisen von Goethe und Schiller erkennen (TMW 9; 379), in dessen Rahmen sich Thomas Mann wiederholt selbst zu bestimmen sucht.

Von größerer Bedeutung ist der individualisierende Gesichtspunkt, der sehr eng mit einer immer differenzierter werdenden Beschreibung der Beziehung von Psychologie und Mythos zusammenhängt (TMW 9; 368). Das herausragend Neue der Wagnerschrift von 1933 im Gegensatz zu den vorangehenden ist ohne Frage die Individualisierung und Psychologisierung des Mythos, die sich nicht nur aus der Zuordnung des Einzelwerks in ein Lebenswerk ergibt (TMW 9; 386), das von Krankheit (TMW 9; 388/9) und Erlösungssehnsucht (TMW 9; 390) gekennzeichnet ist. Die Psychologisierung des Mythos kommt jetzt vor allem einer Sexualisierung gleich. So wie in der Novelle des »Tod in Venedig« sexuelle Konstellationen in mythische übersetzt werden, versucht der Essayist Thomas Mann, bei Wagner die mythischen Konstellationen in sexuelle rückzuübersetzen. Unter diesem Blickwinkel gewinnt für ihn die »doppelte Optik« (TMW 9; 404) der Wagnerschen Kunst, jene »gesunde Art, krank zu sein« (TMW 9; 403) eine Doppelbödigkeit, die sich nur psychoanalytisch beschreiben läßt. Die »welterotische [...] Konzeption« Schopenhauers, die Thomas Mann beim Komponisten wiederer-

---

[74] vgl. Sokel, Walter H.: Demaskierung und Untergang Wilhelminischer Repräsentanz: Zum Parallelismus der Inhaltsstruktur von »Professor Unrat« und »Der Tod in Venedig«, in: Herkommen und Erneuerung: Essays für Oskar Seidlin, hrsg. v. G. Gillespie und E. Lohner, Tübingen 1976, S. 387-412

[75] vgl. dazu auch Lukács, Georg: Werke, Neuwied 1962 ff., Band 7, S. 518

kennt (TMW 9; 398), ist für den Essayisten selbst nicht weniger bedeutend als für seine frühen Figuren, unter denen Gustav Aschenbach nur eine einzelne ist. Deshalb ist der eigentliche Drehpunkt des späteren Wagneraufsatzes die Ambivalenz der Liebe, von der sich der Essayist zusammen mit den Figuren betroffen weiß, deren Geschichte er bereits erzählt hat.

Der biographische Sinn dieses Wiedererkennens des Eigenen im Anderen, des Lebens im Werk, liegt darin, daß es auf zwei Ebenen stattfindet. Der Essayist sieht den inneren Zusammenhang und die Begründung der Ambivalenz, von der er handelt. Zugleich bedenkt er seine eigene Haltung dazu in einem historischen und biographischen Abstand und befaßt sich vor allem mit der Ununterscheidbarkeit des Gefühls. Denn mit ihr geht es ihm nicht allein um die Unmöglichkeit, eine Grenze zwischen geistiger und körperlicher Liebe zu markieren, sondern sehr viel genauer um die Schwierigkeit einer Grenzziehung zwischen der eingestandenen Liebe zu einer Frau und der unbewußten Liebe zur Mutter, die als ihre Matrix erkannt wird. Dies ist ohne Frage eine späte Variation jener Liebe Aschenbachs zu Tadzio, die sich ebenfalls aus einer familialen Konstellation entwickeln läßt. Die Ambivalenz der Liebe, die mit Blick auf Wagner beschrieben wird, ist nur eine mögliche Äußerung jener nicht eindeutigen Gefühlslage, die den Text des »Tod in Venedig« durchgehend bestimmt. »Welche Verschränkung eines Doppelten, welcher Blick in die schwierigen Tiefen eines Gefühls! Es ist Analyse [...] wenn man das frühlingshaft keimende und hervorsprießende Liebesleben des Knaben Siegfried betrachtet, wie Wagner es im Wort und mit Hilfe der deutend untermalenden Musik lebendig macht. Da ist ein ahnungsvoller und aus dem Unterbewußten heraufschimmernder Komplex von Mutterbindung, geschlechtlichem Verlangen und *Angst* – ich meine jene Märchenfurcht, die Siegfried erlernen möchte –, ein Komplex also, der den Psychologen Wagner in merkwürdigster, intuitiver Übereinstimmung zeigt mit einem anderen typischen Sohn des 19. Jahrhunderts, mit Sigmund Freud, dem Psychoanalytiker« (TMW 9; 369-70). Es ist bemerkenswert, daß Thomas Mann ausgerechnet in der Auseinandersetzung mit Wagner jene Selbstversicherung nicht gelingt, die seine übrigen Essays und auch sein späteres Werk bestimmt. Immer wieder ändert er seine Einstellung Wagner gegenüber, dies zeigt sich am ehesten darin, daß der Aufsatz über »Richard Wagner und der ›Ring der Nibelungen‹« (TMW 9; 502-527) wiederum eine Gegenposition entwirft. Denn in dem Maß, wie der Essay über »Leiden und Größe Richard Wagners« die Gewalt des Unbewußten und der Sinnlichkeit heraustellt, kommt jener über »Richard Wagner und der Ring« zu einer Überbetonung der Reflexion, während sie doch beide nur das Gesetz des Unbewußten zu benennen und zu bannen versuchen. Obgleich auch der spätere der beiden Wagneraufsätze die Mischung von »mythischer Urtümlichkeit und psychologischer, ja psycho-analytischer Modernität« betont und Wagner dem 19. Jahrhundert zuordnet (TMW 9; 525), neigt er erneut dazu, die Entdeckung des Unbewußten und des mythisch-psychologischen Urgrundes menschlicher Geschichte mit einer »Eroberung des Rein-Menschlichen« gleichzusetzen (TMW 9; 509). Dies ist allerdings Selbstbetrug und Selbstschutz zugleich. Obwohl diese späte Haltung Thomas Manns bereits ein autoanalytisches Wissen zur Voraussetzung hat, das an Freud geschult ist, zeigt sich, daß auch die Wagneraufsätze dieser Zeit argumentativ und begrifflich wieder auf ein Niveau zurückfallen, das der Künstler-Bürger-Diskussion im »Tristan« und im »Tonio Kröger«, aber auch der geschilderten schwierigen Selbstorientierung Gustav Aschenbachs entspricht.

So weisen vor allen Dingen die Wagneressays auf jene Gewalt des Unbewußten, die im »Tod in Venedig« noch nicht wie in späteren Werken kontrolliert werden kann. Es ist auffällig, daß selbst die späte Auseinandersetzung mit Wagner, sofern sie ins fiktionale Werk eingeht, immer wieder auf jene frühe Position zurückgreift, die den »Tod in Venedig« bestimmt. Auch die Orientierung an Wagner im »Doktor Faustus« wird später auf das früheste Wagnerbild Thomas Manns zurückgebogen, auf eine seltsame und unbestimmbare Freude, auf jene »Art Heim- und Jugendweh« (TMW 10; 842), die den Wagneraufsatz von 1911 bestimmt; sie läßt sich zugleich auf die in den »Betrachtungen eines Unpolitischen« vorgetragene Auffassung von Wagner als dem modernen Künstler par excellence beziehen.

Aschenbachs letzter Traum im »Tod in Venedig«, der nicht nur eine orgiastische Szene schildert, sondern in der dramatischen Zuspitzung von Aschenbachs unbewußter Wahrnehmung die Leitmotive zusammenfallen läßt, die vorher den Text strukturieren, ist als eine Verknüpfung von dargestellter Handlung, Rede und erzählter Musik auch eine ins Überdimensionale verzerrte Opernszene. Es spricht einiges dafür, den gezogenen u-Laut im orgiastischen Rufen der Korybanten nicht nur auf den Namen Tadzio oder auf den in den Vornotizen niedergeschriebenen Ruf »Alla hu« zu beziehen; er könnte auch eine direkte Anspielung auf Wagners »Ring des Nibelungen« sein[76]. Auch so zeigt die Auseinandersetzung mit Wagner, wie eng die am Falle Aschenbachs dargestellte Künstlerproblematik mit der eigenen Situation verbunden ist, sie belegt damit die psychologisierende Umschrift, welche die rezipierten Philosophien und Kunsttheorien in Thomas Manns Selbstreflexion allmählich erhalten.

---

[76] Reed, Kommentar, a.a.O., S. 93; Frizen, Werner: Die Wunschmaid. Zur Houpflé-Episode in Thomas Manns Krull, in: Text und Kontext 9.1. (1981) S. 56-74, da S. 66 weist auf den Zusammenhang mit dem Olé-Ruf im »Krull« und auf Wagner; im »Tod in Venedig« könnten durchaus die Walküren assoziiert sein

3. Die Urschrift

Gerade der in vielfacher Weise in die Tradition rückgebundene Text des »Tod in Venedig« gibt ein charakteristisches Beispiel für eine Erzählweise, die erst in den späteren Romanen, beginnend mit dem »Zauberberg«, ihre volle Bedeutung entfaltet. Einerseits sind der Novelle die kulturalen Diskurse von Philosophie und Ästhetik offen eingeschrieben, andererseits sind diese Diskurse zugleich so auf die Geschichte der Figur bezogen, daß die Verknüpfungen von wiederholtem, nacherzähltem Diskurs und vorgestellter Handlung zugleich als Knoten eines geheimen Textes erkennbar sind, der sich auf die innere Geschichte seines Verfassers bezieht.
Allerdings ist der fiktionale Text nie einfach Wiederholung dieser Geschichte oder ihrer bestimmenden Konflikte, sondern immer zugleich eine Vexation der eindeutigen außertextuellen Spannungen und Beziehungen, die ihm vorangehen und ihn prägen. Daher begründet sich eine Bewegung von Verhüllen und Offenbaren zugleich, welche seine besondere Wirkung ausmacht.
Im Gesamtwerk Thomas Manns wird diese textkonstituierende Doppelbewegung allerdings erst später offenkundig; da, wo die kulturalen Diskurse vermeintlich nur als Bildungsgeschichte rationalisiert werden, wie etwa im »Zauberberg« und späteren Romanen, tritt ihre spannungsvolle Einbindung in den geheimen Text mitunter klarer hervor.
Das Verfolgen dieser geheimen Spur macht es notwendig, sich bisweilen vom Text der Venedignovelle zu entfernen, denn bei Thomas Mann bewahrt nicht allein das fiktionale Werk die »sukzessiven Stadien des Wunsches«[1], ästhetische, essayistische und biographische Zeugnisse sind vielmehr gleichermaßen auf eine »innere Biographie« des Autors bezogen, die ihr gemeinsames, aber verborgenes Zentrum ausmacht. Vielfach nehmen die ästhetischen Texte bereits begriffslos vorweg, was erst die Essays und autobiographischen Schriften diskursiv entfalten, und häufig liefern andererseits autobiographische Notizen und essayistische Reflexionen Vorgaben für eine ästhetische Transformation lebensgeschichtlicher Probleme.

---

[1] Starobinski, Jean: Psychoanalyse und Literatur, Frankfurt 1973 (= Literatur der Psychoanalyse, hrsg. v. Alexander Mitscherlich. Aus dem Französischen von Eckhart Rohloff) S. 237

3.1. Wunsch und Text

Schon Thomas Manns autobiographische Äußerungen über seine frühe Rezeption der Philosophien Nietzsches und Schopenhauers zeigen, daß jene intellektuellen Annäherungen an jeder Stelle psychologisch motiviert sind. Diese Motivation bezieht sich einerseits auf den Gegensatz einer kindlichen Spiel- und Phantasiewelt zur Wirklichkeit; so führt es die »Russische Anthologie« aus, die den Selbstmord der Schwester Carla als »Verrat an gemeinsamer Unwirklichkeit von einst« erscheinen läßt (TMW 10; 591). Die frühen Texte wie jene geplante »Knabennovelle«, die eine Vorstufe zu den Buddenbrooks sein sollte[2], versuchen andererseits bereits, eine biographische Erfahrung auszudrücken, die der Autor in »On Myself« als »immer dasselbe« und als »Idee der *Heimsuchung*, des Einbruchs trunken zerstörender und vernichtender Mächte in ein gefaßtes und mit allen seinen Hoffnungen auf Würde und ein bedingtes Glück der Fassung verschworenes Leben« bezeichnet (TMW 13; 136). Schon die essayistische Auseinandersetzung mit Schopenhauer zeigt, daß dieser Einbruch als ein sexuelles Problem verstanden werden muß; die Vorarbeiten zum eigentlichen fiktionalen Werk belegen schließlich, welcher Natur diese Anfechtung sein soll. Das 9. Notizbuch belehrt darüber, daß der ursprüngliche Plan, aus dem die Venedignovelle hervorgeht, eine Schilderung der Leidenschaft des alternden Goethe zu Ulrike von Levetzow, eine Darstellung von Goethes Geschichte in Marienbad ist[3]. Daß die Novelle von Gustav Aschenbach auch einen solchen erotischen Sinn hat, könnte gerade die Schlußpassage belegen. Wie auch immer man die Darstellung der Beziehung zu Tadzio beurteilen mag, so ist doch Folgendes deutlich: Das »Verheißungsvoll-Ungeheure«, in das Aschenbach schließlich von dem Knaben gewiesen wird, läßt sich als ein Bild des Willens auffassen, und es ist damit zugleich nicht nur durch die erotische und sexuelle Parallelgeschichte des Willens, die Schopenhauer in der »Metaphysik der Geschlechtsliebe« entwickelt, mit der Sexualität des Protagonisten verknüpft. Es fällt überdies auf, daß Thomas Mann im »Felix Krull«, dessen Entwurf vor und zeitgleich mit dem »Tod in Venedig« entsteht, das Wort vom »Verheißungsvoll-Ungeheuren« später in die erotische Sozialisationsgeschichte seines Hochstaplers einrückt[4].

Sowohl die Werkgeschichte Thomas Manns wie auch seine autobiographischen Aufzeichnungen belegen allerdings, daß die erotische Zentrierung der Venedignovelle damit ein ganz besonderes Gewicht erhält. Das Thema der Homoerotik, das in den Bezügen auf die klassische Literatur

---

[2] de Mendelssohn, a.a.O., S. 259
[3] Vaget, Thomas Mann – Kommentar, a.a.O., S. 176/7
[4] Reed, Kommentar, a.a.O., S. 146

immer wieder auftaucht und sie sogar zentriert, ist kein geistes- oder kulturgeschichtliches, sondern allererst ein persönliches. Nicht nur sind in letzter Zeit die historischen Vorbilder für jene beiden Knaben gefunden worden, die in der Novelle als Jaschu und Tadzio auftreten. Eine briefliche Äußerung Thomas Manns bestätigt überdies die authentische Inschrift jener erotischen Gefühle, die Aschenbach als ungeheuren Einbruch in die bisherige Zucht seines Lebens empfindet. Gegenüber Carl Maria Weber führt Thomas Mann aus, er habe die Geschichte von Gustav Aschenbach nicht »ohne ein persönlich-lyrisches Reiseerlebnis schreiben können«[5]. Es gibt mithin gute Gründe dafür, jenen authentischen erotischen Konflikt im Spiegel der essayistischen und autobiographischen Selbstäußerungen Thomas Manns zu verfolgen.

Der frühe Briefwechsel mit Otto Grautoff, der sich mit der Frage des eigenen Künstlertums und den Koordinaten der eigenen ästhetischen Produktion befaßt, belegt, daß die Vollendung als Künstler zugleich eine Stabilisierung des schreibenden Ich erfordert, welche eine Lösung eigener sexueller Probleme zur Voraussetzung hat. In den Briefen, die sich auf die Entstehung des »Bajazzo« beziehen, sieht Thomas Mann im Jugendfreund nicht nur »das Zerrbild seines eigenen Dilettantismus«[6], er erkennt auch, daß das Schreiben eine Selbstzucht körperlicher Art zur Voraussetzung hat[7], es auferlegt zugleich eine Pflicht des Lernens, zumal in der »intellectuellsten der Künste, der Wortkunst«[8].

Weil die künstlerische Tätigkeit durch die kritische Autoanalyse einer Degenerationslinie der eigenen Familie zugeordnet wird, einem Verfallsprozeß, der einen niedrigen Stand der bürgerlichen Lebensfähigkeit zeigt[9], erfordert das Schreiben nicht nur den verstehenden Adressaten[10], es wird auch allmählich durch die Idee der Nachfolge, der Orientierung an Vorbildern zentriert[11]. An vorangegangener Stelle wurde schon darauf hingewiesen, daß das Schreiben bei Thomas Mann eine Transformation der Lebensproblematik bewirkt; in dem bereits erwähnten Brief an Grautoff von 1897 spricht Thomas Mann nicht ohne Grund von den Masken, die ihm sein fiktionales Werk bisweilen liefere[12]. Grundsätzlich kann man davon ausgehen, daß es zwischen den heimlichen Tagebüchern und dem »öffentlichen« der »Betrachtungen« wie auch den ver-

---

[5] Thomas Mann, Briefe 1, a.a.O., S. 177; Vaget, Thomas Mann – Kommentar, a.a.O., S. 173, 176, 178
[6] Vaget, Hans R.: Auf dem Weg zur Repräsentanz. Thomas Mann in Briefen an Otto Grautoff (1894-1901) in: NR 91 (1980) H. 2/3, S. 58-82, da S. 60/1. Im Folgenden: »Repräsentanz«
[7] Thomas Mann, Briefwechsel Grautoff, a.a.O., S. 68
[8] Thomas Mann, Briefwechsel Grautoff, a.a.O., S. 14
[9] Thomas Mann, Briefwechsel Grautoff, a.a.O., S. 51
[10] Thomas Mann, Briefwechsel Grautoff, a.a.O., S. 66
[11] Thomas Mann, Tagebücher 2, a.a.O., S. 231
[12] Thomas Mann, Briefwechsel Grautoff, a.a.O., S. 90

schlüsselten Selbstäußerungen der fiktionalen Texte fließende Grenzen gibt.
Dazu kommt ein vergleichbarer Sachverhalt. Der bis nach der Buddenbrook-Zeit fürs fiktionale Werk ausgewertete Korpus der eigenen frühen Briefe zeigt eine »›innere Dynamik‹, den Drang, über die gesamte Leiderfahrung hinauszuwachsen und sie auf Distanz zu bringen«, andererseits wird in den Briefen auch eine Tendenz deutlich, »um des Werkes willen, dieser Gefühlsspitze die Treue vorläufig noch nicht aufzukündigen [...]«[13]. Diese Ambivalenz, die sich erhält und bestätigt, ist allerdings nicht nur durch eine kulturelle Orientierung, sondern vor allen Dingen durch eine psychologische Problematik begründet. Von Anfang an wird klar, daß die Gefährdungen, unter denen das Schreiben steht, sowohl intellektueller als auch sexueller Natur sind; nicht ohne Zufall orientiert sich der Thomas Mann des »Tod in Venedig« am Vorbild des Dichters Platen[14].
Der Brief an Grautoff, der von der Gefährdung durch Wissenschaft und Geschlechtlichkeit zugleich spricht, nimmt ziemlich genau jene ambivalente Anschauung des Ästhetischen vorweg, die bei Gustav Aschenbach schließlich das Zentrum seines letzten Verdrängungs- und Sublimierungsversuchs ausmacht[15]. Die wechselseitige Begründung von sinnlicher und ästhetischer Erfahrung, über die Thomas Mann beim Anblick eines jungen Gärtnerburschen nachdenkt und die ihn zu der Schlußfolgerung bringt, daß gerade das Erotische und der Wirklichkeitssinn die Phantasie zum Bild drängen, jene auffällige Transformation von sinnlicher in ästhetische Erfahrung, die sich im Bild auflöst, macht den Zusammenhang einer erotischen Mystik aus, die insgesamt auch den Text des »Tod in Venedig« bestimmt. So klar einerseits der Sachverhalt ist, daß die Geschlechtlichkeit, von der Thomas Mann in Brief und Tagebuch handelt, insbesondere die Homosexualität, beziehungsweise die Homoerotik meint – in die Zeit des Briefwechsels mit Grautoff fällt die Beziehung zu P(aul) E(hrenberg)[16] – so klar wird andererseits durch die frühen Tagebücher, insbesondere die von 1918-1921 bestätigt, daß Homosexualität und Homoerotik nicht einfach dann enden, als sich der Autor zur »repräsentativen Form« der Ehe bekennt.
Allerdings ist auffällig, daß Thomas Mann der sexuellen Anfechtung schon in Brief und Essay mit distanziert-rationalen Überlegungen Herr zu werden versucht. Ergebnis dieses Rationalisierungsversuchs ist eine scharf umrissene Begriffsdialektik. Sie korrespondiert recht genau der antithetischen Behandlung der Themen von Tod und Leben, Vernunft

---

[13] Vaget, Repräsentanz, a.a.O., S. 61
[14] Thomas Mann, Briefwechsel Grautoff, a.a.O., S. 106/7
[15] Thomas Mann, Briefwechsel Grautoff, a.a.O., S. 80
[16] Thomas Mann, Briefwechsel Grautoff, a.a.O., S. 137

und Unvernunft, die im »Schneekapitel« und in den Gesprächen des »Zauberberg« entwickelt wird. Sie gibt damit auch ohne Frage eine Auflösung dessen, was im »Tod in Venedig« noch als tragische Konstellation dargestellt ist. Diese Form der Bewältigung, die im fiktionalen Werk gerade mit der Wende vom »Tod in Venedig« zum »Zauberberg« einsetzt, findet in den Briefen und autobiographischen Überlegungen eine deutliche Parallele. Im Brief an Carl Maria Weber erläutert Thomas Mann nicht nur die Motive, sondern auch die persönlichen Anlässe zur Novelle des »Tod in Venedig«. Dabei liefert er einen sehr genauen Kommentar zur Art und Form dieser praktizierten Reproduktion persönlicher Problematik vermittels der Figur Gustav Aschenbachs. Die brieflich geschilderte Verkoppelung des »Pathologischen«, des Klimakteriums (ein Thema, das ohne Zweifel noch aus der ursprünglich geplanten Goethenovelle übernommen wird) mit dem »Symbolischen«, dem Hermesmotiv, von dem Thomas Mann schreibt, weist recht genau auf eine besondere Schreibtechnik, in welcher das mythologische Bild des Hermes zu einem Zeichen, einem bloßen Signifikanten im Zusammenhang eines »mythe personnel«, innerhalb einer zur erzählbaren Geschichte umgewandelten authentischen und persönlichen Problematik wird. Der Hinweis auf die Fundierung des Themas der Homoerotik in einem »Reiseerlebnis« unterstreicht nur die Bedeutung jener Transformation[17]. Doch im Anschluß an diese Erörterung der eigenen Schreibweise, die zugleich eine Darstellung eigener sexueller Problematik ist, versucht Thomas Mann unter Hinweis auf Blüher darzulegen, daß das Gesetz der Polarität im erotischen Bereich nicht unbedingt Geltung habe. Er kommt in diesem Zusammenhang zu einer theoretischen Beurteilung der Homoerotik, wie sie sich sonst an keiner Stelle in seinem Werk findet.

Zweifellos ist diese Legitimation zugleich ein Gegenentwurf zu jener Verurteilung der Homosexualität, die Schopenhauers »Metaphysik der Geschlechtsliebe« bestimmt. Im Brief an Weber heißt es: »Mich wundert es keinen Augenblick, daß ein Naturgesetz (das der Polarität) auf einem Gebiete aussetzt, das trotz seiner Sinnlichkeit mit Natur sehr wenig, viel mehr mit Geist zu thun hat«[18]. Thomas Mann, der anschließend Familie und bürgerliche Existenz gegen das Erotische stellt, geht dabei sehr leicht darüber hinweg, daß diese Rangordnung im eigenen Leben zwar auf der Ebene bürgerlicher Lebensführung gilt, daß sie aber das eigene Gefühlsleben nicht völlig zu zentrieren vermag. Die extremen Gefühlsschwankungen, über die er aus Anlaß der P. E.-Affäre am 13.2.1901 seinem Bruder berichtet, stellen sich auch später immer wieder ein[19]. Im

---

[17] Thomas Mann, Briefe 1, a.a.O., S. 177
[18] Thomas Mann, Briefe 2, a.a.O., S. 178
[19] Thomas Mann - Heinrich Mann, Briefwechsel, a.a.O., S. 18/9; Thomas Mann, Tagebücher 2, a.a.O., S. 173/4, 177

Jahr 1901 schreibt er an Heinrich, daß die Beziehung zu P. E. nach »Depressionen« und »Selbstabschaffungsplänen« schließlich zu einem »unbeschreiblichen, reinen und unverhofften Herzensglück« geführt habe, zur Empfindung eines »Ehrlichen«, »Wahren« im Gegensatz zur »Ironie«. Und er konstatiert überschwenglich, »daß in mir doch noch nicht alles von der verfluchten Literatur verödet, verkünstelt und zerfressen ist. Ach, die Litteratur ist der Tod!«[20]

Der Brief an C.M. Weber verrät einiges über die Schwierigkeiten, das persönliche Problem diskursiv aufzulösen, und er verrät manches über die Neigung, es im ästhetischen Bild zu sublimieren. Insgesamt erscheint dieses Schreiben wie ein Kommentar zum »Tod in Venedig« und der dort dargestellten Problematik. Anders ist es mit dem Brief-Essay »Über die Ehe« an den Grafen Keyserling. Denn dieser Essay von 1925 hat eine doppelte Struktur, weil er auch als Dokument des sich zur Geltung bringenden Narzißmus von Bedeutung ist. Gerade indem er die jenem kongruente Homosexualität aufs schärfste ablehnt, gelingt in ihm ein Diskurs, der das Problem nicht nur wegdrückt, sondern der zugleich zur Selbstverpflichtung und Rationalisierung wird.

Im Brief an Weber ist dies noch nicht möglich. Dort ist das Erotische noch eine eigene Sphäre, ein gesonderter und kaum zu vermittelnder Erfahrungsbereich. Entsprechend heißt es da: »Das Problem des Erotischen, ja das Problem der Schönheit scheint mir beschlossen in dem Spannungsverhältnis von Leben und Geist«[21].

Ausgerechnet dieser Satz verweist auf die »Betrachtungen eines Unpolitischen«, die ein spätes Resumé der Fragestellung von »Geist und Kunst« zu geben versuchen und dabei doch das sexuelle Problem nur als unlösbar wiederholen, und zwar so, wie es in der Venedignovelle schon lange vorher und mit ästhetischer Einsicht dargestellt wird. »Zwei Welten, deren Beziehung erotisch ist, *ohne daß die Geschlechtspolarität deutlich wäre*, ohne daß die eine das männliche, die andere das weibliche Prinzip darstellte: das sind Leben und Geist. *Darum gibt es zwischen ihnen keine Vereinigung, sondern nur die kurze, berauschende Illusion der Vereinigung und Verständigung, eine ewige Spannung ohne Lösung...* [...]. Sagen sie mir, ob man sich besser ›verraten‹ kann. Meine Idee des Erotischen, mein *Erlebnis* davon ist hier vollkommen ausgedrückt. Zuletzt aber, was liegt hier anderes vor, als die Übersetzung eines schönsten Liebesgedichtes der Welt ins Kritisch-Prosaische, des Gedichtes, dessen Schlußstrophe beginnt: ›Wer das Tiefste *gedacht*, liebt das Lebendigste‹«[22]. Im Brief an Weber wiederholen sich demnach in völliger Symmetrie nicht nur die Konstellation, sondern auch das Handlungsmuster der Venedignovelle.

---

[20] Thomas Mann, Briefe 1, a.a.O., S. 25
[21] Thomas Mann, Briefe 1, a.a.O., S. 179
[22] Thomas Mann, Briefe 1, a.a.O., S. 179

Die Tagebücher der Jahre 1918-1921 geben Aufschluß darüber, daß diese sexuelle Problematik, die sich im ästhetischen Werk spiegelt, nicht nur die Beziehung zur Frau Katia, sondern zugleich jene zum Bruder Heinrich überformt. Darüber hinaus hat Thomas Mann selbst darauf hingewiesen, daß zwischen seinen »Betrachtungen eines Unpolitischen«, die er mitunter auch als ein »Tagebuch« bezeichnet, und seiner eigenen »sexuellen Invertiertheit« ein unmittelbarer Zusammenhang besteht[23]. Der sich in jenen Jahren verschärfende Konflikt mit Heinrich, der natürlich auch aus der produktiven Konkurrenz der beiden Autoren hervorgeht, ist zugleich Ausdruck und Reflex eigener sexueller Schwierigkeiten. Denn gegenüber der oftmals schroff abgelehnten Heterosexualität des Bruders treten die eigenen homosexuellen Triebregungen nur schärfer hervor; der ideologische Gegensatz wird zu jener Zeit somit »fast ein physiologischer«. Besonders die Aufzeichnungen zum Sommer 1919 geraten im Tagebuch zu einer Bestätigung »für diese Selbsterkenntnis des Schreibenden über die Zusammenhänge zwischen sexueller Inversion und epischem Schöpfertum«, deshalb sind die Hinweise auf die Wirkungsgeschichte der »Betrachtungen« und die Entstehungsgeschichte des Paralleltextes zum »Tod in Venedig«, des »Zauberbergs«, als Dokumente der Selbstversicherung von besonderer Bedeutung[24].
Ein fast skurriles Beispiel belegt, wie die unbewußt empfundene Rivalität mit dem Bruder und die unbewußt erfahrene sexuelle Problematik zu einem künstlerischen und ideologischen Verteilungskampf führen, dessen traumhaften Niederschlag, der sich den Phantasien des fiktionalen Werks durchaus vergleichen läßt, der Tagebuchschreiber naiv notiert: »Mir träumte, ich [sei] in bester Freundschaft mit Heinrich zusammen und ließe [ihn] aus Gutmütigkeit eine ganze Anzahl Kuchen, kleine à la crème und zwei Bäcker-Tortenstücke, allein aufessen, indem ich auf meinen Anteil verzichtete. Gefühl der Ratlosigkeit, wie sich denn diese Freundschaft mit dem Erscheinen der Betrachtungen vertrage. Das gehe doch nicht an und sei eine völlig unmögliche Lage. Gefühl der Erleichterung beim Erwachen, daß es ein Traum gewesen«[25]. Die Tatsache, daß dieser Traum eigenen Todesgedanken unmittelbar nachfolgt, zeigt, wie eng offener Konflikt, unverhüllte Realität und latent regressive Wunschwelt, deren Symbol das Verzehren ist, zusammenhängen.
Die Dynamik dieses Abstoßungsversuchs vom Bruder wiederholt verdeckt die immer mächtiger ins Bewußtsein drängende Gewalt des eigenen Wünschens, das zunehmend eingestanden wird. In diesem Punkt erscheinen die Tagebücher von 1918-21 als Fortführung und Hintergrund-

---

[23] Thomas Mann, Tagebücher 1, a.a.O., S. 184, 303
[24] Mayer, Hans: Die Irrfahrt zum Zauberberg, in: H.M., Thomas Mann (= st 1047) S. 479
[25] Thomas Mann, Tagebücher 1, a.a.O., S. 19

text zugleich zum »Tod in Venedig« und zu seinem Gegenstück, dem »Zauberberg«; sie erweisen sich auch als notwendige Voraussetzung der Tagebücher aus den dreißiger Jahren. Genauer noch als diese späteren demonstrieren sie das Zerbrechen der bis dahin durch die Phantasien familialer Bezugsfelder geschützten Bilder des Autors Mann von seinem Selbst und den anderen. Dieser authentische Zusammenbruch einer Sublimierung sexueller Schwierigkeiten und einer Ordnung der Familie läßt sich der erfundenen Geschichte Gustav Aschenbachs vergleichen. Ausgehend von diesen Konflikten schildert das Tagebuch nicht nur verhaltene »Szenen einer Ehe«, sondern auch eine tiefgreifende Verwirrung, die nicht bloß allgemein von neuen homosexuellen Liebesobjekten ausgeht, die herbeiphantasiert werden, sondern auch vom eigenen Sohn: selbst die Zuneigung zu »Eissi« ist durch die nunmehr freigesetzten Wünsche bestimmt[26]. Der Tagebuchschreiber, der anläßlich seines ersten Erschreckens vor dem neuen Gefühl noch notiert: »Jemand wie ich ›sollte‹ selbstverständlich keine Kinder in die Welt setzen«[27], bemerkt später, am Tag nach einer eingestandenen »gewohnten Verwirrung und Unzuverlässigkeit meines ›Geschlechtslebens‹«[28] lapidar: »Finde es sehr natürlich, daß ich mich in meinen Sohn verliebe«[29].
Nicht weniger problematisch zeigt sich von hier aus die Beziehung zur Frau Katia, die als durchweg gefährdet erscheint vor der Folie der vielen bewußten Wahrnehmungen junger Männer[30] und Knaben-Jünglinge[31], die, besonders wie die beiden Kirsten[32], Erinnerungen an frühere Erlebnisse wachrufen; diese betreffen dann entweder A(rmin) M(artens)[33] oder P(aul) E(hrenberg)[34]. Zudem wird klar, was der Brief an Weber bestätigt und der Text der Venedignovelle schon immer vermuten ließ: sowohl das Hermesmotiv als auch das Leitmotiv der blauen Augen gründen unmittelbar in solchen authentischen Erfahrungen, sie sind Belege für die enge Verzahnung von Wunschwelt und Text[35]. Deutlich ist auch, daß sich eine Phase entscheidender Umorientierung im sexuellen Bereich abzuzeichnen beginnt, auf welche der Tagebuchschreiber dann vergleichsweise hilflos reagiert, wenn ihm die Verwandlung seiner Wünsche zum Phantasma und zum Text nicht gelingt. Dies verrät nicht zuletzt die Sprache des Tagebuchs. Dessen Schreiber vermerkt bisweilen

---

[26] Thomas Mann, Tagebücher 1, a.a.O., S. 10, 114, 454, 470
[27] Thomas Mann, Tagebücher 2, a.a.O., S. 11
[28] Thomas Mann, Tagebücher 1, a.a.O., S. 453
[29] Thomas Mann, Tagebücher 1, a.a.O., S. 454
[30] Thomas Mann, Tagebücher 1, a.a.O., S. 111/2, 181, 235, 379, 474, 535
[31] Thomas Mann, Tagebücher 1, a.a.O., S. 544
[32] Thomas Mann, Tagebücher 1, a.a.O., S. 287
[33] Thomas Mann, Tagebücher 1, a.a.O., S. 287
[34] Thomas Mann, Tagebücher 1, a.a.O., S. 301, 332
[35] Thomas Mann, Tagebücher 1, a.a.O., S. 181, 290

eine »geschlechtliche Nacht«[36], einen »geschlechtlichen Anfall«[37], und er notiert, daß die Geschlechtlichkeit mit ihm »ihr Spiel« treibe[38]. Es irritiert, daß solche Ereignisse fast nur als Vorkommnisse erscheinen, die den allgemeinen physischen und psychischen Zustand in irgendeiner Weise stören. So erfährt der Tagebuchschreiber in ihrer Folge beispielsweise »schwere nervöse Folgen: Große Erregung, Angst, andauernde Schlaflosigkeit, ein Versagen des Magens in Form von Sodbrennen und Übelkeit«[39]. Während die hypochondrisch konstatierten Folgen solcher Anfälle mit Baldrian und Stirnkompressen bekämpft werden, finden sich daneben eher erstaunte Notierungen von Besserungen. Einmal berichtet Thomas Mann über den »hiernach üblichen, teils reduzierten, teils ruhigeren u. gewissermaßen auch erfrischten Zustand«[40], ein anderes Mal stellt er verwundert fest, daß die »geschlechtliche Ausschweifung [...] obgleich durch die nervöse Erregung noch lange der Schlaf hintangehalten wurde, sich geistig eher als zuträglich erwies«[41]. In dieser psychischen Verfassung beginnt der Autor wieder am »Zauberberg« zu arbeiten, in dem er auch das Thema der »verbotenen Liebe«[42] behandelt, auf das er wiederholt durch ein »sinnlich excitierendes Schauspiel«[43] gelenkt wird. Und im nämlichen Zustand bemerkt er, angeregt durch ein erotisches Beisammensein mit Katia: »Der Zbg. wird das Sinnlichste sein, was ich geschrieben haben werde, aber von kühlem Styl«[44]. Es kann nicht übersehen werden, daß erst dieser Parallelentwurf zum »Tod in Venedig« die bedingenden psychischen Konstellationen zugleich nachzuzeichnen und umzuschreiben vermag. Der Zeitpunkt für diesen Text der zwar noch unbewußten, aber phantastisch-produktiven Verwandlung sinnlicher Erfahrung ist mit Beginn der zwanziger Jahre gekommen, während zur Zeit des »Tod in Venedig« eine solche Auflösung noch nicht möglich scheint.

Was allerdings auch später noch bleibt, ist die Verschränkung von Wunschphantasien und Text. So wie Hans Castorps Beziehung zu Mme Chauchat, in der Hippes und der Dame Augen ineinander übergehen, ist auch die Beziehung des Tagebuchschreibers zur Ehefrau Katia durchsetzt mit Erinnerungen und Phantasmen von Jünglingen bis hin zum Punkt peinlichster und zugleich nüchterner Selbstbefragung beim Mißlingen des ehelichen Verkehrs. Nach einem »rencontre mit Katja«

---

[36] Thomas Mann, Tagebücher 1, a.a.O., S. 218, 272
[37] Thomas Mann, Tagebücher 1, a.a.O., S. 237
[38] Thomas Mann, Tagebücher 1, a.a.O., S. 260
[39] Thomas Mann, Tagebücher 1, a.a.O., S. 237
[40] Thomas Mann, Tagebücher 1, a.a.O., S. 272
[41] Thomas Mann, Tagebücher 1, a.a.O., S. 327
[42] Thomas Mann, Tagebücher 1, a.a.O., S. 192
[43] Thomas Mann, Tagebücher 1, a.a.O., S. 201
[44] Thomas Mann, Tagebücher 1, a.a.O., S. 396

heißt es im Tagebuch: »Bin mir über meine diesbezügliche Verfassung nicht recht klar. Von eigentlicher Impotenz wird kaum die Rede sein können, sondern mehr von der *gewohnten Verwirrung und Unzuverlässigkeit meines ›Geschlechtslebens‹*. Zweifellos ist reizbare Schwäche infolge von Wünschen vorhanden, die nach der anderen Seite gehen. Wie wäre es, falls ein Junge ›vorläge‹?«[45]

3.2. Homoerotik und Psychologie

Der aus dem homoerotischen Affekt begründete psychische Konflikt schlägt sich im Werk Thomas Manns als eine Verwandlung der homoerotisch-narzißtischen Gefühle in die Bilder des Hermetischen nieder. Zugleich erhalten im Zusammenhang der Tagebücher und Briefe das Schreiben an Carl Maria Weber über das Verhältnis zur Homosexualität und dann der Brief-Essay an Keyserling »Über die Ehe« ihre besondere Bedeutung. Beide Texte sind charakteristische Beispiele dafür, wie aktuelle Konflikte der psycho-physischen Entwicklung im diskursiven Kommentar und in der Regel unter Beiziehung theoretischer Literatur entschärft werden oder aber ihre Umkehrung erhalten[46]. In engem Zusammenhang mit diesen diskursiven Auflösungen und Umkehrungen stehen die Versuche der Selbstkontrolle und der projektiven und produktiven Verarbeitung. Dazu gehört vor allem die unter dem Druck unmittelbarer psychischer Belastungen vollzogene Zuwendung zu Themen biographischer Natur[47], die das »Intimste«[48] beschreiben, sich aber ausgerechnet hier auf Gegenstände konzentrieren, die nicht ein volles familiales Bezugsfeld erschließen, sondern nur Projektionen auf einzelne Personen vornehmen. Die besondere Beziehung zum »Kindchen«, dessen Ähnlichkeit mit der Kindesmutter im »Gesang vom Kindchen« betont wird[49], fällt dabei in allen Phasen des Tagebuchs ebenso auf wie später die Aversion gegen den gerade geborenen jüngsten Sohn[50].
So wie im Text der Venedignovelle die Konfliktkonstellation des Gustav Aschenbach aus einer nur noch in der Erinnerung bewahrten familialen Ordnung hervorgeht und in eine mit Tadzios Hilfe phantasierte Vater-Sohn-Beziehung einmündet, scheint im wirklichen Leben die homoerotisch-überformte Vater-Kind-Beziehung zu einem ersten Versuch zu

---

[45] Thomas Mann, Tagebücher l, a.a.O., S. 453. Hervorhebung von mir
[46] Thomas Mann, Tagebücher 1, a.a.O., S. 450
[47] Thomas Mann, Tagebücher 1, a.a.O., S. 142
[48] Thomas Mann, Tagebücher 1, a.a.O., S. 131
[49] Thomas Mann, Briefe l, a.a.O., S. 178
[50] Mann, Klaus: Der Wendepunkt. Ein Lebensbericht, Frankfurt 1952, S. 78

werden, Ordnung in die zusammengebrochenen Imagines zu bringen; die homoerotischen Affekte ordnen sich im Strom der Bekundungen väterlicher Liebe. Zugleich wird der narzißtische Charakter dieser Speculation im infans deutlich, die ein erster und noch fragwürdiger Versuch zur Ausbildung einer stabilen Ich-Imago ist. Denn eine tatsächliche Herstellung des Ich verlangt mehr als die narzißtisch verformten Phantasmen von Vaterschaft und Kindschaft in fiktionalem Text und autobiographischer Reflexion; ihre Voraussetzung wäre der Entwurf eines vollen familialen Bezugsfeldes, in welchem sich der Schreiber als Vater-Mann darstellen müßte. Dies scheint auch dem Tagebuchschreiber bewußt zu werden, vielleicht gerade deshalb, weil ihm nicht gelingt, was er als Leistung von Hofmannsthals »Frau ohne Schatten« ansieht: »Es muß wunderlich und wollüstig sein, so zu phantasieren, und die Lust und der Mut dazu zeugt doch nicht gerade von steriler Müdigkeit. Es hat etwas Enjouierendes für mich«[51].

Sein eigenes Programm aber ist strenger und nicht auf die Freisetzung des Wunsches, sondern auf eine Ordnung der Phantasmen wie der wirklichen Beziehungen aus. Am 3.4.1920 vermerkt er im Tagebuch, seine bisherigen Romane kämen ihm spielerisch vor »im Vergleich mit dem wahren, dem Lebensstoff der großen Geschichte von Heinrich, mir, Lula und Carla. Vikko wäre heitere Figur. Mama sehr menschlich. Auch die Familie Pr. müßte hinein. Es könnte mit Ernst und Wahrheit durchgeführt, ein Epos à la Tolstoi werden. Mein Traum ist, später, in dem Jahrzehnt zwischen 50 und 60 die Kraft zu haben, es zu schreiben«[52].

Das Leben des eigenen Kindes, das im »Gesang vom Kindchen« zum Spiegel des Unbewußten zu werden vermag, muß Vorleistung für diesen projektierten Roman der Kinder sein, der erst der eigentliche Roman einer Familie genannt werden kann. Ihm wird die Geschichte der geistigen Kindschaft von Hans Castorp im »Zauberberg« vorangehen, der nie Vater zu werden vermag, aber anders als der seiner Familie entfremdete Vater Aschenbach schon unbewußt ein Modell für die Ordnung der Vorstellungen vom eigenen Ich abgibt. Bis dahin ist allerdings ein weiter Weg, und die Schwierigkeiten der Produktion werden zunächst nur in der essayistischen Reflexion gelöst.

Der 1925 verfaßte Brief-Essay an den Grafen Hermann Keyserling mit dem Titel »Über die Ehe«, der zu dem schon im Brief an Carl Maria Weber behandelten Problem der Homoerotik Stellung bezieht, ist deshalb nicht nur Eingeständnis eines Konflikts, sondern zugleich ein Ansatz für dessen reflexive Durchdringung. Auch insofern ist er als Begleittext der fiktionalen Entwürfe von Bedeutung. Denn gegenüber dem er-

---

[51] Thomas Mann, Tagebücher 1, a.a.O., S. 327
[52] Thomas Mann, Tagebücher 1, a.a.O., S. 412

heblich persönlicher und unmittelbarer wirkenden Brief an Weber treten in dem für ein größeres Publikum bestimmten Brief-Essay Akzentverschiebungen auf, die signifikant sind. Der Essay stellt einige Aussagen vor, die sich – ausgehend vom Thema – sowohl auf eigene Werke, insbesondere auf den »Tod in Venedig« und die »Buddenbrooks«, als auch auf die eigene Biographie beziehen. Im Zusammenhang allgemeiner zeitkritischer Überlegungen behandelt Thomas Mann das, was er als die gegenseitige Angleichung der Geschlechter bezeichnet. Er verweist darauf, daß »deren Möglichkeit« mit der psychoanalytischen Entdeckung der ursprünglichen und natürlichen Bisexualität des Menschen zusammenfalle[53]. Damit spricht der Essayist nunmehr aus seiner persönlichen Perspektive einen Gesichtspunkt an, der auf seine spätere produktive Verarbeitung der Mythen des Unbewußten deutet, wie sie schließlich im Josephsroman eine tragende Rolle spielt. Nicht zufällig auch steht im Mittelpunkt des für Keyserling verfaßten Briefs ein Platen-Zitat, das einen unmittelbaren Bezug zwischen diesem Essay und dem »Tod in Venedig« herstellen soll. Denn Platen ist für Mann, wie ein anderer Essay über diesen Dichter belegt, ein Beispiel dafür, daß sich die homoerotische Veranlagung produktiv auf das ästhetische Darstellungsvermögen auswirkt (TMW 9; 268-281; 10; 887-888).
Es gibt allerdings zu denken, daß das Bewußtsein dieses Sachverhalts von Mann erst 1930 offen ausgesprochen wird, obgleich seine Überlegungen nachweisbar mindestens seit dem Weber-Brief um dieses Problem kreisen. Das beigefügte Zitat, das sich ebenfalls als Kommentar zur Geschichte Gustav Aschenbachs lesen läßt:
»Wer die Schönheit angeschaut mit Augen,
ist dem Tode schon anheimgegeben« (TMW 10; 197)
erschließt das Umfeld dieses Widerspruchs, es zeugt gleichermaßen von der Gewalt der heimlichen Neigungen, die durch bloße Ästhetisierung domestiziert werden sollen, wie auch von ihrer bedrohlichen Aussichtslosigkeit. Der Text des Essays scheint allerdings bemüht, die produktive Gewalt, die vom geheimen Wunsch ausgeht, zugunsten einer »bürgerlichen«, das heißt hier einer familialen, Weltordnung opfern zu wollen. Denn in dem Maß, wie der Rückbezug auf das eigene früher verfaßte Werk zur Selbstreflexion gerät, verändern sich Perspektiven und Wertungen des Schreibers. Zwar ist die Homoerotik, deren Bedeutung im »Tod in Venedig« vor ihrem Eingeständnis in Brief und Tagebuch nach Ausdruck verlangt, als eine »Freizügigkeit«, die »treuherzige Treulosigkeit« beinhalte, verstanden und entschuldigt (TMW 10; 198); aber sie ist nun nicht mehr allererst Signatur von Künstlertum. Denn anders als der Aschenbach der Venedignovelle erklärt sein Autor im Brief-Essay an

---

[53] ohne Zweifel orientiert sich Thomas Mann hierbei an Weininger.

Keyserling die Aufgabe des Künstlers als die eines »*Mittler(s)* zwischen den Welten des Todes und des Lebens« (TMW 10; 199). Er visiert dabei eine Lösung an, die der Paralleltext des »Tod in Venedig«, der »Zauberberg«, im »Schneekapitel« zum ästhetischen Programm entwickelt.
Allerdings erhebt sich gegen diese Haltung des Mittlertums, die mit Recht oft als Ausdruck für eine unfruchtbare Begriffsdialektik im Denken und Schreiben Thomas Manns angesehen wird, eine Haltung des Ästhetizismus, die einzige und schwerwiegende Konsequenz der Homoerotik ist. Denn aller Ästhetizismus wird im Essay als »pessimistisch-orgiastisch [...]« verstanden (TMW 10; 199). Wenn die Selbstinterpretation des Essayisten den Leser darüber belehren will, daß diese »orgiastische Freiheit des Individualismus« nicht nur den »Tod in Venedig« und andere ästhetische Texte bestimmt habe, sondern auch die »Betrachtungen eines Unpolitischen«, die noch »ganz im Zeichen des romantischen Individualismus, das heißt des Todes« (TMW 10; 200) gestanden hätten, so wird die Selbstanalyse zur Selbstversicherung, ein anderer geworden zu sein. Eben darin steht der Briefessay dem rationalisierenden Bemühen des »Zauberberg« würdig zur Seite, wie dieser handelt er vom »Sozial-Machen«; eben deshalb aber läßt er sich auch als rationalisierender Gegentext zur novellistischen Tragödie von Gustav Aschenbach betrachten.
Dies führt auf ein bemerkenswertes Wechselverhältnis von Werk und Leben im Bewußtsein des Autors. Schon in einer Äußerung zu den »Buddenbrooks« läßt sich erkennen, daß der Autor Thomas Mann die von ihm dargestellten familialen Phantasmen, die den Roman wie die Novellen bestimmen, auf sich selbst bezieht. Und dabei kommt es zu einer partiellen Identifikation mit den Figuren des eigenen Werks. »Thomas Buddenbrook und Aschenbach sind Sterbende, Flüchtlinge der Lebenszucht und -sittlichkeit, Dionysier des Todes: eine Verfassung, auf die ich mich mit einem Teil meines Wesens beizeiten verstand« (TMW 10; 200). Offensichtlich erhalten die Figuren nicht nur einen Teil der eigenen psychischen Verfassung eingeschrieben; dieser Verschiebungsprozeß wird auch zum Versuch, eine Symmetrie des Ich herzustellen, die in Wahrheit nicht vorhanden ist. Der Sublimationscharakter dieses Vorgangs drängt schließlich offen ins Bewußtsein des Autors. Deshalb soll das Leben vorgeblich vor dem retten, was der fiktionale Text nach Meinung des Essayisten im Gedächtnis bewahrt, in Wahrheit aber durch Sublimation für immer weggedrückt hat. Wer solches behauptet, vergleicht sich schon ungeniert mit dem, den das Schreiben des »Werther« vor dem Zugrundegehen an einem Wertherleiden bewahrte. Und dem, der den Vergleich wagt, widerfährt gleiche Rettung: »der jugendliche Autor des Thomas Buddenbrook heiratete wenige Jahre, nachdem er ihn zum Sterben geleitet« (TMW 10; 200). Die reale familiale Domestizie-

rung des Wunsches rettet vor dem Schrecken des ins Unbewußte Abgeschobenen und sie verklärt nachträglich das Werk, in welchem jenes Wünschen stets seine Spur hinterlassen hatte, zu bloßer Zivilisation und Kultur. Und jetzt kann der Essayist schreiben, als hätte es für ihn nie eine Grenze zwischen Phantasie und Wirklichkeit gegeben, hätte Phantasie stets nur die Aufgabe gehabt, in Wirklichkeit verwandelt zu werden und sich nicht von dieser zu unterscheiden. Dieser Selbstbetrug bleibt nicht ohne Folgen. Denn was sich als Zuwendung zur sozialen Wirklichkeit, als Wandlung des bloß fühlenden zum sozialen Ich ausgibt, zeugt nur um so deutlicher auch von einem narzißtischen Defekt dieses Ich. Da, wo dargestellte Vaterschaft, wie im Falle des Thomas Buddenbrook, und dargestellte phantasierte Vaterschaft, wie im Falle des Gustav Aschenbach, überall da, wo »metaphysischer Individualismus« durch Wirklichkeit abgelöst wird, offenbart die Wahrnehmung dieser Wirklichkeit durch das essayistische Ich nur dessen Versuch, sich im Gegenüber zu spiegeln, statt mit diesem in einen Diskurs einzutreten. Am eigentümlichsten beweist dies die authentische glückliche Vaterschaft. Sie tritt jetzt an die Stelle früher entworfener familialer und kommunikativer Phantasmen und greift fast wortwörtlich auf die »Idylle« von 1919 zurück: »Die Kinderschar, die der Jüngling-Vater, der eben noch einzeln war, rasch sich zusammenfinden sieht, erregt sein Staunen und seinen ›kindischen Stolz‹, wie alle Wirklichkeit, welche dem Träumer je zufiel. Und die Sentenz ist hinzugefügt, daß den Menschen des Traums Wirklichkeit träumerischer dünke als jeder Traum und ihm tiefer schmeichle« (TMW 10; 201).
Auch was dieser Vaterschaft vorausgeht, die Ehe, ist durch eine Spur von Narzißmus gekennzeichnet. In den Ausführungen des Essayisten selbst ist sein Gefühl in eigentümlicher Weise dadurch bestimmt, daß er es eher als Entschluß zum gesellschaftlichen Institut der Ehe, denn als Entscheidung für eine bestimmte Frau begreift. Die eigene Ehe erscheint als Ausdruck des von Hegel vorformulierten »sittlichste(n) Weg(s) zur Ehe [...], bei dem zuerst der Entschluß zur Verehelichung« steht. Ohne Interesse, die Worte des Philosophen als Verblendungen eigenen Verhaltens zu benutzen, deutet der Essayist mit diesen Worten nach eigenen Angaben nur, was er ohnehin im »Gesang vom Kindchen« bereits ausgeführt hat. Aus dieser Sicht treten Vaterschaft und Ehe in den biographischen Passagen seines Essays an die Stelle der wegrationalisierten verdrängten Wünsche; die gesellschaftlichen Institute verbürgen die Kraft ethischen Willens über das bloße Wünschen. Die Wirklichkeit löst nur ein, was die im fiktionalen Text entworfenen Phantasmen familialer Kommunikation skizzieren. Und der sich dort als Kind noch denkt, wird nun zum Vater und erinnert sich wiederum an den Wortlaut seiner Idylle: »Das eigentümliche Erlebnis der Vaterschaft ist

ausgedrückt: die Geschöpfe der eigenen Sehnsucht und des eigenen Schicksals im Fleische wandeln zu sehen als Menschen, die ihr eigenes Schicksal bergen; eine umringende Wirklichkeit anzuschauen, die aus Traum eher entsprungen scheint, denn aus dem Leben –, aus einem Traume eben, der zur ›menschlichen Unternehmung‹ diesmal wunderlich ausgeschlagen, während der Traum sonst nur zum Werke auszuschlagen pflegte« (TMW 10; 201).

Vaterschaft und Ehe erscheinen im Leben Thomas Manns zugleich als Umwendungen und Realisierungen der in den Texten dargestellten Beziehungen. Allerdings werden Traum und poetische Phantasie durch Realitätserfahrung nicht einfach ersetzt und abgelöst. Vielmehr bleibt ihr Verhältnis grundsätzlich in der Schwebe; nur die jeweilige Schreibsituation bestimmt ihre Beziehung zueinander. Gerade die Selbstreflexion über die eigene homosexuelle Disposition ist dafür ein Beispiel. Im Text wird sie der Figur Aschenbach zugeschrieben und doch auch schon auf doppelte Weise transformiert. Einerseits weist sie auf die produktive Kraft des Unbewußten, die jede Kunstübung bestimmt. Andererseits führt sie dazu, daß der bürgerliche Held der Venedignovelle sterben muß, bevor sein sexueller Konflikt zu einem gesellschaftlich tabuisierten Verhalten führt. Der Essayist, der über die Homoerotik handelt, scheint zunächst dieser Veranlagung im Reden Herr zu werden, doch je mehr und je entschiedener er das sexuelle Phänomen erörtert, desto klarer tritt seine narzißtische Haltung als dessen andere Seite hervor, desto deutlicher wird, daß jene narzißtische Disposition auch im authentischen Leben Objektwahl und Vaterschaft bestimmt.

In dieser Hinsicht ist der Brief-Essay »Über die Ehe« nicht allein Dokument für eine Lebensproblematik und ihr Fortdauern, die mühsam kontrollierte Homosexualität und die mit ihr verbundenen narzißtischen Affekte, er ist auch Beispiel für eine charakteristische Form der Rationalisierung, die zumeist den begründenden Konflikt nur präzisiert. Gerade in diesem Bemühen zeigt sich die essayistische Selbstreflexion dem fiktionalen Text verwandt: Es ist offenkundig, daß die spielerische Argumentation der Essays Thomas Manns mit den essayistischen und diskursiven Passagen des »Zauberberg« ebenso deckungsgleich ist wie mit den Traumreden Gustav Aschenbachs über die Kunst. Hier wie dort fasziniert die erklärende philosophische Formel, die aus dem »vexatorischen« Verhältnis von Geist und Natur, welches das ästhetische Werk wie die Essays und die autobiographischen Texte bestimmt, nunmehr eine »Sittlichkeit in Form des Natürlichen« macht (TMW 10; 202). Sie vermag die »individuelle Neigung« so zu begrenzen, daß die »geschlechtliche Gemeinschaft, zu der die Ehe führt und die ihre sakramentale Grundlage bildet, [...] etwas wesentlich anderes, Vergeistigungsfähigeres [ist] als jene, zu deren Erlangung man nicht notwendig zu heiraten brauchte« (TMW 10; 206).

Allerdings belegen die frühen Tagebücher, daß das essayistische Dokument zwar in gewisser Weise die Konsequenz aus der homoerotischen Disposition und den besonderen Schwierigkeiten der ehelichen Beziehung des Essayisten zieht, aber durchaus noch im Gegensatz zur tatsächlichen Gewalt dieser Neigung steht, die sich von der P.E.-Zeit bis in die dreißiger Jahre erstreckt und die nur mühsam in das »regelgerechte« Beziehungsmodell der Ehe und in eine distanzierte Zuneigung zur Frau Katia eingebaut wird[54]. Der Keyserling-Essay zeugt davon, daß sich die Ambivalenz der psychischen Verfassung in den Verwerfungen des ästhetischen Werks erhält und dort ablesen läßt. Der häufig zu beobachtende Zusammenfall von essayistisch-diskursiver und phantastisch-identifikatorischer Erzählweise, der gerade Aschenbachs Traummonologe bestimmt, bestätigt grundsätzlich, daß der entworfene Traum des Lebens sich nur als Teil jenes großen Traums erweist, den das Werk insgesamt darstellt.

Der gemeinsame sexuelle Fokus von Werk und Leben, der hinter allen Rationalisierungen und Verdrängungen bestehen bleibt, legt einen weiteren Sachverhalt klar. Die narzißtische Haltung des Autors ist trotz ihrer homoerotischen Fundierung nicht einfach deckungsgleich mit der Homoerotik, sie prägt vielmehr Werk und Leben des Autors im Lauf der ein Leben lang einander nachfolgenden Beziehungen des Ich zu den anderen. Sie geht offensichtlich aus einer »vertikalen Spaltung des Ich« hervor[55].

Im fiktionalen Werk Thomas Manns offenbart sich deshalb dieser Narzißmus nicht nur in den autobiographischen Bildern und Verweisen, in den vielfältigen Versuchen einer »Objektivation des Ich im Helden«, für die Aschenbach paradigmatisch einstehen kann, sondern auch in den mythologischen Transformationen des Narzißmus, an der Figur des Hermes und am Bereich des Hermetischen. Diese Referenzpunkte zwischen Werk und Leben verweisen zugleich auf die psychische Disposition des Autors Mann, sie belegen eine Verschiebung psychischer Konflikte aufs Werk, die in zunehmendem Maß bewußt und zum Gegenstand einer Autoanalyse wird, die sich wiederum als produktive Selbstdeutung erneut ans Werk vermittelt. Auch der Keyserling-Essay, der eine im »Tod in Venedig« in vielen Verhüllungen dargestellte Disposition analysiert, markiert eine Stufe der Selbstreflexion, die wenige Jahre später als produktives Phantasma auf andere Texte einwirken wird. Die Figuren des fiktionalen Werks, jene Masken, unter denen Gustav Aschenbach nur eine ist, gehören somit – psychoanalytisch gesprochen –

---

[54] vgl. dazu Thomas Mann, Tagebücher 2, a.a.O., S. 412
[55] Kohut, Heinz: Eine Theorie der psychoanalytischen Behandlung narzißtischer Persönlichkeitsstörungen. Übersetzt von Lutz Rosenkötter, Frankfurt 1976 (= stw 157) S. 43, 46, 205, 251

einem »intermediären Bereich« an. Sie sind Verpuppungen, die psychischen Projektionen entspringen, und sie sind notwendig, um die volle Symmetrie des Ich, zumindest aber dessen begrenzte Stabilisierung zu begründen. Das Ineinanderwirken von Traum und bewußter Handlung in vielen Texten Manns und vor allem im »Tod in Venedig« stellt dieses Verfahren der Verarbeitung psychischer Konflikte, das die ästhetischen Texte erst hervorbringt, in einem von ihnen noch einmal nach.

Damit liefern die fiktionalen Texte nicht nur die Voraussetzungen für eine Autoanalyse ihres Erfinders, sie gehören jener bereits an. Dieser Sachverhalt bestätigt sich beispielsweise im Blick auf die Notizbücher Thomas Manns. Jene Niederschriften lassen sich als eine Zwischenform zwischen den unmittelbar autobiographischen Tagebüchern und den diskursiven Entwürfen der Essays ansehen. Anders als die Tagebücher bilden sie Erfahrungen nicht unmittelbar und nicht ausschließlich im Nachzeichnen biographischer Daten ab. Anders aber als die Essays, die das Problem, das sie verhandeln oder aus dem sie hervorgehen, mitunter erst lange Zeit später darstellen, stehen sie den unmittelbaren Erfahrungen näher. Sie zeigen auch, wie in jeder Phase der Werkgeschichte Thomas Manns die Rezeption von Vorbildern, die Selbstreflexion und der produktive Entwurf ineinandergreifen.

Die Notizbücher bestätigen den autobiographischen Kern der Mannschen Novellen bis hin zum »Tod in Venedig«, gleiches zeigen sie für die »Buddenbrooks« und für »Königliche Hoheit«. Sie belegen, daß das problematische Künstler-Ich der fiktionalen Texte wirkliche Beziehungsprobleme wiederholt und abbildet. Und sie erhellen, daß jenes Ich, von dem die Notizen zeugen und welches das frühe Werk prägt, grundlegend instabil ist. Eine Bemerkung im vierten Notizbuch, die in engem Zusammenhang mit der »Geliebten«-Novelle steht, legt dies eindringlich klar: »Sich nach Liebe bis zum Sterben zu sehnen und dennoch Jeden zu verachten, der einen liebt. Das Glück ist *nicht*: geliebt zu werden; das ist eine mit Ekel gemischte Genugthuung für die Eitelkeit. Das Glück ist: zu lieben und kleine Annäherungen an den geliebten Gegenstand zu erhaschen ...«[56]. Fast als Paralleltext dazu läßt sich ein Brief an Paul Ehrenberg lesen, der unter dem Datum des 28.1.1902 ediert vorliegt[57]. Es ist eben jener Brief, auf den später der »Faustus«-Roman mit der lapidaren und nur Eingeweihten verständlichen Formel »Ein Brief ist vorhanden« zurückgreift (TMW 6; 552).

Immer wieder zeigt sich in Brief, Tagebuch und Notizbuch eine Labilität des Ich, welche die fiktionalen Texte umzuwandeln, die Essays dagegen im vernünftigen Diskurs aufzuheben trachten. Stets erscheint in die-

---

[56] de Mendelssohn a.a.O., S. 422
[57] Thomas Mann, Briefe 1948-1955 mit Nachlese ab 1900, Frankfurt 1965, S. 432. Im Folgenden: »Briefe 3«. Wysling, TMS I, a.a.O., S. 28/9

ser Situation auch das Werk als Surrogat persönlicher Beziehungen; nicht anders zeigt es sich noch in der Novelle vom einsamen Künstler Gustav Aschenbach. Ein Brief an Ehrenberg macht deutlich, daß die Anerkennung für künstlerische Leistung für den »gänzlichen Mangel an menschlicher, persönlicher Zuneigung, Zutraulichkeit, Anhänglichkeit, Freundschaft entschädigen« soll, zugleich zeigt er, daß jene das »Fehlende« nicht völlig ersetzen kann. » *Wo* ist der Mensch, der zu mir, dem Menschen, dem nicht sehr liebenswürdigen, launenhaften, selbstquälerischen, ungläubigen, argwöhnischen aber empfindenden und nach Sympathie ganz ungewöhnlich heißhungrigen Menschen, Ja sagt – ? *Unbeirrbar*? Ohne sich durch scheinbare Kälte, scheinbare Abweisungen einschüchtern und befremden zu lassen?«[58]
Es ist kein Zufall, daß jener Brief an Ehrenberg, der als offene Nahtstelle zwischen Biographie und Werk erscheint, zudem über das Motiv der »Kälte« handelt, das sowohl im Lotte-Roman als auch im »Doktor Faustus« dem Künstlertum zugeordnet wird.
Die Notizbücher Thomas Manns bezeugen ebenso wie seine Briefe an Otto Grautoff, in welchem Maß der junge Autor dazu neigt, seine eigene psychische Verfassung nach außen zu projizieren. Jede Beziehung zu anderen wird so zum Spiegel des eigenen Ich. Entsprechend sind alle »Confessionen«[59], seien es Werke oder bloße Berichte über diese, Selbststilisierungen, die noch nach einer Form suchen, in der sich das Ich den anderen mitzuteilen vermag. Bevor nicht Erlebnis und Dichtung gleichrangig sind, der Schreiber der Notizbücher und Essays zu einem Dichter wird, der auch an seinem Leben zu dichten vermag, schildert er sich selbst als dissoziiert und an der Wirklichkeit leidend. Im Notizbuch liest sich das zunächst als eine übersteigerte Form des Selbstmitleids, die typisch sein dürfte für den Zusammenbruch narzißtischer Projektionen im Umkreis der P.E.-Beziehung. »Es giebt zwei Arten von Menschen: Solche, die berufen sind, zu lieben, und solche, die berufen sind, geliebt zu werden. Aber wer weder liebt, noch geliebt wird, – nein, das ist ein schlechter Mensch!«[60]
Wie in der Venedignovelle wird auch außerhalb des Textes deutlich, daß der Wunsch nach Liebe, nach uneingeschränkten Beziehungen, sich unmittelbar an der ästhetischen Produktivität abarbeitet. Das siebte Notizbuch belegt, wie die psychischen Schwierigkeiten, die im Gegenüber zu Katia etwa als »Mangel an harmlosem Vertrauen«[61] bezeichnet sind, auf eine andere Ebene verschoben werden. Der Wunsch des problematischen Ich nach einer wirklichen Beziehung äußert sich dort als Verlan-

---

[58] Thomas Mann, Briefe 3, a.a.O., S. 432
[59] Thomas Mann, Briefwechsel Grautoff, a.a.O., S. 135; de Mendelssohn, a.a.O., S. 421
[60] de Mendelssohn, a.a.O., S. 490
[61] Thomas Mann, Briefe l, a.a.O., S. 45

gen nach einer »Heilung von dem Repräsentativ-Künstlichen«[62]. Es bedarf einiger psychischer Fortschritte und gründlicher Selbstreflexion, bis dieses Repräsentativ-Künstliche, an dem noch Aschenbach leidet, zu einem Symbolisch-Repräsentativen werden kann.
Deutlich wird dieser Sachverhalt zunächst durch eine auffällige Schreibpraxis. Bei der Abfassung von »Königliche Hoheit« benutzt Thomas Mann seine alten Briefe an Katia als Vorlage[63], so wie er später beim Schreiben des Josephsromans und der Gestaltung der Joseph-Mut-emenet-Geschichte auf seine Aufzeichnungen aus der P.E.-Zeit zurückgreift. Gerade dies hat einen Doppelsinn. Denn Ehrenberg, der als erster und einziger menschlicher Freund erscheint gegenüber den »Dämonen, Kobolden, tiefen Unholden und erkenntnisstummen Gespenstern«[64], bietet nicht nur einen Halt, eine Hilfe zur Sublimation eigener Anfechtungen. Anläßlich eines Gesprächs über Geschlechtlichkeit, welches das siebte Notizbuch vermerkt, notiert Thomas Mann, er wolle seinem Freund mitteilen, daß die Bekanntschaft mit ihm als »Purgativ, als Reinigungs- und Erlösungsmittel von der Geschlechtlichkeit« gewirkt habe. Und er setzt in Klammern den bezeichnenden Satz dazu: »auch wenn es nicht wahr sein sollte«[65].
Der Stoff der »Geliebten«, der wohl nicht zufällig im »Tod in Venedig« unter seinem späteren Titel »Maja« als ein Werk Gustav Aschenbachs ausgewiesen wird, ist gerade nicht, wie es in der Venedignovelle erscheinen mag, eine Abhandlung über das Scheinhafte der Erfahrungswirklichkeit, sondern vielmehr eine sehr massive Verarbeitung der P.E.-Beziehung und der von ihr ausgehenden aktuellen Anfechtungen. Der »Geliebten«-Entwurf zeichnet mit der Beziehung der lebensfremden Adelaide zu einem lebensfrohen Musiker auch die vielen Frauenbeziehungen Paul Ehrenbergs nach. Er bestätigt damit vor allem, daß man immer wieder ein unbewußtes Hineinwirken latenter psychischer Konflikte in die Versuche dieser bewußten ästhetischen Verarbeitung feststellen kann[66]. Das schlagendste Beispiel dafür hat man im siebten Notizbuch gefunden. Anschließend an eine Notiz über die Hochzeitsreise im »Geliebten«-Text heißt es: »P.'s Wochen-Wand-Kalender mit den Vermerken seiner gesellschaftlichen Verpflichtungen. Sie liest ihn, sieht auch ihren Namen«[67]. Unversehens steht in der geplanten Novelle nicht ein Kürzel für deren Protagonisten, für den Musiker Rudolf Müller, sondern das Kürzel für Paul Ehrenberg. Diese und andere Bemerkungen

---

[62] ebenda
[63] de Mendelssohn, a.a.O., S. 606
[64] de Mendelssohn, a.a.O., S. 418
[65] de Mendelssohn, a.a.O., S. 419
[66] de Mendelssohn, a.a.O., S. 482
[67] de Mendelssohn, a.a.O., S. 426

des gleichen Notizbuchs, die sich allesamt auf Ehrenberg beziehen, machen deutlich, was spätere Werke bestätigen: wirkliche Erlebnisse und ihre ästhetische Transformation gehen übergangslos ineinander über und ziehen sich in dieser Form auch durch das ganze Notizbuch. Nicht nur ein Brief an Heinrich vom 7.3.1901[68], sondern auch ein Brief an Otto Grautoff vom 22.2.1901[69], der vom Wiederaufkommen der »Aera ›Timpe‹«, der Geschichte eines frühen homoerotischen Affekts handelt[70], bezeugen die Macht solcher werkkonstituierenden Konflikte und die besondere Bedeutung der Beziehung zu P.E. Auch die Verarbeitung der letzten Auseinandersetzung mit jenem, die in einem Brief vom 28.1.1902 dokumentiert ist, und an die sich ein Treffen der beiden anschließt, macht deutlich, daß beim jungen Dichter Spannungen immer wieder dadurch beseitigt werden, daß sie ihre ästhetische Darstellung und Verarbeitung erhalten[71]. Während Thomas Mann am 2. Juni 1902 gegenüber Kurt Martens ausführt: »Gearbeitet habe ich nicht diesen Winter, sondern nur erlebt, sehr menschlich erlebt und mein Gewissen damit besänftigt, daß ich mein Notizbuch voll Beobachtungen schrieb«[72], wird auf Seite 98 des Notizbuches sieben im Anschluß an eine ausführliche Schilderung der Beziehung zu Ehrenberg deutlich, daß der Novellenstoff der »Geliebten«, in den das authentische Erlebnis eingehen sollte, seinen vorgesehenen Rahmen sprengt[73]. Zum ersten Mal spricht Thomas Mann jetzt von einem »Roman« über dieses Thema. Und dabei soll das persönliche Erlebnis offenbar Teil eines Münchner Gesellschaftsromans werden, der »Faustus« löst diese Absicht schließlich ein. Die Verzahnung von Romanentwurf und unmittelbarem Leben geht mitunter so weit, daß die Notizbuchseiten schließlich Erlebtes vorwegnehmen und erlebte und gedachte Verhaltensweisen und ihre Beschreibungen untrennbar miteinander vermischen[74]. Dies ist eine Wechselbeziehung, die für den Autor Thomas Mann später, in einem Stadium zunehmender Bewußtheit über die Gewalt psychischer Prozesse, offen thematisiert wird: die unbewußte Gestaltung des eigenen Lebens.
Zumindest für die Zeit bis hin zum »Tod in Venedig« ist allerdings charakteristisch, daß die Verschiebung realer Konflikte aufs Werk, daß die unterschiedlichen Formen essayistischer und literarischer Sublimation wie die zunehmende Klarheit über die Wechselbeziehung von Werk und Leben noch nicht endgültig zur Konfliktlösung führen. Statt dessen münden sie zunächst in eine Problematisierung des schöpferischen Pro-

---

[68] Thomas Mann, Briefe 1, a.a.O., S. 26/7
[69] Thomas Mann, Briefwechsel Grautoff, a.a.O., S. 134 ff
[70] Thomas Mann, Briefwechsel Grautoff, a.a.O., S. 136
[71] Thomas Mann, Briefe 3, a.a.O., S. 423/3; de Mendelssohn, a.a.O., S. 482
[72] Thomas Mann, Briefe 1, a.a.O., S. 33
[73] de Mendelssohn, a.a.O., S. 530
[74] de Mendelssohn, a.a.O., S. 536

zesses, die im »Tod in Venedig« noch uneingeschränkt nacherzählt wird, und die auch in späteren Texten, vor allem aber im Lotte-Roman und im »Doktor Faustus« wieder durchschlägt und dort noch offener verhandelt wird. Es ist kein Zufall, daß die Frage nach dem Verhältnis von erfundenem und erfahrenem Lebensglück in einem Brief an Heinrich von Thomas Mann schließlich mit einem Wort bezeichnet wird, das auch im Zentrum von Aschenbachs erfundenem Künstlerleben steht. Sein eigenes Glück bezeichnet der Briefschreiber Thomas Mann als »Dienst« und er führt aus: »Das Glück ist ganz und gar etwas Anderes, als diejenigen, die es nicht kennen sich darunter vorstellen. Es ist schlechterdings nicht geeignet, Ruhe und Behagen und Skrupellosigkeit ins Leben zu bringen, und ich bestreite ausdrücklich, daß es zur Erleichterung und Erheiterung beizutragen vermag. Ich habe das gewußt. Nie habe ich das Glück für etwas Leichtes und Heiteres gehalten, sondern stets für etwas so Ernstes, Schweres und Strenges wie das Leben selbst – und vielleicht *meine* ich das Leben selbst. Ich habe es mir nicht ›gewonnen‹, es ist mir nicht ›zugefallen‹, – ich habe mich ihm *unterzogen*: aus einer Art Pflichtgefühl, einer Art von Moral, einem mir eingeborenen Imperativ, den ich, da er ein Zug vom Schreibtisch *weg* ist, lange als eine Form von Liederlichkeit fürchtete, den ich aber mit der Zeit doch als etwas Sittliches anzuerkennen gelernt habe. – Das ›Glück‹ ist ein Dienst, das Gegentheil davon ist ungleich bequemer«[75].
Die Auffassung des Lebens wie des Glücks als Dienst rückt nicht nur das Psychogramm des Autors Thomas Mann in unmittelbare Nähe zu dem seines Gustav Aschenbach. Sie ist auch Hinweis darauf, daß das dichterische Werk, das im Zentrum dieses Lebensdienstes steht, einerseits die eigene Lebensproblematik spiegelt und wiederholt, andererseits oft ein mühsamer Versuch der Selbstkontrolle ist, der die ihm entgegenstehende psychische Disposition nur um so deutlicher hervortreten läßt. Dabei drängen sich Einsichten in die Voraussetzungen der eigenen Produktivität auf, die sich der Figur Aschenbach zwar als Widerspruch einschreiben, die aber nur an anderer Stelle, außerhalb des ästhetischen Textes, offen ausgesprochen werden. Dafür läßt sich ein weiteres Beispiel nennen. Kurze Zeit vor dem »Tod in Venedig«, im Jahr 1910, verfaßt Thomas Mann einen im Jahr 1919 erweiterten Essay über den »Alten Fontane«, in welchem er seine eigenen Probleme als Künstler so unverhüllt auf das Vorbild projiziert, daß sich der Essay wie ein kommentierender Paralleltext zur Venedignovelle ausnimmt.
Schon beim ersten Hinsehen erweist sich die psychologische Disposition des Künstlers Fontane, der Gegenstand jener Projektion wird, derjenigen Gustav Aschenbachs vergleichbar; Äußerungen des Essayisten über

---

[75] Thomas Mann – Heinrich Mann, Briefwechsel, a.a.O., S. 53

Fontane stehen in unmittelbarer Nähe zu den Selbstäußerungen Aschenbachs. Einerseits zeigt sich Fontanes Schreiben »nicht auf den Rausch, sondern auf Erkenntnis gestellt, auf jenes Wissen ums Ideal, das übrigens den großen Epochen der Dichtkunst eigentümlich ist«. Dabei vermerkt Mann einen Rückbezug Fontanes auf Goethe: »›Die Produktion eines anständigen Dichters und Schriftstellers entspricht allemal dem Maß seiner Erkenntnis‹« (TMW 9; 20). Andererseits wird dem Essayisten der innere Widerspruch, an dem Aschenbach noch zerbricht, auch bewußt: »Meine ganze Produktion [...] ist Psychographie und Kritik, Dunkelschöpfung im Lichte zurechtgerückt« (TMW 9; 20).
Neben dieser Parallelisierung von Vorbild und Figur des Werkes gewinnt die Identifikation des Essayisten mit dem Vorbild Bedeutung. Durchweg wird deutlich, daß der durch den Essay zu ehrende Fontane zunächst vor allem die Züge eines Außenseiters erhält; er wird als ein Künstler vorgestellt, dem das Produzieren Schwierigkeiten bereitet. Diese Entmythologisierung des Schriftstellers trifft ins Zentrum der aktuellen Selbstzweifel Manns, und auch sie hat eine Entsprechung im fiktionalen Werk. Die Novelle »Schwere Stunde« von 1905 schildert den am Wallenstein arbeitenden Schiller und sie beschreibt einen Künstler, dessen produktive Leistung aus dem Schmerz, dem Leid und der Selbstüberwindung hervorgeht (TMW 8; 374-5; 377). Weil dieser Text an keiner Stelle die Perspektive des Protagonisten übersteigt, läßt er schon durch die Schilderung von dessen Arbeitsplatz, der sich auffällig genau jenem von Gustav Aschenbach vergleichen läßt, die Problematik des Schreibens deutlich werden. Einerseits machen die Kerzen zu Häupten des Manuskripts, nicht anders als in der Venedignovelle, den strengen und fast sakralen Charakter dieser Arbeit sinnfällig, andererseits wird schon äußerlich deutlich, daß diese Strenge gefährdet ist. »Rote Vorhänge hingen über den oberen Rahmen der Fenster, Fähnchen nur, symmetrisch geraffte Kattune; aber sie waren rot, von einem warmen, sonoren Rot, und er liebte sie und wollte sie niemals missen, weil sie etwas von Üppigkeit und Wollust in die unsinnlich-enthaltsame Dürftigkeit seines Zimmers brachten...« (TMW 8; 372). Auch jener Held ist wie Aschenbach aus dem »Freibeutertum des Geistes« in eine bürgerliche Existenz eingetreten (TMW 8; 374), auch er steht am Rande der Erschöpfung, weil er sich durch jahrelange konzentrierte Arbeit gesundheitlich geschädigt hat, auch er erweist sich schließlich als ein qualvoll Produzierender. Anders aber als Aschenbach erscheint ihm dies als notwendige Voraussetzung künstlerischer Produktivität. »Und wenn *das* dort, das unselige Werk ihn leiden machte, war es nicht in der Ordnung so und fast schon ein gutes Zeichen? Es hatte noch niemals gesprudelt, und sein Mißtrauen würde erst eigentlich beginnen, wenn es das täte. Nur bei Stümpern und Dilettanten sprudelte es, bei den Schnellzufriede-

nen und Unwissenden, die nicht unter dem Druck und der Zucht des Talentes lebten. Denn das Talent, meine Herren und Damen dort unten, weithin im Parterre, das Talent ist nichts Leichtes, nichts Tändelndes, es ist nicht ohne weiteres ein Können. In der Wurzel ist es *Bedürfnis*, ein kritisches Wissen um das Ideal, eine Ungenügsamkeit, die sich ihr Können nicht ohne Qual erst schafft und steigert« (TMW 8; 375/6).
Nicht anders verhält es sich mit dem Künstler Fontane im Essay. Er fügt sich ebenfalls nur mit Mühe in ein bürgerliches Leben ein und vermag nur unter Schwierigkeiten zu produzieren. Der »pimplige« alte Herr Fontane, bei dem es immer nur so »drippelt« (TMW 9; 12), und die Figur Schillers, bei dem es nicht »sprudelt«, erweisen sich als die verzerrten Selbstbildnisse ihres Schöpfers. Dabei dienen im Essay wie in den Novellen durchweg Körperbilder zur Beschreibung von Seelenzuständen, ist Krise des Schöpferischen immer psychophysische Krise (TMW 9; 11), gekennzeichnet von Unsicherheit und Todesangst.
Sowohl die Schillernovelle als auch der Fontaneessay entwerfen allerdings Lösungen des Lebens- und Produktionsproblems, wie sie Gustav Aschenbach nicht zur Verfügung stehen. In der Schillernovelle erwächst alles Produktive aus der Entsagung und der Sublimation. Beim Blick auf seine schlafende Frau wird dem Dichter seine »Sendung« bewußt, wird er den Aufgaben gerecht, die ihm sein »Selbst« stellt; er wird fähig, sich vom Chaos fernzuhalten: »[...] aus dem Chaos, welches die Fülle ist, ans Licht emporheben, was fähig und reif ist, Form zu gewinnen. Nicht grübeln: Arbeiten! Begrenzen, ausschalten, gestalten, fertig werden ...« (TMW 8; 379). Während dem Schiller der Novelle die Selbstkontrolle durch Sublimation gelingt, erreicht sie der Fontane des Essays gerade durch eine Orientierung am Leben und an Vorbildern. Zunehmend scheinen seine Anfechtungen gebändigt durch eine wachsende Realitätsorientierung, die sich im »Bürgersinn für Zucht und Ordnung« (TMW 9; 18), durch »Kritik« und »Erkenntnis«, vor allem aber in der Fähigkeit zur Selbstanalyse beweist (TMW 9; 20). Gerade das als problematische Natur geschilderte Vorbild Fontane deutet damit eine Perspektive der Selbstfindung an, die sich als Wunschtraum des Essayisten erkennen läßt. In seinem Zentrum steht der Gedanke der Entwicklung, der das Altern zum Reifen verklärt und es als einen Prozeß zunehmender Selbstkontrolle ansieht. Der »klassische Greis« Fontane mußte »alt, sehr alt werden [...], um ganz er selbst zu werden« (TMW 9; 9). Dem Essayisten, der nicht nur unter Produktionsschwäche leidet, sondern sich selbst auch mitunter als überlebt empfindet, verbürgt sich im alten Fontane die Hoffnung auf eine Entwicklung zur künstlerischen Reife. An diesem sieht er das »Schauspiel einer Vergreisung, die künstlerisch, geistig, menschlich eine Verjüngung ist, einer zweiten und eigentlichen Jugend und Reife im hohen Alter [...]« (TMW 9; 34). Nicht anders wird er ein

Jahr darauf in einem Essay über Chamisso feststellen, daß dieser, nachdem er dem »problematischen Puppenstande« entwachsen ist und »seßhaft, Familienvater, Akademiker« ist, als »Meister verehrt« wird (TMW 9; 57). Es ist kein Zufall, daß sich diese Wunschphantasie bereits mit Blick auf Goethe einstellt, der im Fontaneessay zitiert wird und an dem sich der Autor Thomas Mann in späterer Zeit immer unverhüllter messen wird. Das gefährdete Vorbild Fontane, das durchaus noch an das eigene labile Ich erinnert, welches in frühen Notizen als »unklar und haltlos« beschrieben wird[76], verfügt, so heißt es schließlich, über die doppelte Befähigung zu »Mythus und Psychologie«. Damit ist eben jenes Gesetz der Transformation unmittelbarer psychischer Konflikte in mythische Bilder gemeint, das den gesamten Text der Venedignovelle durchzieht.

Die Essays als kommentierende Paralleltexte zu jener Novelle zeigen aber, daß das Verfahren der Mythisierung nicht nur dem fiktionalen Text angehört, sondern zugleich eine Methode der Selbstversicherung des Autors ist. Im Blick auf andere und im Hinsehen auf die großen Vorbilder entwickelt der Schreibende einen Mythos von sich selbst. Wenn er die doppelte Fähigkeit zu »Mythus und Psychologie« (TMW 9; 32) der Entwicklung des Vorbildes zuordnet und sie ganz an das Selbst des Dichters bindet, das sich erst allmählich voll auszubilden vermag, so spricht er zugleich über sich. Der »klassische Greis« Fontane gerät zum Phantasma des eigenen Lebens, zum Wunschtraum eines Autors, welcher der Vorbilder bedarf. Keine andere Rolle kommt jenem Goethe zu, an den sowohl der Fontaneessay wie auch die Schillernovelle erinnern. Nicht ohne Grund denkt der Schiller der schweren Stunde an »den Hellen, Tastseligen, Sinnlichen, Göttlich-Unbewußten, an *den* dort, in Weimar, den er mit einer sehnsüchtigen Feindschaft liebte...« (TMW 8; 377). Diese Orientierung an den Vorbildern gewinnt Bedeutung, wenn man sich klarmacht, daß sie zugleich durch die immer deutlicher hervordringende Konkurrenz mit dem Bruder beeinflußt ist. Will man deren Bedeutung angemessen einschätzen, so gilt es, sich daran zu erinnern, daß die Beziehung der Brüder für beide ursprünglich aus der Erinnerung und Mahnung an gemeinsame Kindheit, an die »wirklichkeitsreine Jugend«, ihre »Lebensreinheit« bestimmt ist[77]. Ihr gegenüber tritt um so deutlicher das »Illusionäre von Welt und Leben« hervor, von dem Heinrich in »Haltlos« und Thomas in »Walter Weiler« (Bajazzo) wenige Jahre nacheinander schreiben. Später wird Thomas Mann die Darstellung des wirklichkeitsscheuen Träumers auf die »Krankheit (s)einer Jugend« beziehen[78]. Es ist kein Zufall, daß noch seine Ansprache zum

---

[76] de Mendelssohn, a.a.O., S. 319; Wysling, TMS III, a.a.O., S. 169
[77] Wysling, Hans: Zur Einführung in den Briefwechsel Thomas Mann – Heinrich Mann, a.a.O., S. VII
[78] Wysling, Einleitung, a.a.O., S. XVII, X

sechzigsten Geburtstag Heinrichs (TMW 10; 306-315) mit einer Erinnerung an diesen kindlich-unbewußten Zustand beginnt, für den ursprünglich auch die gemeinsame Beziehung der Brüder zur Schwester Carla einsteht (TMW 10; 396). Ohne Zweifel erhielt die Beziehung der drei Geschwister ihre Kraft aus der Verknüpfung mit diesem allein noch erinnerten Urzustand, in dem es nur Kinder, somit nur spiegelgleiche Gegenüber gibt[79]. Dieser Urzustand ist gekennzeichnet durch die Reduktion aller Außenbeziehungen auf den Zirkel einer geschwisterlichen Traumwelt. Zugleich und nicht von ungefähr bezeugt die genannte Ansprache an Heinrich einen der ersten spielerischen Vermittlungsversuche zwischen Traumwelt und Realität: sie erinnert an Heinrichs Bilderfolge, welche die Geschwister »Das Lebenswerk« nannten und deren eigentlicher Titel »Die soziale Ordnung« lautete (TMW 10; 314).

Schon sehr früh wird allerdings auch deutlich, daß jedes Verlassen des autarken Gefühlsbezirks geschwisterlicher Beziehung zu Konflikten führt. An der Stelle der einst gemeinsam geplanten Texte stehen zunehmend eigene; damit wird jeder Text zum Gegenstand der Selbstbehauptung: die Brüder treten sich schreibend als andere gegenüber. Unter diesen Voraussetzungen trägt die bürgerliche Existenzgründung des Ehemannes Thomas die Signatur einer angestrengten Selbstbehauptung. Der Ehemann und endlich gar der Vater beginnt, den Bruder anders zu sehen. Ein Brief an Heinrich vom 18.2.1905 zeigt eine auffällig ambivalente Einstellung, wie sie bereits im Briefwechsel mit Otto Grautoff als Schreibhaltung deutlich wird. Im Zentrum der realitätsbezogenen Phantasien und Tagträume des jungen Ehemanns scheint ein Gefühl der Schuld zu stehen, offenkundig deshalb, weil der »Roman (s)eines Lebens« anderen Romanen gleichwertig an die Seite tritt und geplante ersetzt. Ergebnis dieses Widerstreits der Gefühle ist eine Selbstreflexion, die ihre Kontur nunmehr aus der innerlichen Abtrennung vom Bruder gewinnt. Es ist charakteristisch für diese Distanznahme, daß sie zugleich bewußt und unbewußt, zugleich Kritik und Selbstkritik ist. Einerseits sieht Thomas Mann selbstkritisch, daß ihm die Begriffe »Geist« und »Kunst« zu sehr ineinandergelaufen sind, daß er sie verwechselt hat, daß es ihm nicht gelingt, »eine geistige Construction mit Leben zu erfüllen«[80]. Andererseits wird dem Bruder zugeschrieben, was noch häufig zur Charakterisierung eines herausragenden Künstlers angeführt werden wird; doch zugleich schlägt die Bewunderung in Kritik um. »Es scheint zu strömen bei Dir. Du scheinst Dich ganz gefunden zu haben und solche Irrungen und inneren Niederlagen überhaupt nicht zu kennen... Du weißt, ich glaube, daß Du Dich ins andere Extrem verloren hast, indem

---

[79] Thomas Mann – Heinrich Mann, Briefwechsel, a.a.O., S. 97/8
[80] Thomas Mann – Heinrich Mann, Briefwechsel, a.a.O., S. 57

Du nachgerade nichts weiter mehr, als nur Künstler bist, – während ein Dichter, Gott helfe mir, *mehr* zu sein hat, als bloß ein Künstler«[81].
Die Ambivalenz zwischen der Bewunderung für den anderen und der Angst vor eigenem Versagen als Künstler ist unverkennbar und wird noch ihre Folgen haben. Denn unbewußt stehen auch im Hintergrund dieses für den Bruder deklassierenden Vergleichs von Künstler und Dichter die dichterischen Überväter Goethe und Schiller und der immer klarer hervortretende Wunsch nach Identifikation mit dem ersteren[82].
So begründet sich für Thomas Mann zwar allmählich das Gefühl, der größere Dichter zu sein[83], während sein Werk ursprünglich im Zeichen der Selbstbehauptung steht und nach Arbeitstechnik, Themen und Motiven demjenigen des Bruders eng verwandt ist[84]. Doch bis in die späte Zeit leidet Thomas an der Unfähigkeit, spontan produzieren zu können. 1908 schreibt er mit deutlichem Rückbezug auf den Brief vom 18. Februar 1905 an Heinrich: »Meine Produktionsart macht starrsinnig und apathisch«[85].
Wie unversehens eine solche melancholisch-selbstkritische Feststellung in Kritik am Bruder umschlagen kann, beweist eine Formel im Entwurf eines »Anti-Heinrich« im siebten Notizbuch: »Aber vielleicht ist Produktivität nur eine Form des Leichtsinns«[86]. Und noch einige Zeit nach Abfassung des »Tod in Venedig« scheint sich die psychische Disposition von dessen Protagonisten in einer Selbstäußerung Thomas Manns, wiederum an Heinrich gerichtet, zu wiederholen: »Aber das Innere: die immer drohende Erschöpfung, Skrupel, Müdigkeit, Zweifel, eine Wundheit und Schwäche, daß mich jeder Angriff bis auf den Grund erschüttert; dazu die Unfähigkeit, mich geistig und politisch eigentlich zu orientieren, wie Du es gekonnt hast; eine wachsende Sympathie mit dem Tode, mir tief eingeboren: mein ganzes Interesse galt immer dem Verfall, und das ist es wohl eigentlich, was mich hindert, mich für Fortschritt zu interessieren«[87]. So zeigt die Auseinandersetzung mit dem Bruder, die gleichzeitig eine scharfe Selbstkritik ist, die andere Seite jenes Phantasmas von gelingendem Künstlertum und Leben zugleich, das sich in der Orientierung an Goethe zum Ausdruck bringt. Zugleich gewinnt hierdurch die im »Tod in Venedig« dargestellte Künstlerproblematik ein doppeltes Gewicht. Sie wiederholt nicht nur eine authentische psychische Disposition, sie ist auch Resultat einer Beziehung des schreiben-

---

[81] Thomas Mann – Heinrich Mann, Briefwechsel, a.a.O., S. 58
[82] Siefken, Hinrich: Thomas Mann. Goethe – »Ideal der Deutschheit«. Wiederholte Spiegelungen 1893-1949, München 1981, S. 50, 55
[83] Wysling, Einleitung Briefwechsel, a.a.O., S. XXVII
[84] Wysling, Einleitung Briefwechsel, a.a.O., S. XVIII-XIX, XXVI
[85] Thomas Mann – Heinrich Mann, Briefwechsel, a.a.O., S. 87
[86] Wysling, Einleitung Briefwechsel, a.a.O., S. XXXIV
[87] Thomas Mann – Heinrich Mann, Briefwechsel, a.a.O., S. 127

den Ich zu anderen. Doch dieser Sachverhalt bleibt weitgehend unbewußt, er transformiert sich, ausgehend von den Mythisierungen des fiktionalen Textes zu einer Mythisierung der großen Vorbilder, die schließlich in jene Selbstreflexion einmündet, welche den Grund für den eigenen Persönlichkeitsmythos zu legen vermag.

4. Transformationen

Will man die Bedeutung des »Tod in Venedig« im Gesamtwerk Thomas Manns angemessen erfassen, so muß man sehen, daß er in zweifacher Hinsicht einen Vorentwurf liefert, der sich erst später voll entfaltet, gleichwohl bereits deutlich skizziert ist.
Zum einen spiegelt die Novelle eine produktive Kombination verschiedener geistesgeschichtlicher Entwürfe, in deren Zusammenhang sich der Autor selbst zu erforschen sucht. Sein Weiterdenken der kulturalen Einschreib- und Diskurssysteme, denen er untersteht, macht ihm nicht nur diese selbst, sondern auch die Voraussetzungen ihrer Rezeption bewußt; denn zugleich fordern jene Vorlagen neue und eigene Antworten heraus. Es ist kennzeichnend für das Werk Thomas Manns, daß diese Verarbeitung nicht allein als produktive ästhetische Transformation jener kulturalen Einflüsse und Diskurse stattfindet, sondern daß sie ebenfalls diskursive Entwürfe hervorbringt, essayistische Texte, die das ästhetische Werk begleiten, deuten und beeinflussen. Auch die Essayistik Thomas Manns ist damit eine Methode der Selbstgewißwerdung, die den ästhetischen Entwürfen gleichrangig an der Seite steht, sie muß deshalb in diesem Zusammenhang betrachtet werden.
Zum anderen haben die Diskurse der Selbsterforschung ihre schöpferischen Parallel- und Gegentexte. So sehr bei Thomas Mann mitunter selbst in ästhetischen Texten der Versuch vorherrscht, alles Problematische wenn nicht diskursiv zu lösen, so doch in eindeutige, binär bestimmte begriffliche Antithesen aufzulösen, so deutlich zeigt sich andererseits auch, daß die Geschichten der problematischen Figuren in der Weise fortgeschrieben werden, daß folgende Texte zu lösen vermögen, was zunächst als unlösbare Konstellation erscheint. Gerade deshalb gilt es, sich klarzumachen, daß nicht nur der »Zauberberg« als humoristischer Parallelentwurf zum »Tod in Venedig« verfaßt ist, sondern daß andere Figuren, vor allem die des vorher entworfenen, aber erst später fortgeführten »Krull«, die dargestellte Lebens- und Künstlerproblematik Aschenbachs aufnehmen, verdichten und weiterführen.

4.1. Autoanalyse

Die essayistischen Versuche Thomas Manns, die sich mit den großen Vorbildern Schopenhauer, Nietzsche und Wagner befassen, sind nicht ohne ihren Bezug auf die Essays über andere Autoren zu denken, unter denen schließlich Goethe eine zentrale Rolle einnimmt. Durch diese Zentrierung erhalten die Essays ihre besondere autoanalytische Schärfe; die Auseinandersetzung mit Goethe wird nicht nur zum Mittelpunkt der untersuchten literarischen und geistesgeschichtlichen Traditionslinien, sondern auch zum Fluchtpunkt der produktiven Phantasmen des Autors Thomas Mann.

Die Annäherung an das große Vorbild kann nur gelingen, weil sich zunehmende Klarheit über die Bedingungen des eigenen Ich und der eigenen Produktion einstellt. Dies freilich geschieht erst dadurch, daß die Essays zu einer psychologisierenden Beschreibungstechnik finden. Sie wird allerdings recht spät erreicht, deshalb beziehen sich jene Essays zwar auf das Problemfeld der fiktionalen Texte und autobiographischen Zeugnisse, aber sie sind zeitlich gegenüber diesen verschoben. Sie sind erst dann in der Lage, einen lebensgeschichtlich bedeutsamen Ablauf nachzuzeichnen, wenn das dafür erforderliche begriffliche und methodische Instrumentarium vorhanden ist. Deshalb entwerfen die ästhetischen Texte Thomas Manns häufig Probleme und Konstellationen, die erst sehr viel später in den Essays aufgearbeitet und auf den Begriff gebracht werden.

Ein Beispiel dafür ist die Auseinandersetzung mit Freud, die in späterer Zeit Schopenhauer und Nietzsche als dessen Vorläufer erscheinen läßt. Daß gerade sie zu einer verdeckten Form der Selbstbesinnung werden kann, ist um so auffälliger, als Thomas Manns ursprüngliches Verhältnis zur Psychoanalyse und zu Freud durchaus widersprüchlich ist. Noch seine knappen Bemerkungen von 1925 über »Mein Verhältnis zur Psychoanalyse« (TMW 11; 748-9) betonen ebenso wie der Brief an Freud vom 3.1.1930[1] eine eher vorsichtige Haltung gegenüber einer Wissenschaft, die bis dahin als »Entlarvungspsychologie« oder gar als »unanständiger Psychologismus« verstanden wird (vgl. TMW 12; 35, 160, 171, 177, 200, 300-305, 334). Auch der Behauptung Thomas Manns, der »Tod in Venedig« sei unter dem Einfluß Freuds entstanden, kann nicht ohne weiteres Glauben geschenkt werden[2].

Daß Freud schließlich gleichwohl zum gemeinsamen Fluchtpunkt aller psychologischen und präpsychologischen geistesgeschichtlichen Traditionslinien wird, kann man allerdings daran ablesen, daß im fiktionalen

---
[1] Thomas Mann, Briefe 1, a.a.O., S. 296/7
[2] vgl. dazu grundsätzlich die Monographie von Finck, Jean: Thomas Mann und die Psychoanalyse, Paris 1973

Werk Thomas Manns Schopenhauer und Nietzsche allmählich zurückgedrängt werden. Der Josephsroman läßt sich als »endgültige Befreiung vom Werk Schopenhauers«[3], der »Doktor Faustus« als Abrechnung mit Nietzsche lesen[4] und »Tristan« und »Tonio Kröger« künden von einer Eingrenzung Schopenhauers durch Nietzsche[5]. Dennoch gibt es entscheidende Unterschiede, was die unmittelbare persönliche Wirkung dieser Autoren auf Thomas Mann betrifft. Die Nietzsche-Rezeption etwa ist von einer Identifizierung mit der Person bestimmt, die sich auf das eigene Denken und Schreiben auswirkt[6], während die Freud-Rezeption ihr Gewicht vor allem durch eine Identifikation mit dessen Denken erhält. So gilt es auch neben dem Einfluß Schopenhauers auf Manns ironische Schreibtechnik[7], hinter seiner Zuwendung zu der von Nietzsche übernommenen Kritik am Ästhetizismus[8] den Autor zu sehen, der alles ihm zur Kenntnis Gelangende auf seine Selbstreflexion bezieht. Dabei wird deutlich, daß sich immer erneut wiederholt, was bereits die erste und emphatische Rezeption von Nietzsche und Schopenhauer bestimmt. Das Thema der Krankheit als »Mittel ironischer Lebenserkenntnis«[9] und die Frage nach der biophysischen Konstitution des Künstlers sind nicht beliebige Themen eines Essays, sondern für den Essayisten lebensbestimmend[10], nicht anders läßt es schon die bestimmende Kraft des Themas der Krankheit in Aschenbachs Künstlergeschichte vermuten[11]. Die bewußte oder unbewußte Identifikation des Essayisten mit den »kranken« Vorbildern Nietzsche und Dostojewski beispielsweise ist Voraussetzung für die Rezeption ihres Werks. Ihr an die Seite zu stellen wäre die Darstellung von Wagners Produktion als einer »gesunde(n) Art krank zu sein«[12]. Ohne Zweifel spielt es für den Essayisten eine besondere Rolle, daß Krankheit und Sexualität aufeinander zu beziehen sind; darüber belehrt die Studie über Dostojewski. Dort heißt es über den russischen Dichter: »Ich weiß nicht, wie die Nervenärzte über die ›heilige Krankheit‹ denken, aber nach meiner Meinung hat sie ihre Wurzeln unverkennbar im Sexuellen und ist eine wilde und explosive Erscheinungsform seiner Dynamik, ein versetzter und transfigurierter Geschlechtsakt, eine mystische Ausschweifung. Ich wiederhole, daß mir dafür der nachfolgende Reue- und Verelendungszustand, das geheimnisvolle Schuldge-

---

[3] Mayer, Werk und Entwicklung, a.a.O., S. 328
[4] Jendreiek, Helmut: Thomas Mann. Der demokratische Roman, Düsseldorf 1977, S. 73
[5] Jendreiek, a.a.O., S. 571; Pütz, Peter (Hrsg.): Thomas Mann und die Tradition, Frankfurt 1971, S. 232 ff
[6] Jendreiek, a.a.O., S. 69
[7] Jendreiek, a.a.O., S. 74
[8] ebenda
[9] Jendreiek, a.a.O., S. 79 ff.
[10] Jendreiek, a.a.O., S. 85
[11] ebenda
[12] Jendreiek, a.a.O., S. 88

fühl, noch beweisender erscheint als die vorangehenden Sekunden einer Wonne ›für die man sein Leben hingeben könnte‹« (TMW 9; 661)[13].
Was an Aschenbachs Künstlergeschichte als katastrophale Entwicklung dargestellt wird, entfaltet der Essayist Thomas Mann im Zuge seiner Selbstreflexion als eine entscheidende Voraussetzung der schöpferischen Tätigkeit überhaupt; er dechiffriert den bis dahin geltenden und allein geistesgeschichtlich und kultural befestigten Begriff des Künstlerischen. Und indem er dessen deckende Schicht von Kulturisation durchbricht, blickt er auf eine psychische Wahrheit des Menschen, die er vor sich selbst stets zu verschweigen trachtete. Auch damit wird er zum Vorläufer. Denn er entdeckt nicht nur den Zusammenhang zwischen den schöpferischen Phantasien und den Phantasiebildern des Unbewußten, sondern auch jenen Zusammenhang von Phantasie und Wahn, auf den Michel Foucault erst in jüngster Zeit hingewiesen hat[14]. Zugleich erkennt er den Anteil des Wünschens an der ästhetischen Produktion.
Auch hier allerdings bedarf die Selbstversicherung einer Orientierung an Autoritäten; Nietzsche und Schopenhauer ordnet Mann dabei einander zu, weil sie den Satz von der Vernunft als dem tiefsten Wesensgrund des Menschen zerschlagen haben. Ihnen an die Seite rückt er Wagner mit seiner als mythische Kunst apostrophierten Musik (TMW 10; 840-842; TMW 9; 525 ff.), die ihrerseits auf den philosophischen Ansatz Schopenhauers zurückgeführt wird (TMW 9; 539). Zugleich sieht er sie alle zusammen Freuds Theorie des Unbewußten umkreisen und vorwegnehmen.
Analog zu diesem Anverwandlungs- und Interpretationsprozeß, der ebenfalls vom Gesetz der Identifizierung mit dem vorbildlichen Denken und dem vorbildlichen Denker geprägt ist, wandelt sich einerseits Manns Einschätzung der Psychologie im Zusammenhang der essayistischen Monographie. Andererseits wird deutlich, daß sich von hier aus eine immer selbstverständlichere Anwendung und Darstellung psychologischer Erkenntnisse im fiktionalen Werk Thomas Manns begründet. Entsprechend wandelt sich die Einschätzung der Psychoanalyse. Sie wird in zunehmendem Maß als »Gewächs wissenschaftlich-zivilisatorischen Geistes« (TMW 11; 748) begriffen, ihre Verwandtschaft mit der Naturwissenschaft markiert für Mann ihre Grenze und zugleich ihre Stärke: sie bleibt analytische Wissenschaft, fern dem produktiven Entwurf. Doch ihre entscheidende Leistung liegt jetzt darin, daß sie bisher nicht benennbare Voraussetzungen der ästhetischen Produktion und der künstlerischen Originalität auf einen Begriff bringt und zu erklären versucht.

---

[13] Jendreiek, a.a.O., S. 85
[14] Foucault, Michel: Wahnsinn und Gesellschaft. Eine Geschichte des Wahns im Zeitalter der Vernunft. Aus dem Französischen von Ulrich Köppen, Frankfurt ³1978 (= stw 39) S. 544

Das Gefühl einer tiefgreifenden Zerrissenheit, das noch die »Betrachtungen« als authentisches Lebensgefühl des Autors Mann durchzieht, und das nicht nur im »Tod in Venedig«, sondern auch in anderen Novellen bei der Beschreibung der Künstlerfiguren wiederholt variiert ist, wird im »Joseph« schließlich als Motiv der »Heimsuchung« ganz bewußt eingesetzt. Im distanzierten Erzählen dieses späten Romans führt es zu einer psychologischen Analyse (TMW 5; 1020, 1085-6). Dagegen erscheint die Darstellung der »Heimsuchung« in den Vorarbeiten zum »Tod in Venedig« noch als unerklärlicher und unkontrollierbarer Gefühlseinbruch. Auch das Motiv des Blutmahls verändert sich. Im Schneetraum des »Zauberberg«, in welchem ein kleines Kind zerrissen wird, kann es immerhin noch als Anspielung auf Freuds »Totem und Tabu« gelesen werden[15], im »Joseph« wird daraus der Mythos des Zerrissenen. Dieser verleiht dem Roman einen präziseren psychologischen Sinn, weil er zugleich die psychoanalytisch bestimmte Beziehung von Es und Ich ins Bild setzt.

Wie diese fiktionalen Texte bestätigen auch die Mannschen Essays zu Freud, daß für den Autor nach dem »Zauberberg« die Begriffe »Psychologie«, »Wissen«, »psychologische Hellsicht«, »scharfe und der Psychoanalyse verpflichtete Konturen annehmen«[16]. Die Leistung der Psychoanalyse besteht für den Essayisten somit erstens darin, daß sie die strikte Trennung zwischen dem Bewußten und dem Unbewußten aufhebt, indem sie deren gemeinsame Grenzlinie markiert. Zweitens klärt sie ihm den Anteil des Unbewußten am Bewußten vor allem auch in bezug auf die künstlerische Produktion. Drittens schließlich bestimmt sie für ihn grundsätzlich den Begriff der Erkenntnis neu, indem sie einen inneren Zusammenhang zwischen Literatur und Wissenschaft erkennen läßt. Die Folge ist, daß wissenschaftliche und künstlerische Erkenntnis nun für den Essayisten konvergieren, weil er sie beide auf die humanen Verhaltensweisen des Menschen bezogen sieht. Es ist für Thomas Mann klar, daß sich solch »sensationelle Erweiterung des Wissens vom Menschen« (TMW 11; 748) auf die Dichtung des ganzen Kulturkreises auswirken muß (TMW 11; 749). Deshalb gehören sein Rückbezug auf Nietzsche und Schopenhauer wie seine Annahme einer Wechselwirkung zwischen Literatur und psychologischer Wissenschaft notwendig zusammen. Sie sind Voraussetzung einer kulturalen Identifikation des Essayisten, der die Welt seiner Bildungsväter ordnet und seine eigene Bildung als einen Prozeß zu begreifen beginnt, der jenen des analytischen Denkens wiederholt.

---

[15] Finck, a.a.O., S. 79
[16] Finck, a.a.O., S. 85

Dies bestätigt der Blick auf die weitere Auseinandersetzung mit Freud. Im Vergleich zur ersten distanzierten Freudstudie, die sich mit der »Stellung Freuds in der modernen Geistesgeschichte« befaßt, hat die zweite über »Freud und die Zukunft« aus dem Jahre 1936 einen kaum verhüllten Bekenntnischarakter. Unverkennbar ist, daß die Befähigung zu solchem Bekenntnis aus einer zunehmenden Selbstgewißheit hervorgeht. Zwar klingt erneut das Thema der Tradition an, in welcher Freuds Denken verankert ist (TMW 9; 480), doch das geheime Leitwort dieser Studie heißt nunmehr »psychoanalytische Initiation« (TMW 9; 479). Damit ergibt sich eine neue Konstellation. Bei der Auseinandersetzung mit Freud geht es in der Folge nicht mehr allein um eine Wissenschaft, welche »die geheimnisvolle Einheit von Welt und Ich, Schicksal und Charakter, Geschehen und Machen« (TMW 9; 479) beschreibt, sondern um die eigene Initiationsgeschichte. Diese wird allmählich als eine deutliche Spur im eigenen Leben und Werk gesucht und erkannt. Es ist nur folgerichtig, daß im Verlauf solchen Wiedererkennens eine Summe der Leitideen des eigenen Werks mitgeteilt wird. Sie beginnt mit den bestimmenden Konstanten des Frühwerks, der Liebe zur Wahrheit, der psychologischen Reizbarkeit und dem Sinn für die Krankheit, die allesamt unter dem Tonio-Kröger-Wort vom »Erkenntnisekel« subsumiert werden können (TMW 9; 480/1). Sie führt schließlich über die unverändert bewahrte Vorstellung von der Krankheit als Erkenntnismittel hin zum humanistischen Credo, das »Zauberberg« und »Joseph« verkünden, zu dem Satz von der Doppelnatur des Menschen (TMW 9; 481/2), der im Rückgriff auf eine Renaissancevorstellung entwickelt wird. Überdies erweisen sich Krankheit und Neurose in diesem Zusammenhang als »anthropologische [...] Erkenntnismittel ersten Ranges« (TMW 9; 482). In dem Maß, wie es dem Essayisten nunmehr gelingt, die Zentralstellen aus Schopenhauers »Welt als Wille und Vorstellung« mit Freuds Begriffen in seinem Aufsatz über die »Zerlegung der psychischen Persönlichkeit« (TMW 9; 484)[17] gleichzusetzen, erweist sich die neue Wissenschaft für ihn als ein angemessenes Beschreibungssystem für unmittelbare und eigene Erfahrungswirklichkeiten. Einerseits schwindet die ursprüngliche Angst vor persönlicher Betroffenheit, andererseits wird die neue Wissenschaft jetzt zu einem Verfahren der Selbsterkenntnis, dessen sich der Essayist ohne Schwierigkeiten zu bedienen vermag. Entscheidend für diese Annäherung ist ohne Zweifel die Nähe der Freudschen Psychoanalyse zur literarischen Sprache[18]. Kein Zufall auch ist es, daß vice versa der literarische Essayist die Beziehung von Ich und Es mit der von Europa und Asien vergleicht, während sie im »Tod in Venedig« noch Metapher

---

[17] Freud, Sigmund: Studienausgabe (SA). 7., korrigierte Ausgabe, Frankfurt 1969 (= Conditio humana. Ergebnisse aus den Wissenschaften vom Menschen) Bd 1, S. 496-516
[18] Starobinski, a.a.O., S. 234/5

für den Kampf des Apollinischen mit dem Dionysischen ist. Es bleibt zu erinnern, daß der »Zauberberg« jenes Verhältnis des Bewußten und des Unbewußten lange vor der theoretisch klaren Auseinandersetzung seines Autors mit Freud abbildet, und daß die kulturpsychologischen Überlegungen Manns schon vor der genauen Freud-Kenntnis am Gegensatz von Ost und West Sachverhalte zu verdeutlichen suchen, die in den Bereich einer psychologischen Beschreibung gehören. Hier tritt eine Symmetrie der Bilder und Vorstellungen zutage, welche die Mannsche Identifikation mit dem Vorbild einleuchtend macht und nahelegt.

Die Bilder des Essayisten deuten so gleichermaßen in die behandelte Theorie wie in das fiktionale Werk. Ganz deutlich wird dies bei der Schilderung der Freudschen Ich-Instanz, die der Essayist beschreibt, als sei sie eine Figur aus seinen frühen Novellen. »Aber wie schwach ist es bei alldem! Eingeengt zwischen Unbewußtem, Außenwelt und dem, was Freud das ›Über-Ich‹ nennt, dem Gewissen, führt es ein ziemlich nervöses und geängstigtes Dasein. Mit seiner Eigen-Dynamik steht es nur matt. Seine Energien entlehnt es dem ›Es‹ und muß im ganzen dessen Absichten durchführen. Es möchte sich wohl als den Reiter betrachten und das Unbewußte als das Pferd. Aber so manches Mal wird es vom Unbewußten geritten [...]« (TMW 9; 486).

Allerdings muß man darauf hinweisen, daß die Begeisterung des Wiedererkennens den Essayisten dabei zu einer sachlich nicht haltbaren Gleichsetzung zwischen Freuds Es und Ich und Schopenhauers Willen und Intellekt bringt (TMW 9; 487); die Instanzen von Freuds Topologie, Vorstellungen der Ich-Psychologie und philosophische Kategorien verwischen sich. Bemerkenswert ist jedoch die Intention dieser Zusammenführung, denn sie läuft auf ein lebensentscheidendes Phantasma hin. Eben mit diesem aber versucht Thomas Mann, die leidvolle Künstlergeschichte, die er seinen Aschenbach durchleben läßt, in eine Geschichte der Hoffnung umzudeuten. Um das Unbewußte zu beschreiben und in der Absicht, das Phantasma der unbewußten Lebensgestaltung deutlich zu machen, verläßt sich der Essayist völlig auf Schopenhauers Traumpsychologie und zitiert zustimmend dessen Satz, daß »genau wie im Traume unser eigener Wille, ohne es zu ahnen, als unerbittlich-objektives Schicksal auftritt, alles darin aus uns selber kommt und jeder der heimliche Theaterdirektor seiner Träume ist, – so auch in der Wirklichkeit, diesem großen Traum, den ein einziges Wesen, der Wille selbst, mit uns allen träumt, unsere Schicksale das Produkt unseres Innersten, unseres Willens sein möchten und wir also das, das uns zu geschehen scheint, eigentlich selbst veranstalteten« (TMW 9; 487)[19]. Diese eigen-

---

[19] Thomas Mann bezieht sich hierbei auf Schopenhauer Bd 7, a.a.O., S. 240; vgl. TMW 9, a.a.O., S. 487

willige Form der Freud-Rezeption unter dem Blickwinkel Schopenhauers führt hier wie auch im Josephsroman in unmittelbare Nähe zur Tiefenpsychologie C.G. Jungs, deren Kernsatz aus der »Einleitung zum tibetanischen Totenbuch« Thomas Mann ebenfalls zitiert: »Es ist so viel unmittelbarer, auffallender, eindrücklicher und darum überzeugender [...] zu sehen, wie es mir *zustößt*, als zu beobachten, wie ich es *mache*« (TMW 9; 488)[20].

Die für Thomas Mann charakteristische Lesart der Geistesgeschichte, die Schopenhauer und Nietzsche auf Freud bezieht und jenen wiederum unter der Perspektive von C.G. Jung betrachtet, hat ihre besondere Bedeutung. Denn der Gedanke von der »Seele als Geberin des Gegebenen« erhält zugleich eine schöpfungs- und eine entwicklungspsychologische Lesart. Dabei orientiert sich Thomas Mann an der Arbeit des amerikanischen Psychoanalytikers Ernst Kris über die »Psychologie älterer Biographik« (TMW 9; 491), die archetypische Verhaltensmuster und solche, die in den Bereich der Ichpsychologie gehören, zusammendenkt. Mit ihr begründet er zum ersten Mal theoretisch seine ursprünglich psychologisch motivierte Vorstellung über die Identität von Selbstentwurf und Werkentwurf. Es ist kein Zufall, daß die Hauptfigur des Josephsromans dann fast unverhüllt jene Phantasie eines bruchlosen Zusammenspiels von Leben und Werk erzählt, von der die wirkliche Biographie des Autors Thomas Mann nun in zunehmendem Maß bestimmt wird.

Unter dem Einfluß von Kris fallen Psychologie und Mythologie, psychologische und mythologische Weltentwürfe zusammen (TMW 9; 491/2). Damit verdichtet sich eine Erzählweise, die den »Tod in Venedig« bereits prägt, zu einem lebenserhaltenden und produktiven Phantasma. Individuelle Geschichte und mythologische Muster, die das Erzählen bestimmen, mythisches und psychologisches Interesse des Erzählers wie des Dichter-Essayisten erweisen sich in Wahrheit als eins. Deshalb gibt es nicht eigentlich, wie dies mitunter noch angenommen wird, einen Schritt Thomas Manns »vom Bürgerlich-Individuellen zum Mythisch-Typischen« (TMW 9; 493), sondern die psychologische Selbstreflexion des Autors betrachtet beide als kongruent. Die Spuren der präpsychologischen Philosophen nachzeichnend und dem Einfluß Freuds ausgesetzt, erkennt Thomas Mann mit Kris einen lebensbestimmenden Zusammenhang zwischen formelhaften Erlebensmustern und individuellen Erfahrungen: er benennt diese Beziehung mit dem Begriff der »gelebten Vita«.

Diese »gelebte Vita« formt nicht nur das eigene Leben, sie erweist sich auch als ein überzeugendes Erzählprinzip, dessen bestimmende Faktoren im frühesten Werk schon bereitgestellt werden. Von hier aus gilt es

---

[20] vgl. dazu Jung, Werke Bd 11, a.a.O., S. 554

sich klarzumachen, daß der Josephsroman nur selbstsicher und konsequent zusammenfaßt, was die Novelle des »Tod in Venedig« bereits skizzenhaft entwirft. Die auffällige Kongruenz zwischen dem Gesetz des Erzählens und den Gesetzen des Erlebens weisen dem fiktionalen Werk seine besondere Bedeutung zu. In der zweiten Freudstudie erkennt Thomas Mann nunmehr auch, daß im fiktionalen Werk wiederholt und auf eine andere Reflexionsstufe gehoben wird, was als menschliches und ästhetisches Gesetz zugleich Bedeutung hat: »denn im Leben der Menschheit stellt das Mythische zwar eine frühe und primitive Stufe dar, im Leben des einzelnen aber eine späte und reife« (TMW 9; 493). Am Beispiel der Kleopatra entwickelt der Essayist seinen Gedanken vom Charakter als einer »mythischen Rolle« und was er im Hinblick auf das antike Ich und sein Bewußtsein von sich selbst (TMW 9; 495) darstellt, zieht er als Perspektive bis zum modernen Mythos des »Ich bin's« aus. Er zeigt, daß die Idee des »zitathafte(n) Leben(s)« im Mythos »eine Art von Zelebration« ist, eine Form der »Vergegenwärtigung« (TMW 9; 497), die spielerischen Charakter im eigenen Leben und Werk annimmt. Auch diese Überlegung zeichnet eine Linie nach, die im späten ästhetischen Werk vollendet ist, sich gleichwohl wiederum schon im frühesten andeutet. Dies wird an den gewählten Begriffen deutlich: Infantilismus und Imitatio, psychologische und ästhetische Wahrheit fallen in eins. Gerade dadurch wird ein Phantasma entworfen, das der Autor mit seiner Josephsfigur schließlich offen darstellt. Die Imitatio des Autors Thomas Mann, die sich jetzt als Imitatio eines dichterischen Vorbilds, nämlich als Imitatio Goethes erweist, ist symmetrisch mit der Imitatio Gottes durch Joseph. Auch dieser ist, wie es im Essay heißt, »ein Künstler, insofern er spielt«. Es ist kein Zufall, daß das Spiel der Figur und des Dichters als ein und dasselbe erscheinen, als »rückständige Kinderei«, als ein »In-Spuren-Gehen«, das eine psychologische Wahrheit demonstriert, die als Wunschphantasie des Schreibens schon die Venedignovelle durchzieht: »Die Vaterbindung, Vaternachahmung, das Vaterspiel und seine Übertragungen auf Vaterersatzbilder höherer und geistiger Art – wie bestimmend, wie prägend und bildend wirken diese Infantilismen auf das individuelle Leben ein!« (TMW 9; 498/9).
Es paßt völlig in das Konzept dieser Selbstversicherung durch Identifikationen mit dem Denken eines anderen, daß Freud vor allem als Wegbereiter eines neuen Humanismus erscheint und daß seine Wissenschaft als eine rationale Anthropologie verstanden wird. Sie rückt den eigenen gedichteten Utopien an die Seite, denn sie stellt nicht nur ein »ironisch-künstlerisches [...] Verhältnis [...] zum Unbewußten« (TMW 9; 500) her, sondern die Wissenschaft der Psychoanalyse wird, indem sie im Bewußtsein des Essayisten wiederholt und vollendet, was Philosophie und Literatur schon je versuchten, als ein Produkt kolonisatorischen Geistes

verstanden. Für sie erscheint die Faustische Utopie des Neulandes als angemessenes Bild, wenn es gilt, den Satz Freuds »Wo *Es* war, soll *Ich* werden« (TMW 9; 501)[21] seiner historischen Bedeutung entsprechend einzuschätzen.

Die essayistische Rezeption Freuds entwickelt somit ein Phantasma von der Ganzheit der Person, eine Vorstellung vom »wahren Selbst«, welche die ursprünglichen Bilder des problematischen Künstler-Ich, die noch das Frühwerk bestimmen, überwindet. Die Essays ermöglichen im Blick auf die geistesgeschichtlichen Autoritäten einen unverstellten Blick auf das eigene Selbst, zugleich klären sie dessen Spiegelungen im vorangehenden fiktionalen Werk. Überdies legen sie klar, daß der theoretischen und essayistischen Orientierung an der geistesgeschichtlichen Tradition schon immer eine unbewußte Ausrichtung des eigenen Schreibens am Vorbild Goethe vorangeht. Jetzt erst findet das Ideal der neuen Kunst, deren Beschreibung als kühle, vornehme und »gesundere Geistigkeit« (TMW 10; 842) zur Zeit des »Tod in Venedig« der Kunst Richard Wagners gegenübergestellt wird, seinen Zielpunkt. Es ist nicht nur eine Vorwegnahme der späteren Ausführungen des Essayisten Mann zum Apollinischen in der epischen Kunst, sondern es zielt schon immer auf jenes Phantasma von der Ganzheit des Künstlers, das sich im Blick auf das Vorbild Goethe als möglich und lebenserhaltend erweist. So bestätigt sich das im »Tod in Venedig« scheiternde Kunstideal Aschenbachs im nachhinein als zentrierendes Phantasma eines authentischen späteren Künstlerlebens.

Voraussetzung für diese Entwicklung ist, daß sich das problematische Ich der frühen Novellen in zunehmendem Maß stabilisiert, indem es für sich selbst die Phantasien einer möglichen Vermittlung von Traum und Leben, eines Ineinanderübergehens von Kinderspiel und künstlerischem Spiel, ein ständiges Ineinandergreifen der Bereiche des Bewußten und des Unbewußten entwirft. Dies geschieht in mehreren Anläufen. Zuerst wohl in einem noch von narzißtischen Phantasien geprägten Text der »Kinderspiele« von 1904, dann in der ersten, ebenfalls narzißtisch motivierten Erfolgsbiographie »Im Spiegel« von 1907 und schließlich in der schon erwähnten Studie über »Süßer Schlaf«, die bereits eine Übersetzung Schopenhauerscher Vorstellungen in individualpsychologische Phantasien beinhaltet. Dazu kommt eine grundsätzliche Änderung. Mit dem Jahr 1930 beginnen die autobiographischen Essays sowohl die Motive des vorangegangenen Werks als auch die Überlegungen der vorangehenden Essays zusammenzufassen und zum Entwurf eines idealen Künstlerlebens zu verdichten, von dem der Essayist nun in zufriedener Rückschau berichten kann.

---

[21] Freud SA 1, a.a.O., S. 516

Der Lebenslauf von 1930 weist noch auf das Motiv des Lebenskampfes, mit welchem die Studie über den Schlaf beginnt. Als eine erste begriffliche Aufarbeitung betont er im eigenen Werk nur die »persönliche Spur eines bewußt und das heißt: gewissenhaft geführten Lebenskampfes« (TMW 11; 417). Dagegen schreitet der spätere kurz gefaßte Lebenslauf von 1936 zu einer persönlicheren Deutung des eigenen Werks, indem er Werk und Leben enger aufeinander bezieht (TMW 11; 453) und ein geradezu mythisches Bild von Erlösung und Ganzheit entwirft. An die Stelle der frühen Abhandlung über die Moral des Künstlers, deren begrifflich-abstrakter Rigorismus nur dadurch abgeschwächt wird, daß sie mit dem Bild eines glücklich reifenden Embryos verknüpft ist, an die Stelle des an seinem Wissen leidenden Künstlers, tritt der wortwörtlich zu verstehende Mythos vom Segen im eigenen Leib, den der nunmehr selbstbewußte Autor mit jenem Segen vergleicht, an dem er seine Josephsfigur teilhaben läßt (TMW 11; 451). Zugleich ändern sich die Identifikationsfiguren der Essays. Der unglücklich kämpfende Kaiser Napoleon aus der Studie »Süßer Schlaf« wird vom spielerisch mit Kunst und Realität versöhnten Goethe abgelöst, nach dem sich der Essayist stilisiert (TMW 11; 452).

Die Spur dieser Selbstvergewisserung durch Identifikation läßt sich auch durch den autobiographischen Bericht der »Pariser Rechenschaft« verfolgen. Dort erhält zudem die Vorstellung von Nietzsche als einem Selbstüberwinder der Romantik (TMW 11; 51) einen tiefen biographischen Sinn; die Tagebücher Thomas Manns bestätigen, daß die Zunahme der autoanalytischen Erkenntnis mit einer Überwindung der romantischen Weltsicht einhergeht, die noch Wagner nicht zu überschreiten vermag[22]. Die Abkehr von der Romantik bringt zugleich einen neuen Begriff von Bürgerlichkeit hervor, der sich nicht mehr auf die Tradition, sondern allein auf das Wissen gründet. »Aber das Wissen selbst, wie es um das Bürgerliche heute geschichtlich steht, bedeutet schon ein Heraustreten aus dieser Lebensform, einen Nebo-Blick auf Neues. Man unterschätzt die Selbsterkenntnis, indem man sie für müßig, für quietistisch-pietistisch hält. Niemand bleibt ganz, der er ist, indem er sich erkennt« (TMW 11; 90).

Angesichts dieser Problematisierung liest sich der »Lebensabriß« von 1930 über weite Strecken lediglich als eine distanziert zufriedene Bilanz des eigenen Erfolges, abgesehen von den spärlichen Hinweisen auf die eigene Herkunft, die Lebensumstände der ersten Jahre in Lübeck, München und Palestrina. Während kaum etwas über die tatsächliche Bedeutung persönlicher Beziehungen ausgesagt wird, erscheint das eigene Le-

---

[22] vgl. Thomas Mann, Tagebücher 1935-1936, hrsg. v. Peter de Mendelssohn, Frankfurt 1978, S. 400: »Die Romantik ist eine unsaubere Welt«. Im Folgenden: »Tagebücher 3«

ben fast nur als Bildungsgeschichte; allerdings ist die besondere Verschränkung von Lernen und Wissen, die der Essayist beschreibt, auf seine frühen und frühesten Erfahrungen und Wünsche bezogen. Zu diesem Zeitpunkt erst gesteht er sich offen ein, was seine Essays über Nietzsche und Freud schon vermuten lassen. Die Nietzscherezeption »vollzog sich gleichsam in mehreren Schüben und verteilte sich auf Jahre« (TMW 11; 110), sie hängt, wie schon an anderer Stelle ausgeführt, unmittelbar mit psychologisch beschreibbaren Gemütszuständen zusammen, mit einer »spät und heftig durchdrängende(n) Sexualität« (TMW 11; 111, 132). Freud- und Nietzsche-Rezeption stehen zudem im Umfeld persönlicher Aussagen, die von der unmittelbaren Verbindung zwischen den im Werk dargestellten Bildern, Zuständen, Beziehungen und der authentischen Lebenserfahrung zeugen. In auffälliger Weise betrifft dies vor allen Dingen die distanziert beschriebene Beziehung zur Ehe, die sich der familialen Konstellation des »Tod in Venedig« ebenso vergleichen läßt wie der essayistischen Erörterung des homoerotischen Konflikts im Keyserling-Brief. Dabei irritiert nicht allein die narzißtische Komponente der Selbstreflexion, welche die Bemerkung des Autobiographen beinhaltet, er sei, bevor er sich zu Katia Pringsheim entschlossen habe, »innerlich ›auf Freiersfüßen‹« gegangen (TMW 11; 118). Auffällig ist auch scheinbar nur Äußerliches: alle Hinweise auf das Haus der Schwiegereltern und dessen großbürgerlich-familiale Atmosphäre erhalten den Charakter einer gesteigerten Jugenderinnerung, sie suggerieren ein Zusammenfallen von Traum und Wirklichkeit, für welches das eigene Leben die Bestätigung liefern soll. Dies ermuntert Thomas Mann zu Vergleichen zwischen seinem Leben, seiner Beziehung zu Katia, und dem Inhalt von »Königliche Hoheit«, die er später zurückweist.

Der »Lebensabriß« betont somit vor allem das »vernünftige Märchen« (TMW 11; 118) und die humoristischen Phantasien seines Verfassers (TMW 11; 119), er ordnet sie einem Zusammenhang von Spiel, Phantasie und Wirklichkeit zu. Was ursprünglich allein aus Wunschphantasien hervorgeht, wird hinfort zum gültigen Gesetz des eigenen Lebens verklärt. Auch dem autobiographischen Essayisten scheint jetzt klar zu werden, daß seine »wirklichkeitsreine Beziehung«, sein früheres Verhältnis zu Carla, in der Zeit des Erfolgs ins Werk verschoben wurde, sogar verschoben werden mußte. Er selbst markiert damit für sein Leben einen Wendepunkt, der sich jener Wende im Leben Gustav Aschenbachs vergleichen läßt, welche die Venedignovelle beschreibt. Es scheint kein Zufall, daß der wirkliche Autor nunmehr das gleiche Lebensalter hat wie seine damals erfundene Figur. Doch für ihn ist die Transformation des Erlebten ins Erdichtete mit einer problemlosen Zuwendung zur Realität verknüpft. Entsprechend führt er aus: »Denn auch ich war ja schon weitgehend ›wirklich‹ geworden, durch Werk und Würde, Haus, Ehe

und Kind, oder wie die Dinge des Lebens, die strengen und menschlich gemütlichen nun hießen, und wenn die Verwirklichung in meinem Falle nach Segen und Heiterkeit aussah, so bestand sie doch aus demselben Stoff wie die Tat meiner Schwester und schloß dieselbe Untreue ein« (TMW ll; 12l).
Diese Untreue gegenüber dem Leben, die das Werk des Künstlers erfordert, erinnert zwar noch an Aschenbachs Problematik, in Wahrheit aber erweist sich die authentische Geschichte des Künstleressayisten als Gegenspiel zu dessen erfundenem Leben. Deshalb rückt für ihn schließlich an die Stelle der Abbildung eines Konflikts der Erweis einer Komplementarität von Kunst und Wirklichkeit. Später wird dies noch durch den Satz von der Wirklichkeitsreinheit der künstlerischen Tätigkeit weitergedacht, der die ersten Bearbeitungsstufen der »Bekenntnisse des Hochstaplers Felix Krull« der »Königlichen Hoheit« an die Seite stellt. Beide Aussagen differenzieren die vorangehenden Darstellungen der Kunstproblematik und des Künstlertums; statt vom leidenden Verhältnis des Künstlers zur Wirklichkeit handeln sie nun lediglich über die »Psychologie der unwirklich-illusionären Existenzform« (TMW 11; 122).
Der »Lebensabriß« läßt keinen Zweifel daran, daß diese Existenzform des Illusionären als Wiederholung des kindlichen Phantasieerlebens aufzufassen ist, wo im Spiel und im kindlichen Arrangement Spieltiere und Freunde gleichermaßen der Verfügungsgewalt des Träumers unterworfen werden. Während der Künstler Aschenbach an seinen ausgreifenden Projektionen zerbricht, entsteht hier im erinnerten Rollenspiel der hermetischen Kinderstuben-Atmosphäre das Gefühl einer träumerischen Selbstgenügsamkeit. Ihr gegenüber erscheint das Leben allgemein als ein »gefühlloser Einbruch in die Traumwelt«[23]. Noch in seinen Selbstäußerungen über die Verwendung des biblischen Mythos in der Geschichte Josephs wird der Autor lapidar formulieren: »Diese Träume hatten ihre Wurzeln in meiner Kindheit« (TMW 11; 138).
Rückblickend behauptet der Essayist nunmehr, er habe schon im »Tod in Venedig« versucht, mit der Künstlergeschichte Aschenbachs die Beziehung von Leben und Werk zu psychologisieren. Zugleich wird klar, daß er diese Psychologisierung als eine jener unbewußten Vorwegnahmen ansieht, die nur im fiktionalen Werk möglich sind und die er erst jetzt im unverhohlen vorausgesetzten Stadium eigener Meisterschaft zu erkennen vermag. Auch diese Vorgriffe gehören einer unbewußten Gestaltung des eigenen Lebens und Schicksals an, wie sie im Essay behauptet wird. Dort heißt es: »In Wahrheit ist jede Arbeit eine zwar fragmentarische, aber in sich geschlossene Verwirklichung unseres Wesens,

---

[23] Haug, Hellmut: Erkenntnisekel. Zum frühen Werk Thomas Manns, Tübingen 1969, S. 29

über das Erfahrungen zu machen solche Verwirklichung der einzige, mühsame Weg ist, und es ist kein Wunder, daß es dabei nicht ohne Überraschungen abgeht« (TMW 11; 123).
Der Vergleich des Lebenslaufs von 1930 mit der zehn Jahre später abgefaßten Autobiographie »On Myself« (TMW 13; 127-169) zeigt einen weiteren analytischen Fortschritt. Er macht deutlich, daß der spätere Text die autobiographischen Zusammenhänge ganz bewußt durch psychoanalytisch begründete Kenntnisse überformt. Er korrespondiert damit Überlegungen, die im Aufsatz über »Freud und die Zukunft« explizit vorgebracht werden. Auch hier nimmt mit zunehmendem Wissen die Bereitschaft zu autoanalytischen Aussagen zu. Jetzt liest sich beispielsweise der Hinweis auf die inzwischen veröffentlichten »Kinderspiele« und ihren Zusammenhang mit der Kunstübung wie ein Kommentar zu Freuds Aufsatz über den »Dichter und das Phantasieren«. Der Essayist als Spieler der Rollen von Hermes (TMW 13; 130/1), Zeus und Achill erinnert an die Freudsche »Majestät des Ich«. Deutlicher als vorher wird zudem ein genetischer Gesichtspunkt betont; Kinderspiel und Kunstübung lösen einander nicht übergangslos ab. Vielmehr wird die Kunstübung als Fortschreiben einer sich bereits in der Kindheit äußernden Anlage verstanden, so wie dies im »Lebensabriß« die Beziehung zwischen der kindlichen Sehnsucht nach dem »Land der Pyramiden« und dem Sujet des Josephsromans andeutet. Die Kunst erscheint als das »bewahrte Kindliche, der Spieltrieb verbindet sich mit geistiger Reife, ja mit den höchsten Antrieben des Menschen, dem Streben zum Wahren und Guten, dem Drang nach Vollkommenheit, und wird zu dem, was man mit dem Namen der Kunst und des Künstlertums ehrt« (TMW 13; 128). Der autobiographische Essayist erschließt nunmehr selbst den inneren Kern seines Werks, das Gesetz der eigenen Entwicklung; seine Ausführungen zielen auf das, was die Ich-Psychologie als die genetische Herausbildung des ganzen Selbst bezeichnet.
Allerdings verwendet der Essayist diese Selbsterkenntnis nicht nur als einfachen Kommentar zu den Inhalten seines Werks, sondern er betont einen Sachverhalt, der die Ich-Psychologie und die Psychologie des schöpferischen Prozesses miteinander verbindet. Er macht auf eine Verschiebung tragender psychischer Probleme aufs Werk aufmerksam, auf den entscheidenden Umschlag von psychischer Betroffenheit zu Produktivität. Dies wird an zwei Punkten exemplarisch deutlich, die überdies wieder jene schon in der Venedignovelle dargestellte Konfliktkonstellation aufnehmen.
Der erste wird wie in den Essays und den Vorarbeiten zur Novelle als die Idee der »Heimsuchung« apostrophiert, als Zivilisation einer unterdrückten Triebwelt, die der autobiographische Essayist jetzt nicht allein als Leitmotiv einzelner Werke, sondern zugleich des eigenen Gesamt-

werks auffaßt (TMW 13; 135/6). Es ist signifikant für die Verflechtung von fiktionaler Gestaltung und essayistischer Autoreflexion in dieser späteren Phase, daß hier ein literarisches Selbstzitat Ausgangspunkt der Argumentation wird und zum Kommentar für den Zusammenhang zwischen der »Zeitentiefe der Welt« und dem »Vergangenheitsdurchblick« unseres eigenen Lebens« gerät (TMW 13; 135). Parallel zum Freud-Essay, doch präziser als dort, stellt der Essayist einen Bezug zwischen historischer Kulturisation und ontogenetischem Prozeß, zwischen Bildungsgeschichte und psychischer Entwicklungsgeschichte her. Dabei folgt er nicht den definitorischen Grenzen der Freudschen Psychoanalyse, sondern er versteht die Ontogenese als einen Prozeß, der ein ganzes Leben bestimmt; er behandelt somit zugleich die Entstehung und die lebenslange Behauptung des Selbst gegenüber dem Realitätsprinzip.
Ebendies führt auf den zweiten Gesichtspunkt. Der autobiographische Essay »On Myself« läßt sich als spielerische Auflösung jener psychischen Prozesse und Affekte ansehen, von deren Bedeutung für ein ganzes Leben er berichtet. Vergleichbare ästhetische Lösungen aber, die schon immer in den fiktionalen Texten versucht werden, gelingen erst im Josephsroman und im späten Roman über Goethe und Lotte. Es ist kein Zufall, daß der Autor, der im Essay mit den Begriffen spielt, seine Tätigkeit als Dichter mit Josephs Spiel in dem von ihm gedichteten Text vergleicht. »Es ist ein Josephs-Spiel, dieser Roman. Der imitatio Gottes, in der Rahels Sohn sich gefällt, entspricht meine imitatio Goethe's: eine Identifizierung und unio mystica mit dem *Vater*« (TMW 13; 169). Die Verbindung, die zwischen dem Josephs- und dem Goethe-Roman gezogen wird, legt die Überlegung nahe, daß die Darstellung des großen Mannes im Josephsroman, im Lotte-Roman und in den begleitenden Studien ganz besondere Voraussetzungen hat. Sie reichen in der Tat tiefer als in die allgemeine Geschichte der Kulturisation und sie gehören nicht allein einer zitierend vorgeschobenen deutschen Kulturtradition an; sie betreffen vielmehr eine individuelle psychische Entwicklung. Diese läßt sich ohne jenen Prozeß der Selbstversicherung durch das Vorbild nicht angemessen verstehen. Die enge Verbindung zwischen dem Schreiben und dem Leben, die sich in dem lapidaren Satz bestätigt »Dichten heißt: die Wirklichkeit ›erfinden‹« (TMW 13; 167), läßt nun alle Werke als Teil einer Entwicklungs- ebenso wie einer Bildungsgeschichte erscheinen. Im Rückblick erhalten die Texte ihre Bedeutung als Wendemarken des eigenen Lebens; der Begriff der »Krisis« ist nicht einfach ein Thema der Werke, sondern immer schon deren Voraussetzung.
Diese Überlegung ist vor allen Dingen für die Einschätzung des Frühwerks von Bedeutung. Im Verlauf eines Rückblicks auf die eigene Werkgeschichte wird der »Tod in Venedig« als Endpunkt jener Abrechnung

mit dem Künstlertum, jener Selbstüberschätzung gesehen, die noch den »Tonio Kröger«, »Tristan« und »Fiorenza« bestimmt. Im nachhinein beweist die Venedignovelle die Falschheit jener ursprünglich als selbstverständlich gesetzten Annahme, daß alles Autobiographische im Leben des Künstlers zugleich schon ein erzieherisches Element beinhalte. Denn die Idee der Erziehung wird nun von ihrer traditionellen Fixierung auf Kulturisation und Bildung gelöst, sie wird auf die Ebene einer individuellen, vor allem aber psychischen Entwicklungsgeschichte des Künstlers gerückt. Jetzt ist die Selbsterkenntnis möglich, daß die Identität von Erkenntnis und Pädagogik, die zum Zielpunkt späteren Schreibens wird, eine Entwicklung voraussetzt, wie sie der »Tod in Venedig« erst im »internen Leben« (TMW 13; 151) des Essayisten auslöst. Die frühe Abkehr vom Plan, Goethes Spätliebe zu Ulrike von Levetzow darzustellen, wird nunmehr mit dem Gefühl der Unzeitigkeit eines solchen Versuchs begründet[24].

Diese Unzeitigkeit wird nicht aus mangelndem ästhetischen Vermögen, sondern aus fehlender psychischer Reife hergeleitet. Die Ausführungen des Essayisten machen deutlich, daß seine Abkehr vom ersten Plan nicht einfach Verschlüsselung oder verdeckte Darstellung der Goethegeschichte ist, sondern eine bewußte Umschreibung des Textes im Hinblick auf die Helden des Frühwerks, die allesamt nur für die eigene Entwicklung des Autors einstehen. Seine späte Wendung zu Goethe ist hingegen Resultat jener erst mit dem »Zauberberg« sich andeutenden Verwandlung einer »individuellen Schmerzenswelt in eine Welt neuer sozialer und menschlicher Moralität« (TMW 13; 152). Allerdings bezieht sich der Begriff der Moralität in dieser Sicht nicht auf bewußte Willensakte, sondern auf Zielsetzungen und Ergebnisse eines Lebens, dem kein bewußter Plan zugrunde liegt, »der *ausgeführt* wird, es ist die Entwicklung eines Vorgegebenen, die sich *vollzieht*, und wie es mit einem gehen wird, darauf kann man in der Jugend nur ein dunkles Vertrauen haben; wie es mit einem gegangen *ist*, das kann man im Alter nur nachdenklich überschauen« (TMW 13; 152).

So bestätigt die essayistische Reflexion, was dem fiktionalen Schreiben spätestens seit dem Josephsroman gelingt. Erstens wird die Aufarbeitung der geistesgeschichtlichen Traditionen unter dem Einfluß Freuds nicht als eigene Erziehungsgeschichte, sondern zugleich als Teil eines individuellen Reifungsprozesses verstanden. Zweitens gelangt der Autor Mann zu einer Selbstreflexion, die ihm den Wechselbezug von Leben und Werk ins Bewußtsein treten läßt. Drittens aber ändern sich damit die Voraussetzungen des eigenen Schreibens. Durch die psychologische

---

[24] Thomas Mann, Briefe an Paul Amann 1915-1952, hrsg. v. Herbert Wegener, Lübeck 1959 (= Veröffentlichungen der Stadtbibliothek Lübeck, Neue Reihe Band 3) S. 32

Dynamisierung des Begriffs des Infantilismus wird die frühere Dialektik von Geist und Leib, von Denken und Fühlen, von apollinischer und dionysischer Erfahrung, die noch den »Tod in Venedig« bestimmt, überwunden. Die »mythische Identifikation«, die als psychologisches Gesetz wie als psychische Wirklichkeit begriffen ist (TMW 13; 165), wandelt sich zu einer Methode der Selbsterkenntnis und Selbstversicherung zugleich. Das Lebensproblem der frühen Novellenfiguren wird theoretisch, ästhetisch und lebensgeschichtlich aufgehoben, weil der doppelte Anteil des Bewußten und des Unbewußten an der Konstitution des Charakters erkannt und eingestanden wird.
Unter diesen Voraussetzungen sind die Essays über das Vorbild Goethe mehr als ein erneuter Aufweis vom Zusammenhang des eigenen Denkens mit dem Freuds. Trotz aller vorgeblich theoretischen Reflexion erweisen sie sich allesamt als Teil einer Autobiographie, an der sich die »sukzessiven Stadien des Wunsches« ablesen lassen, die der Autor sonst seinen fiktionalen Texten einschreibt[25]. Die Person des historischen Goethe, die seit dem »Tod in Venedig« im Hintergrund des Mannschen Schreibens steht und die erst mit dem Josephs- und dem Lotte-Roman offen hervortritt, erscheint in diesen Essays als ein »Vorbild«, weil sie Teil einer psychischen Projektion ist, die erst langsam eingeholt wird. Dieses Einholen wiederum vollzieht sich in zweifacher Hinsicht. Einerseits theoretisch, im Zug einer begreifenden Interpretation Goethes, die eher die Form einer Nachzeichnung seines Denkens hat, andererseits praktisch-künstlerisch, im Wege einer in den Essays bereits aufscheinenden phantastischen Identifikation, die schließlich auch ins fiktionale Werk vermittelt wird. Weil sich die Goethe-Essays auf einen lange dauernden Prozeß beziehen, den sie abbilden und an dem sie zugleich Anteil haben, markieren sie sowohl dessen erinnerten Anfang, die Phase eines engen Nebeneinanders von Aggressivität, Destruktivität und Identifikation, wie auch dessen Endpunkt, die Konstitution der produktiven Phantasie[26]. Sie erinnern zwar noch an jene labile Beziehung zum Vorbild, die sich in Aschenbachs vergeblichem Streben nach Meisterschaft zeigt, doch insgesamt laufen sie auf eine Lösung aller Probleme hin. Bereits die Goethe-Essays des Jahres 1932 liefern deshalb im Rückgriff auf Studien über Fontane und Lessing die Muster, Bilder, Symbole und Leitworte für eine produktive Umsetzung des vorher nur Gewünschten oder allein theoretisch Skizzierten. Sie werden zu Formen der Selbstdarstellung, die Essay und fiktionales Werk miteinander verknüpfen.
Die Bedeutung dieser Orientierung läßt sich an einer zeitgenössischen Äußerung über Goethe erkennen, die Thomas Mann anläßlich der Ein-

---

[25] Starobinski, a.a.O., S. 237
[26] Finck, a.a.O., S. 108-117

weihung des erweiterten Goethe-Museums wiedergibt. »Ich staune nicht vor Goethe, sondern er gefällt mir darum so unendlich wohl, weil ich ihn begreife, mich in ihm spiegele, mich in ihm beständig wiederfinde, und zwar klarer und deutlicher und gefälliger als in mir selbst« (TMW 10; 328). So wird die essayistische Reflexion über das Vorbild zum Ausdruck einer »Liebe zu sich selbst«, die für den Autor Mann, wie er es schon früh entwickelt, nicht nur »Anfang aller Autobiographie«, sondern der »Anfang allen Schöpfertums« ist[27].
Daraus begründet sich schließlich, daß alle Äußerungen über Goethe nichts anderes sind als Äußerungen des Essayisten über sich selbst, der die früher seinen Künstlerfiguren zugeschriebenen Probleme zu lösen beginnt. Indem er den Konfessionscharakter des Goetheschen Werks betont[28], legt er auch klar, daß sich Goethes Leben dem eigenen vergleichen läßt. Am Beispiel der historischen Figur versucht er überdies, Erfahrungen seines Lebens zu zeigen, nicht von ungefähr erscheint die Werkgeschichte Goethes vorab als Bildungs- und Erziehungsgeschichte und als eine fortschreitende psychische Zivilisation und Territorialisierung des Bewußtseins: sie gründet gleichermaßen auf »Vernunfthöhe« und »Erziehungsgedanken« (TMW 9; 338, 340) und ist erst möglich durch eine psychologisch beschreibbare Wende des Lebens. Goethes Wort von der »Reproduktion der Welt um mich durch die innere Welt«, das die Schwierigkeiten des Künstlers bezeichnet, originell zu sein und doch verstanden zu werden, läuft in der Perspektive der Mannschen Essays auf ein genau umgrenztes Programm sozialer Kommunikation hin, das sehr eng mit seinem Selbstverständnis seit den dreißiger Jahren verbunden ist. Die lebens- und werkgeschichtliche Bedeutung von »Faust« und »Wilhelm Meister« für das Vorbild Goethe zeigen dem Essayisten, was bei ihm selbst Grund einer lebensgeschichtlichen Wende ist, die der »Zauberberg« im Gegensatz zum »Tod in Venedig« markiert: »wie der autobiographische, bekennerisch-selbstbildnerische Drang sich objektiviert, sich nach außen ins Soziale, ja Staatsmännische wendet und erzieherisch wird« (TMW 9; 340). Kein Zweifel, daß auch bei Mann dem »Egoismus des Traums« zunehmend »Antriebe sozialer oder, wenn man will, bürgerlicher Sympathie und Dienstwilligkeit entgegenstehen, damit es zum verwirklichten Werk komme« (TMW 9; 305).
Dieser Zug ins Bürgerlich-Repräsentative erscheint bisweilen als Distanzierung von den Problemkonstellationen des frühen Werks; in Wahrheit ist er alles andere als dies. Er ist vielmehr ein Versuch, die früheren Probleme mit neuem Selbstbewußtsein wieder aufzunehmen und zu lösen. Dies zeigt sich an zwei signifikanten Punkten. Erstens an der Überle-

---

[27] Mayer, Werk und Entwicklung, a.a.O., S. 136; TMW 10, a.a.O., S. 559
[28] Blume, Bernhard: Thomas Mann und Goethe, Bern 1949, S. 23

gung, Goethe und Tolstoi hätten in ihrem Lebenswerk, das bei letzterem nichts anderes ist »als ein mächtiges, durch fünfzig Lebensjahre hindurch geführtes Tagebuch, eine endlose, ausführliche Beichte« (TMW 9; 68), vor allem die Rolle des Unbewußten, des »Animalismus« (TMW 9; 94) betont, bei beiden sei Sexualität Voraussetzung künstlerischer Potenz, der Befähigung zur »Plastik«. Zweitens wird der Gedanke entscheidend, daß alle ästhetischen Produktionen ihren vollen Sinn erst dann bekommen, wenn man sie als Teil eines Lebenswerks versteht; entsprechend begreift der Essayist Goethes Dichtung wie seine eigene weniger als ein beständiges Neuentwerfen, sie ist für ihn vielmehr »ein Auf- und Ausarbeiten von Konzeptionen, die in die Frühzeit seines Lebens zurückgingen, die er durch die Jahrzehnte mit sich führte und mit dem ganzen Reichtum seines Lebens erfüllte, so daß sie Weltweite gewannen« (TMW 9; 293).

Von hier legitimiert sich die werkbestimmende Idee des Romans, der im Leben selbst gründet und aus der »Liebe zu sich selbst« hervorzugehen vermag (TMW 9; 69). In seiner Studie über »Goethe und Tolstoi« von 1921 wiederholt der Essayist eine kaum veränderte Passage, die bereits kurze Zeit nach dem »Tod in Venedig« in seinem »Vorwort zu dem Roman eines Jungverstorbenen« (TMW 10; 559) im Jahr 1913 fixiert ist. Das »romanhafte Leben« (TMW 10; 559; 9; 69) schlägt sich für ihn vorab als Autobiographie nieder, welche die psychologischen Voraussetzungen von Kunst zu enthüllen hat: die »Schicksalsfähigkeit«, die erst durch »Geist und Empfindung« zur Schicksalswürde werden kann (TMW 9; 72).

Diese Zuspitzung ist in der Tat signifikant; sie ist Vorgabe für eine Kunstübung, die ihre Bedeutung aus dem Bekenntnis des Persönlichsten gewinnt. Sie ist auch Voraussetzung für eine Lebensführung, die sich immer unverhüllter die Bedeutung der Selbstliebe eingesteht. Das frühere Maskenspiel des »Tod in Venedig« erweist sich von hier als eine überwundene künstlerische Form; die produktiven Phantasmen, die in der Venedignovelle dem Gesetz der Transformation unterworfen werden müssen, sind nunmehr offen eingestanden. Jetzt heißt es lapidar und selbstbewußt, die »größere Gnade« liege bei denen, »die niemand lieben können als sich selbst« (TMW 9; 173). Dieser Entwurf autobiographischen Schreibens steht in völligem Kontrast zu jener Bestimmung der Ironie und des Epischen, die bereits am Ende des frühen »Vorworts« und dann erst wieder auf einer späteren Lebensstufe zum Programm erhoben und bisweilen noch als Kennzeichen Mannschen Schreibens bezeichnet wird. »Denn der Trieb eines Menschen, sein Leben zu fixieren, sein Werden aufzuzeigen, sein Schicksal literarisch zu feiern und die Teilnahme der Mit- und Nachwelt leidenschaftlich dafür in Anspruch zu nehmen, hat dieselbe ungewöhnliche Lebhaftigkeit des Ichgefühls zur Voraussetzung, die, nach jenem klugen Wort, ein Leben ›romanhaft‹ macht – subjektiv, für den Erlebenden, aber auch objektiv, für die anderen, die Welt« (TMW 9; 69).

Zugleich liefert der Essay über »Goethe und Tolstoi« ein schlagendes Paradigma für jene Dechiffrierung des vermeintlich Objektiven mit Blick auf Subjektives, die der Text benennt und ernötigt: Goethe, der als Hatem spricht.

> »Du beschämst wie Morgenröthe
> Jener Gipfel ernste Wand,
> Und noch einmal fühlet *Hatem*
> Frühlingshauch und Sommerbrand« (TMW 9; 71)

Wiedererkennen und Selbstidentifizierung erscheinen als Figur des Goetheschen und des eigenen Werks zugleich. Und es mag eine Selbstberuhigung für den häufig mit Todesgedanken spielenden Essayisten sein, wenn ihm klar wird, daß die zum Werk umgesetzte Selbst-Identifizierung zugleich alle Spannungen löst, aus denen sie hervorgegangen ist: »Goethe tötete sich nicht, weil er den ›Werther‹ zu schreiben hatte – und einiges mehr« (TMW 9; 648).

Der mehr als zehn Jahre später verfaßte Essay über »Goethes Laufbahn als Schriftsteller« wird ebenfalls zu einer Einbruchsstelle lebensbestimmender Phantasien. Zwar ist er mitunter noch einem antithetischen Begriffsspiel verhaftet, doch zugleich setzt er alles daran, dieses durch die Wahl der beschreibenden Bilder aufzulösen. Lebensbilder und Körperbilder des Vorbilds sollen fraglos machen, was als Wunschbild ins eigene Bewußtsein des Essayisten drängt. Sonderbar genug gelingt dies zunächst nur dadurch, daß der Essay mit dem Bild des schreibend sterbenden Goethe beginnt. Die Wunschphantasie von Ganzheit, welche diesen Text prägt, erhält ihre Gewalt gerade durch das Bild ihres Gegenteils, durch die Beschreibung des zergehenden Körpers und des schwindenden Geistes, gleichwohl bewahrt das Schreiben des Sterbenden die »Träume [...] seines Bewußtseins«. Das Vorbild »bannte letztes Gedanken- und Erfahrungsleben, das ihm vielleicht als endgültige und höchst mitteilenswerte Erkenntnis erschien« und doch wohl nur »das Produkt hinüberträumender Schwäche« war, »in die Runen der Schrift« (TMW 9; 333). Im Bild des schreibend Sterbenden verschwindet in dessen trügerischem Wahn die Grenze zwischen dem Bewußten und dem Unbewußten. Das Schreiben wird als Runen-Schreiben dem Unbewußten, das Bewußtsein aber dem Traum zugeschlagen. Auch die Ironie ist Resultat dieser Vertauschung, ihre Herleitung aus der doppelten Kindschaft bei Geist und Natur dagegen eine begriffliche Bestimmung, die längst überwunden ist (TMW 9; 316 f.).

Diese Psychologisierung des großen Vorbilds wird zugleich eine Mythisierung, und diese ist wiederum nichts anderes als eine verhüllte Wunschphantasie Thomas Manns, der einen Persönlichkeitsmythos von sich selbst als dem Autor entwirft. Mit Blick auf Goethe wird er noch im Jahr 1948 in einem Text, der wohl nicht zufällig »Phantasie über Goethe« heißt, feststellen, daß das »obere Leitende« sich nur daran erweisen kann, daß durch den »Zufall« des inneren Lebensplanes (später wird er »unbewußte« Übung heißen) Leben und Werk miteinander verschränkt werden, »das Leben dem gleichsam präformierten, vorherbestimmten, aber auf bestimmte Wendungen des Lebens angewiesenen Werke diente« (TMW 9; 722). Diese Zuspitzung erklärt, warum sich als tatsächlicher Konvergenzpunkt aller Essays über kulturale und traditionelle Vorbilder wie auch der autobiographischen Essays und jener über Goethe eine scheinbar belanglose Studie ansehen läßt, die den Titel »Die Einheit des Menschengeistes« trägt. Es ist ein Text, der ursprünglich als Rezension zu Alfred Jeremias' »Handbuch der altorientalischen Geisteskultur« abgefaßt ist.
Die Studie über Jeremias ist ein Versuch, die im frühen Werk vorherrschende Haltung der persönlichen Identifikation und die später als Leitvorstellung entworfene Idee der Anpassung an ein vorgegebenes Erklärungssystem miteinander zu verbinden. Dabei kommt es zu einer durchgehenden Psychologisierung kultureller Phänomene wie der ganzen menschlichen Entwicklungsgeschichte. Der von der Rezension als zentrale Metapher des Schreibens gewählte »Urlaut der Kindlichkeit« (TMW 10; 754) zielt auf die Annahme, daß die Sprache des Unbewußten mit den kulturellen Einschreibsystemen zusammenzutreffen vermag. Damit deutet der Essayist nunmehr offen auf die Gewalt einer symbolischen Ordnung, die er sich sonst einzig als Qualität des ästhetischen Werks einzugestehen erlaubt. Allerdings zeigt sich noch hier ein Selbstschutz gegenüber den Erkenntnissen der Freudschen Psychoanalyse. Denn durchweg kommt es zu einer Verallgemeinerung; die psychische Entwicklung des einzelnen wird einem überindividuellen Entwicklungsroman des Menschen zugeordnet; dies ist ein Verfahren, das später im Josephsroman nur noch einen Teil der menschlichen Geschichte bestimmt (TMW 4; 496-501). Im Zusammenhang des so entworfenen strukturalistisch anmutenden Geschichtsbildes, das deutliche Parallelen zu Levi-Strauss aufweist, bleibt der Anteil bewußten menschlichen Handelns eigentümlich konturlos. Der Essayist spricht davon, daß das antike Ich wenig scharf umrissen gewesen sei, es »stand gleichsam nach hinten offen« (TMW 10; 755).
Gleichwohl ist der Essay ein Dokument dafür, daß der zunehmend unverstellter in die Selbstreflexion Thomas Manns eindringende Gedanke einer Einheit von Leben und Werk durch erste metapsychologische

Überlegungen vorbereitet und durch die spätere Berührung mit der Psychoanalyse ausgearbeitet ist, bevor er zur Vorstellung vom eigenen psychologischen Entwicklungsroman ausgefaltet wird. Voraussetzung dafür ist auch in der Rezension, daß das Thema von der Doppelnatur des Menschen, das den »Tod in Venedig« noch als durchgängigen inneren Konflikt strukturiert und unaufgelöst noch den »Zauberberg« bestimmt, unter einen einheitlichen psychologischen Gesichtspunkt rückt, aus dem schließlich eine neue Theorie des Schöpferischen entstehen kann. Dieser Sachverhalt ist kennzeichnend für die Wechselbeziehung von fiktionalem Text und Essay bei Thomas Mann. Alle Probleme des Schreibens beginnen sich für diesen Autor in dem Maß zu lösen, wie er eine Theorie der Produktion zu entwickeln vermag, mit der er sich selbst seine früheren Schwierigkeiten erklärt. Dabei rücken die Essays allerdings in die Nähe fiktionaler Argumentationstechniken. Deshalb vertauscht auch der Essay über die »Einheit des Menschengeistes« recht eigentlich Begriff und Sache, er gerät selbst zum vermittelnden Bild und entwickelt so die psychologische Behauptung von einer fortschreitenden Bewußtwerdung des Menschen durch rückwärtsgewandtes Denken und Handeln mit seinen Hinweisen auf Horus und Isis (TMW 10; 752), Kleopatra und Ischtar (TMW 10; 755); zugleich eröffnet er mit ihnen eine kulturgeschichtliche, philosophische und psychologische Dimension.

Eine Vertauschung von Begriff und Sache bestimmt den Essay schließlich in einem weiteren Sinn. Mit seiner psychologisch fundierten Theorie der Goetheschen Wiederholung hat er selbst teil an jenem psychisch begründeten Wiederholungszwang seines Verfassers, der zum deutlichsten Beleg für die Richtigkeit dieser Entwicklungstheorie wird. Vermittels seiner Annahme einer Ursprache des Menschen, seinem Entwurf eines Persönlichkeitsmythos, der in seiner Bestimmung des Charakters als eines mythischen Typus, der »wieder da« ist, einen Höhepunkt findet (TMW 10; 755), beschreibt der Verfasser der Studie auf einer Außenseite, was auf einer Innenseite seine früheren Texte schon immer bestimmt: die einende und trennende Kraft der Sprache des Unbewußten im familialen und sozialen Rollenspiel. Als autobiographische Selbstreflexion einerseits und als Geschichte des problematischen Künstlers andererseits stellen die fiktionalen Texte des »Gesang vom Kindchen« und des »Tod in Venedig« diesen erst sehr viel später begrifflich benennbaren Sachverhalt schon im Frühwerk dar.

4.2. Schöpferischer Entwurf

Blickt man auf die Abfolge der fiktionalen Texte von Thomas Mann, so läßt sich feststellen, daß sie häufig nach dem Muster von Spiel und Gegenspiel innerlich miteinander verknüpft sind; dies gilt für den Lotteroman und »Doktor Faustus« ebenso wie für den »Tod in Venedig« und den »Zauberberg«. Allerdings geht diese Beziehung weit über jene vom Autor offen eingestandene hinaus. Er selbst hat zwar den »Zauberberg« als komisches Gegenstück und »Satyrspiel« zum »Tod in Venedig« bezeichnet, doch die Verknüpfung dieser Novelle mit den übrigen Texten ist ungleich dichter.

Einerseits wiederholen sich die Themen des »Tod in Venedig« im Spätwerk »im Licht inzwischen gewonnener Erfahrung und mit ungleich breiterem Bezug«[29]. Nicht nur gewinnt das Dionysische im »Doktor Faustus« eine politische Dimension; obwohl dieser Begriff im späten Roman nicht ausdrücklich fällt, zeigen schon die Vorarbeiten, daß die Motive dieses Romans auf eine Umschreibung des Dionysischen hinlaufen[30]; überdies eröffnet die Homoerotik im »Doktor Faustus« auch einen traumatischen Rückbezug zum »Tod in Venedig«[31]. Damit erhält sich eine Konflikt- und Motivkonstellation vom »Kleinen Herrn Friedemann« aus dem Jahr 1897 bis ins Jahr 1947. Ebenso weit gespannt ist andererseits die Linie der Gegenentwürfe. Sie reicht nicht nur vom »Tod in Venedig« bis zum versuchten Gegenspiel des »Zauberberg«, sie umfaßt auch den Josephsroman, der vom Phantasma einer gelingenden Einheit von Werk und Leben bestimmt ist, und sie mündet schließlich in das Romanfragment der »Bekenntnisse des Hochstaplers Felix Krull«, das nach dem Höhepunkt mythologisierender Schreibweise wieder eine spielerische Vermittlung von Kunst und Leben anstrebt. Weil das Einsamkeitspathos, das »Krull« und »Faustus« verbindet, in Heiterkeit und Ironie aufgelöst wird[32], erscheint die Fortführung des »Krull« in späten Jahren als eine Befreiung von der Beklemmung, welche der Faust-Stoff auslöst und darstellt. Man könnte geradezu von einer »therapeutischen« Bedeutung jener Wiederaufnahme des »Krull« sprechen; die Illusion, die in ihm in Form einer »Utopie« erzählt scheint, läßt sich als Erfüllung eines Wunschtraums von Thomas Mann ansehen, dessen Bruchstücke bereits die Venedignovelle durchziehen[33].

In einem ausgeschiedenen Text zur »Entstehung des Doktor Faustus« wird die Wiederaufnahme des »Krull« unter anderem mit Blick auf den Gedanken der Lebenseinheit begründet[34]. Es liegt nahe, daß sich die

---

[29] Reed, Kommentar, a.a.O., S. 169
[30] Reed, Kommentar, a.a.O., S. 169; 179
[31] Heftrich, Eckhard: Zauberbergmusik. Über Thomas Mann, Frankfurt 1975, S. 31 und Anmerkung 100, S. 347; Thomas Mann, Tagebücher 3, a.a.O., S. 174
[32] Wysling, Hans: Thomas Manns Pläne zur Fortsetzung des »Krull«, in: TMS III, a.a.O., S. 149-166, da 165
[33] Wiese, Benno v.: Die ›Bekenntnisse des Hochstaplers Felix Krull‹ als utopischer Roman, in: Thomas Mann 1875-1975. Vorträge, a.a.O., S. 192/3
[34] Wysling, Hans: Archivalisches Gewühle. Zur Entstehungsgeschichte der »Bekenntnisse des Hochstaplers Felix Krull«, in: Scherrer/Wysling, TMS I, a.a.O., S. 234-257, da S. 246. Im Folgenden: »Archivalisches«

häufig bekundete Furcht vor einem Verlust der eigenen Würde, die sich bei Thomas Mann angesichts des Krullstoffes einstellt, auf diesen Gedanken der Lebenseinheit bezieht. Entweder scheint diese gefährdet, oder aber die wirkliche Einheit des Lebens droht dem Autor im Licht dieses Textes in einer Hinsicht zu erscheinen, die bis dahin nicht offen eingestanden wird. Dies fällt ins Gewicht, weil es sich beim »Krull« um den Text handelt, der als eine Imitation von »Dichtung und Wahrheit« die eigene soziale und künstlerische Rolle durch Nachahmung des großen Vorbildes sanktionieren soll[35]. Gerade von hier aus klärt sich die Bedeutung des Textes in der Lebens- und Werkgeschichte Thomas Manns, es wird andeutungsweise klar, warum dieser Stoff und Text den Autor fast ein Leben lang begleitet.

Während die erste Auseinandersetzung mit dem Hochstapler-Thema schon in das Jahr 1905 zu datieren ist, mithin vor dem »Tod in Venedig« steht, wird dieser Stoff, der Grundlage für zwei Fragment-Ausgaben ist, erst von 1951 bis 1954 wiederaufgenommen und unter Benutzung der frühen Notizen, die seinen Rahmen abstecken[36], ausgearbeitet. Wie kein anderes wird das Hochstapler-Thema immer wieder zugunsten anderer Projekte zurückgestellt, die als dringlicher und den jeweiligen Verhältnissen oder der eigenen Entwicklung angemessener empfunden werden. Ohne Zweifel geht der »Krull«-Text aus genauer Selbstbeobachtung hervor, er hat die vielen anderen erzählten Versuche, die Rolle der Kunst im eigenen Leben zu klären, zur Voraussetzung[37]. Es steht zu vermuten, daß die Gründe, aus denen er lange Zeit zurückgestellt wird, zugleich eine Aussage über die besondere Bedeutung des »Krull«-Stoffs für Thomas Mann erlauben. Denn der Blick auf dieses Werk eröffnet sowohl eine Beziehung zu den frühen Novellen als auch eine zum Josephsprojekt der dreißiger Jahre. Der »Krull« liefert wiederum eine neue Variante der Künstler-Bürger-Problematik, vergleichbar der, die insbesondere im »Bajazzo« und »Tonio Kröger« skizziert und im »Tod in Venedig« zugespitzt wird, bis sie in den Romanen der dreißiger Jahre, vor allem aber im »Faustus«, je unterschiedliche Fassungen erhält[38].

Damit reicht der »Krull«-Entwurf in eine Zeit zurück, in der sich Mann noch mit dem Plan des »Maja«-»Geliebten«-Stoffes befaßt. Es scheint, daß sich das Thema von »Illusion und Desillusion«, das den »Künstler als Erzeuger täuschender Illusionen« dem Hochstapler vergleichbar macht, in der Tat vom »Maja«-Stoff auf den Krull-Roman verlagert[39].

---

[35] Wysling, Hans: »Mythos und Psychologie« bei Thomas Mann, in: H.W., TMS III, a.a.O., S. 167-180, da S. 179
[36] Wysling, TMS III, a.a.O., S. 151
[37] Wysling, Hans: Krull als Narziß und Prospero, in: Text und Kontext 6.1/6.2 (1978) S. 275-299, da S. 276
[38] Jendreiek, a.a.O., S. 530
[39] Scherrer/Wysling, TMS I, a.a.O., S. 165

Nicht anders als im »Tod in Venedig« wird diese Frage auch dort mit Blick auf Schopenhauer abgehandelt, wie dies zu jener Zeit noch charakteristisch ist[40]. Auffällig ist zudem, daß gegenüber der ursprünglichen Charakteristik des »Krull« als eines Schelmenromans und gegenüber der Mythisierung der Krullfigur[41] die Künstlerthematik an Bedeutung gewinnt.

Der »Krull«-Text muß unter diesen Voraussetzungen als eine Lösung jener problematischen psychologischen Konstellation angesehen werden, die noch im »Tod in Venedig« dargestellt ist. Wenn man sich vor Augen führt, daß dieser Text auf einen Satz des »Bajazzo« hin gelesen werden kann, es gäbe »nur ein Unglück: das Gefallen an sich selbst einbüßen« (TMW 8; 138)[42], so sieht es aus, als behandelten der frühe wie auch der spätere Text allein die Frage des »Selbstgenusses der Persönlichkeit«[43]. Es besteht kein Zweifel, daß dieser Text unverhüllter und zugleich unmittelbarer als der »Tod in Venedig« aus einer Verschiebung vom Leben aufs Werk hervorgeht: »Benutzen der Erlebnisse« heißt dies mit Goethes Worten lapidar im neunten Notizbuch[44].

Die Voraussetzung des Krull-Textes aber konterkariert und löst zugleich jene Künstlerproblematik, von der im »Tod in Venedig« die Rede ist. Während dort der Künstler auf dem Höhepunkt seiner Integration in die Gesetze des Sozialen und der Kultur einer Versuchung anheimfällt, die alle jene Werte zerstört, geht es für den Autor des »Krull« gerade umgekehrt. In dem Augenblick, in dem seine Tagträume Wirklichkeit werden, der Erfolg und die erfüllte Liebe sich einstellen, das Leben zum bereitwillig angenommenen »Lebensdienst« gerät, der an die Stelle der Ungebundenheit die Verantwortung, an die Stelle der Homoerotik die Ehe setzt, kann sich das Illusionäre zwar nur noch im Werk behaupten, doch zugleich wirkt es von dort auf das Leben zurück. Denn vermöge des Werks wird es zu einer produktiven Kraft, welche die Grenze zwischen den Phantasmen und der fiktiven Wirklichkeit aufhebt und gleichermaßen die Kraft der Phantasie im wirklichen Leben beglaubigt.

Weil hinter der »Carriere eines Gottes«[45] eben jene Wünsche stehen, die ein ganzes Dichterleben bestimmen und dieses recht eigentlich erst schaffen, ist es auch nicht sehr wahrscheinlich, daß dieser Text zu einer Anpassung Krulls an die Realitätsanforderung hätte führen sollen, wäre dessen Geschichte je an ein »Ende gekommen«[46]. Der Hochstapler-Ro-

---

[40] Hermsdorf, Klaus: Thomas Manns Schelme. Figuren und Strukturen des Komischen, Berlin 1968, S. 69
[41] Wysling, Mythos und Psychologie, in: TMS III, a.a.O., S. 178/9; Jendreiek, a.a.O., S. 514
[42] Lukács Werke Band 7, a.a.O., S. 602; Jendreiek, a.a.O., S. 543
[43] Lukács, Werke Band 7, a.a.O., S. 601, 605
[44] Wysling, Notizen, a.a.O., S. 37
[45] Thomas Mann – Karl Kerényi, Gespräch in Briefen, Zürich 1960, S. 41
[46] Wiese, Bekenntnisse, a.a.O., S. 202

man, der die Themen eines vorangegangenen Werks und Lebens gleichermaßen aufnimmt, ist vielmehr ein lebensbegleitender Entwurf, ein Text » garnicht auf ein Je-damit-Fertigwerden angelegt, man kann daran immer weiterschreiben, weiterfabulieren, es ist ein Gerüst, woran man alles Mögliche aufhängen kann, ein epischer Raum zur Unterbringung von allem, was einem einfällt und was das Leben einem zuträgt«[47].
Unter diesen Voraussetzungen ist der »Krull« mit dem »Tod in Venedig« und den Notizen zu »Geist und Kunst« nicht nur motivisch verknüpft; die Geschichte des Hochstaplers schildert als Gegenentwurf zur Venedignovelle auch eine Geschichte der gelingenden Sozialisation. Sie folgt einem Phantasma, das seit den dreißiger Jahren in zunehmendem Maß fiktionale Texte und Essays des Autors Thomas Mann prägt. Dabei werden die motivischen Rückbezüge auf den »Tod in Venedig«, die insbesondere schon in den Vorarbeiten skizzierten Themen der Psychologie des Künstlers[48], der Sinnlichkeit[49], des Lebensernstes[50] und der illusionären Maja-Welt der Kunst[51] einem erzählten Lebenslauf zugeschrieben. Dieser setzt dem Lebensernst der frühen Künstlerfiguren, insbesondere der Novellen, ein befreiendes Lebens- und Sozialisationsspiel entgegen; zugleich unternimmt er dies mit Blick auf das große Vorbild Goethe, dessen Autobiographie »Aus meinem Leben. Dichtung und Wahrheit« er persifliert. Dabei erweist die ideale Sozialisationsgeschichte des »Krull« zum einen ein Herauswachsen des bewußten Lebens aus dem Kinderspiel, darauf beziehen sich einige Überlegungen in Manns Essays; zum anderen handelt Krulls Geschichte von einer Wechselbeziehung zwischen Wachzustand und Schlaf, Wachen und Träumen, wie sie bereits im »Tod in Venedig« dargestellt wird.
Daß Schlaf und Traum eine illusionäre Einstellung zur Wirklichkeit unterstützen, zeigen in deutlicher Parallele zu Thomas Manns »Kinderspielen« und zum fiktiven Tagtraum der Märchenbraut im »Gesang vom Kindchen« (TMW 8; 1070 ff.)[52] zuerst die Träume und Tagträume der Hauptfigur. Auch Krulls phantastische Existenz entspringt dem psychologisch motivierten Versuch einer Vertauschung von Sein und Schein. Seine Beobachtungen lassen sich mitunter kindlichen Wahrnehmungen vergleichen, sie beziehen sich weniger auf Personen als auf Gesten, äußerliche Eigenschaften und Attribute, von denen ihm eine magische Wirkung auszugehen scheint. Hier liegt der Grund für Krulls späteren Eindruck von der »Vertauschbarkeit« der Formen[53]. Die »Liebe zu

---

[47] Wysling, Prospero, a.a.O., S. 282
[48] Wysling, Narzißmus, a.a.O., S. 389
[49] Wysling, Narzißmus, a.a.O., S. 403, 414
[50] Wysling, Narzißmus, a.a.O., S. 404
[51] Wysling, Narzißmus, a.a.O., S. 417
[52] Wysling, Pläne, a.a.O., S. 158
[53] Lange, Victor: Zur Thematik von ›Felix Krull‹, in: Koopmann, Helmut: Thomas Mann (= Wege der Forschung CCCXXXV) Darmstadt 1975, S. 126-139, da S. 130/1

sich selbst« (TMW 7; 523; 10; 559f) beruhigt sich in diesem Text an der Erfahrung, daß »das erfinderische Leben die Träume unserer Kindheit zu verwirklichen – sie gleichsam aus Nebelzustand in den der Fertigkeit zu überführen weiß!« (TMW 7; 522). Die Investitur mit den »Insignien« des echten Venosta, die Krull seinen phantastisch erfolgreichen Lebenslauf ermöglicht, verkoppelt sein herbeigeträumtes Leben mit der magischen Formel des »Sei wie ich« im Kinderreim (TMW 7; 525). Überdies beweist seine »Pan-Erotik«, daß er, um ganz so zu sein, wie er will, nur zu erhalten braucht, was er einmal war. Daß solche Übereinstimmung von Eros und Illusion zum schöpferischen Bild des eigenen Lebens werden kann, bestätigt andernorts auch Krulls Autor (TMW 11; 705; TMW 8; 1070 ff.)[54]. Für ihn wie für seine Figur unterstehen alle auf die Realität gerichteten Wunschphantasien dem Gesetz der Regression. Begriffslos vermag Krull dies selbst zu bestätigen (TMW 7; 315).

Die regressiven Phantasien dieses »phantastische(n) Kind(es)« (TMW 7; 271), das alles auf die »Unabhängigkeit und Selbstgenügsamkeit« seiner Einbildungskraft setzt (TMW 7; 272), führen aber nicht nur zur massiven Störung der Realitätswahrnehmung einerseits und zum Vermögen einer körperverändernden Autosuggestion andererseits. Krull wird auch die Fähigkeit zugesprochen, Phantasie und praktische, experimentelle Vernunft aufeinander zu beziehen. Schon als Kind ist er gewohnt, die Wirklichkeit nur im Spiegel seiner Phantasien und in der Verklärung durch seine Tagträume wahrzunehmen, sucht er ganz bewußt nach der phantastischen Konstruktion, die ihn in die Lage versetzen könnte, sich der Realitätsanforderung gegenüber erfolgreich zu behaupten.

Ohne Zweifel wiederholt diese mit Krull demonstrierte »Psychologie der unwirklich-illusionären Existenzform« (TMW 11; 122) ein authentisches »vernünftiges Märchen« (TMW 11; 118), das Thomas Mann mit der eigenen Lebens- und Ehegeschichte erlebt zu haben glaubt, zumindest aber rekonstruiert sie das frühere Erleben dieser Situation.

Es gilt, sich klarzumachen, daß dieser manifeste autobiographische Bezug zugleich konsequenter Gegenentwurf zur Geschichte Gustav Aschenbachs ist. Krull, dessen narzißtisch besetzte Tagträume durchweg zur Erfüllung und zum Leben ausschlagen, vollzieht träumerisch erinnerte Erlebnisse seines Verfassers nach und beglaubigt sie durch die Geschlossenheit und Überzeugungskraft der fiktiven Autobiographie (TMW 10; 201; 8; 1070/1). Was diesem einst unmittelbares Erleben war, vermag sich allein im Werk als phantastische Wirklichkeit zu erhalten. Zugleich greift der späte Text, der jene Phantasien bewahrt, tiefer, er berührt ihre Genese im Unbewußten. Auch Krulls Begabung zu sexueller Liebe, seine Fähigkeit zur Liebeslust wird aus einem Rückbezug herge-

---

[54] Wysling, Pläne, a.a.O., S. 157

leitet, der Jüngling wiederholt Gefühle seiner frühesten Jugend (TMW 7; 270). Obwohl sexuelle Lust schon immer in seinem Innenleben eine »beherrschende Stellung« einnimmt, verbleibt er dennoch »in diesem Stande geistiger Unschuld, mit welchem die Lebhaftigkeit meiner Sinne so wenig übereinstimmte« (TMW 7; 312). Gerade weil er schon als Säugling an der Brust seiner Amme die eindeutigsten Zeichen von Gefühl an den Tag legt, ist seine Befähigung zur Lust lange Zeit nicht an ein bestimmtes Objekt gebunden, sie verbleibt im regressiven Stadium jener ersten symbiotischen Beziehung; noch später zeigt sich, daß er allein auf bestimmte sexuelle Reize, nicht aber auf Personen fixiert ist. Ebenso sind seine späteren sexuellen Objektbeziehungen von inzestuösen Gefühlen und Erinnerungen an eine vorödipale Mutter-Kind-Symbiose überlagert, die sich zu den intrauterinen Phantasien von Thomas Manns früher Studie »Süßer Schlaf« in Beziehung setzen lassen. Die »Werbung um Objektliebe« ist völlig durch die Anziehungskraft einer narzißtischen Libido besetzt, Krulls Phantasien lassen ihn in die »Mutter-Kind-Dyade« regredieren[55]. Damit ergibt sich eine Parallele zu Manns Essay »Süßer Schlaf«. Obwohl Krull über sich sagt, daß er »so lange unwissend und unschuldig, ja eigentlich zeit [...] Lebens ein Kind und Träumer« blieb (TMW 7; 315), erscheinen seine Träume wie jene Josephs im Verlauf seiner Lebensgeschichte als eine »Bereitstellung der schicksalsentscheidenden Faktoren«. Sein Versuch einer Rekonstruktion ursprünglicher kindlicher Objektbeziehungen macht ihn in letzter Konsequenz zum Lebensdienst »unfähig« (TMW 7; 314), andererseits versetzt ihn gerade seine »außerordentliche Neigung und Begabung zum Schlafe« (TMW 7; 270) in die Lage, Wunschträume zu entwerfen, die durch ihr späteres Gelingen die Grenze zwischen Illusion und Realität im fiktiven Zusammenhang aufzuheben scheinen[56]. Ebendies erweist sich als Erfüllung der Sehnsucht eines Dichters, dessen Gestalten mitunter »Menschen des Traums« sind, so wie sie seinen eigenen Träumen entspringen. Die erzählte bruchlose Symmetrie von Traumwelt und Wirklichkeit überwindet den Gegensatz zwischen dem Unbewußten und dem Bewußten, zwischen dem Schrecken der eigenen Natur und der kontrollierenden Vernunft, der als Widerspruch zwischen dem Apollinischen und Dionysischen nicht nur den »Tod in Venedig«, sondern auch spätere Texte bestimmt.
Diese Konstellation prägt zugleich die erotischen Phantasien und Beziehungen Krulls. Schon im Zentrum seiner Träume in Frankfurt, die sich vor der Kulisse von Zivilisation und Luxus, mithin in einem breiten Feld von Kulturisation erheben, steht das Bild eines männlich-weiblichen

---

[55] Wysling, Prospero, a.a.O., S. 282
[56] Wysling, Pläne, a.a.O., S. 157

Zwillingspaares, das zum Auslöser eines weiterreichenden Traumes wird, der unmittelbarer das unbewußte Wünschen berührt[57]. Dieses Doppelbild bezeichnet Krull, als wäre er Psychologe, als »Liebesträume, Träume des Entzückens und des Vereinigungsstrebens« (TMW 7; 346). Seine Liebe zum männlich-weiblichen Geschwisterpaar läßt sich als Lösung jenes lebenszerstörenden homoerotischen Konfliktes betrachten, der noch die Kultur von Aschenbachs Leben zerstört. Überdies hat die Wirkung der »lieblichen Zweiheit«, die Begründung der Schönheit »im Doppelten«, einen doppelten Grund (TMW 7; 346). Die Liebe zum Sehnsuchtsbild der Geschwister-Dyade ist Doppelliebe und spannungsfreie Objektliebe zugleich. Sie behandelt den heterosexuellen und den homosexuellen Affekt als gleich, obwohl der letztere ohne Zweifel tiefer ins Unbewußte der Figur wie ihres Erfinders reicht.

Die erotische Konstellation löst sich auch deshalb in eine Pan-Erotik auf, weil Krull selbst die Grenzen »zwischen Mann und Frau, Kind und Erwachsenem« freischwebend überspielt[58]. Alle sexuellen Beziehungen erhalten Spielcharakter, weil es keine feste sexuelle Orientierung mehr gibt. Homoerotische Verführung, so am Beispiel von Monsieur Stürzli, und heterosexuelle Verführung, so am Beispiel von Madame Houpflé, erscheinen als symmetrisch. Und während die vermeintliche Dichterin Houpflé in Krull noch den Knaben, dieser in ihr aber die Mutter liebt, wird er später mit Senhora Maria Pia und Zouzou Mutter und Tochter zugleich lieben.

Dazu kommt noch ein weiteres. Krulls Beziehung zu Madame Houpflé steht nicht nur im Zeichen des Traums, und sie löst nicht nur frühere Diskurse über Geist und Sinnlichkeit in einer Spielszene auf. Madame Houpflé weist Krull auch die Rolle des Hermes zu und trifft damit dessen unbewußte Rollenphantasien. Zugleich wiederholt sich in dieser gespielten Rollenzuweisung durch die Figur der Verführerin die erzählerische Rollenzuweisung durch den Autor; sie stellt nicht nur eine Verbindung zwischen »Joseph« und »Krull« her, sondern weist auch zurück auf die mythologische Überformung der Tadzio-Figur im »Tod in Venedig«. Allerdings wird Krull eine mythische Rolle zugewiesen, die er um des Spiels willen und im Bewußtsein des Spiels sofort nachspielt, während Aschenbach in seiner Orientierung an mythischen Bildern zugrunde geht, die mythische Rolle im »Joseph« von seinem Protagonisten aber erst bewußt geschaffen wird.

Zugleich ist Krull Künstler. Gerade die naive Selbstverständlichkeit seines Rollenspiels, die ihn von Aschenbach wie von Joseph unterscheidet, wird im späten Werk als schöpferisch dargestellt: Krulls »Spiel des Wil-

---

[57] Wysling, Prospero, a.a.O., S. 283
[58] Wysling, Prospero, a.a.O., S. 278

lens« ist immer zugleich »Herrschaftsvision«[59]. Die erotisch-mythologisch geprägten Tagtraum-Phantasien der Houpflé lassen sich deshalb nicht nur als Wiederaufnahme, sondern auch als Persiflage von Aschenbachs gebildet überformter wirklicher Verzückung ansehen. Denn mit ihrer Rede über die Schönheit des »Standbildes« (TMW 7; 444) zitiert die beschwingte »Diane« offen Aschenbachs Platon-Paraphrase, mit dem Unterschied, daß sie sich erregt, womit jener sich zu beruhigen versuchte[60]. Die erotischen Phantasien der Frau, die mythologischen Bilder und die Bilder und Worte des Tagtraums, mit denen sich Krull längst sein Verhalten zugesprochen hat, fallen hier bruchlos in eins.

Die heterosexuellen Beziehungen und die homosexuellen und inzestuösen Phantasien Krulls, die Aschenbachs homoerotischen Konflikt im nachhinein nur als eine mögliche Spielart der Liebe erscheinen lassen, gehen nunmehr von einem Ich aus, dessen Narzißmus nicht nur eingestanden, sondern zugleich zu einer schöpferischen Kraft verklärt wird. Die konfliktreiche Beziehung von Homoerotik und Narzißmus im »Tod in Venedig« wandelt sich in der Geschichte Krulls zu einer lebenserhaltenden und befreienden Kraft.

Diese erweist sich in der unbewußten Wahrnehmung ebenso wie in den Äußerungsformen der Kulturisation. Immer wieder berichten die Krull zugeschriebenen Liebesgeschichten von Zuständen wortloser Verständigung, seine Beziehung zu Rozsa wird als wortlose Verschmelzung dargestellt, häufig treten Blicke, Mimik und Gestik als eine Sprache des Unbewußten an die Stelle gesprochener Sprache, das Auge wird zum Symbol einer Verständigung, die der Sprache nicht bedarf (TMW 7; 348). Ohne Zweifel liegt Krulls Verführungskraft zu einem guten Teil im Wortlosen: »Denn das Wort ist der Feind des Geheimnisvollen und ein grausamer Verräter der Gewöhnlichkeit« (TMW 7; 377) heißt es an exponierter Stelle.

Doch anders als im »Tod in Venedig«, im »Zauberberg« und im »Faustus« stehen die Ausdruckssysteme des Blicks, der Mimik, der Gestik, der Rede und des Schreibens im »Krull« nicht in spannungsvoller Konkurrenz zueinander, sondern sie ergänzen sich[61]. Die Sprache des Unbewußten und jene der Vernunft, Schweigen und Sprechen greifen ineinander und erweisen ihre tiefgreifende Symmetrie. Schweigend entwickelt sich die Beziehung zwischen Krull und Rozsa wie die Verführungsmacht zwischen ihm und Stürzli; redend verführt der Hochstapler Zouzou, schreibend nimmt er die Rolle des wirklichen Venosta ein (TMW 7; 624) und im Aufzeichnen seiner Autobiographie entwirft er die Gewalt des narzißtischen Ich über die Wirklichkeit. Krulls fiktive Autobiogra-

---

[59] Lange, a.a.O., S. 132
[60] Frizen, a.a.O., S. 64
[61] zur Bedeutung des Blicks vgl. Reed, Kommentar, a.a.O., S. 33

phie verbürgt, wie das »Kinderspiel« Wirklichkeit wird. Sein Schreiben und Reden verknüpft das Rollenspiel und Kinderspiel mit dem Spiel einer Phantasie, die ebenso wie die phantastische Existenz der Figur des narzißtischen Antriebs als einer produktiven Kraft bedarf. Dies ist die Überwindung der früheren Künstlergeschichten, die allesamt Leidensgeschichten sind. Wo die vorangehenden Künstlergestalten entweder an der widerstrebenden Realität oder an der Macht ihrer hervordrängenden Phantasien und Wünsche zerbrechen, vermögen in der Geschichte Krulls scheinbar ohne Grenze Leben, Traum, Tagtraum und kindliche Spielphantasien eins zu werden.

Krulls autosuggestive Verwandlung in der Musterungsszene, sein Tennisspiel und seine vielen redenden Verführungsspiele wiederholen nur im erzählten Text, was dessen tatsächliche Bedeutung für den Autor ausmacht. Weil das narzißtische Rollenspiel des »Krull« zugleich Erzählspiel ist, erweist es sich als eine jener Zuschreibungen, die über den Text hinaus auf seinen Erzähler und dessen Phantasie vom Triumph des schöpferischen Traumes über die Realität deuten (TMW 7; 489)[62].

So erweist sich der Krull-Text nicht nur als eine psychologische Rückkehr des Autors zu den Ursprüngen des Selbst, sondern zugleich als eine solche zu den Anfängen des eigenen Werks und den Mythen des Anfangs, die frühere Vorstellungen vom eigenen Künstlertum prägen. Es ist sicher kein Zufall, daß Venosta den Doppelgänger Krull als »Zauberer« bezeichnet, ihn mit dem Attribut belegt, das die Kinder Manns ihrem Vater-Autor verliehen hatten[63]. Die Verwandlung der Realität durchs illusionäre Erzählen im »Krull« erscheint als eine materielle Verwandlung der Welt im und durchs Sprechen nicht allein für Krull selbst[64].

Damit ist das Erzählen einerseits Ergebnis einer Verschiebung authentischer Konflikte und Wünsche aufs Werk, andererseits leistet es schon deren Transformation. Im selbsterfundenen Leben Krulls verwandeln sich nicht nur die regressiven narzißtischen Grundlagen des Redens und Schreibens in eine produktive Kraft; das Romanfragment erzählt auch von einer phantastischen Ich-Konstitution, die an keiner Stelle mehr in Frage gestellt werden kann, weil sie im Erzählen verbürgt ist. In der Bedeutung des Redens und Schreibens der Hauptfigur bestätigt sich exemplarisch die Bedeutung des Erzählens für den Autor Thomas Mann. Die Freiheit der Phantasie, die Krull erlebt, seine Entscheidung »zugunsten des freien Traumes und Spieles [...] von Gnaden der Phantasie« (TMW 7; 489) wird zum Programm eines Erzählers, der im Schreiben nicht mehr nur Konflikte bewahrt und ihre Bruchstellen deutlich hervortreten

---

[62] Wysling, Prospero, a.a.O., S. 209
[63] Jendreiek, a.a.O., S. 541; Wiese, a.a.O., S. 200; Wysling, Prospero, a.a.O., S. 290; Thomas Mann, Briefe l, a.a.O., S. 217, 219
[64] Wysling, Prospero, a.a.O., S. 290

läßt, sondern ins Spiel verwandelt, was ihm widerfahren ist und was er noch zu erfahren wünscht. Die Doppelliebe zu Mutter und Tochter, die am Ende jenes späten Romanfragments steht und die nicht weniger gesellschaftlich tabuisiert ist als jene homoerotische Neigung, von welcher die Geschichte Aschenbachs erzählt, belegt, daß das Romanfragment des »Krull«, dessen Anfänge vor die Zeit des »Tod in Venedig« zurückgehen, die Konzeption der Venedignovelle schließlich weit überholt. Denn während jener frühe Text nicht nur die Künstlerproblematik, sondern auch eine authentische psychologische Konstellation im Erzählen verarbeitet und zugleich entschärft, gewinnt das Erzählen im »Krull« eine andere Dimension. Es erweist sich als eine Methode des Lebens, die das Wünschen nicht dadurch kontrolliert, daß sie es allein in kulturelle Bilder verwandelt. Vielmehr befreit das Erzählen durch eine produktive Transformation des Authentischen das Wünschen und beraubt das Unbewußte seines Bedrohlichen: was der Autor zu erleben sich versagt und wovon er offen nicht zu sprechen vermag, kann er gleichwohl als Geschichte erzählen. Erst am Ende eines Lebenswerks vermag der Erfinder so vieler Künstlergeschichten die Bedeutung der eigenen Geschichte als Künstler zu erkennen und sich erzählend in der Wirklichkeit zu behaupten.

5. Zugänge

Der unmittelbare Zugang zum »Tod in Venedig« wird durch die Fülle der Literatur über Thomas Mann und über diese Novelle nicht unbedingt erleichtert. Es ist daher durchaus sinnvoll, sich dem Text über seine filmische Umsetzung zu nähern; sie ist im übrigen auch ein aufschlußreiches Dokument seiner Wirkungsgeschichte. Obwohl es einige Kritiker in Zweifel zu ziehen versuchen[1], ist Viscontis Film über den »Tod in Venedig« nicht nur eine eigenständige Interpretation der Venedignovelle; er ordnet diese auch in angemessener Weise dem Gesamtwerk Thomas Manns zu. Neben der überzeugenden Visualisierung des Erzählten bringt er überdies nicht minder schlüssig das Medium der Musik ins Spiel, das Thomas Mann selbst zur Ausarbeitung seiner späten Kunsttheorie im Erzählen heranzieht.

Die unterschiedlichen methodischen Ansätze zur Interpretation der Novelle, die bislang vorliegen, belegen unter je verschiedenem Blickwinkel die genaue Disposition des Textes, die es vor jeder weiterführenden Deutung zu beschreiben gilt, sie lassen sich zudem allesamt unter einer psychologischen Lesart zusammenfassen, welche ins Zentrum des Schreibens von Thomas Mann weist; auch das Umfeld der übrigen fiktionalen, essayistischen und autobiographischen Texte Thomas Manns belegt die Bedeutung des Schreibens als einer lebenserhaltenden Kunstübung für den Autor.

5.1. Filmische Interpretation

Die Verfilmung des »Tod in Venedig«-Textes durch Luchino Visconti ist nicht allein eine Umsetzung in ein anderes Medium, die ihren eigenen Gesetzen untersteht, sondern sie ist auch eine Interpretation des Novellentextes und seiner Beziehung zum Gesamtwerk Thomas Manns. Die grundsätzliche Schwierigkeit, welche die Wiedergabe von diskursiven Passagen und Erzählerkommentar einerseits, von erlebter Rede und unbewußter Wahrnehmung der Figur andererseits für den Film aufwirft, hat Visconti nicht nur durch die Stringenz seiner Bildfolgen überwunden, er hat zudem diese und die Filmmusik so überzeugend miteinander

---

[1] vgl. dazu Mayer, Hans: Thomas Mann, Frankfurt 1984 (= st 1047) S. 382; Reed, Kommentar, a.a.O., S. 173/4; Vaget, a.a.O., S. 171 f.

verknüpft, daß ein Netz von neuen Beziehungen aufscheint; dieses umgreift das durch die Erzählung vorgegebene Bedeutungsgewebe und erweitert es zugleich.
Einsichtig ist es, daß aus dem Schriftsteller Aschenbach im Film ein Musiker wird, denn gerade so kann durch die Verknüpfung optischer und akustischer Signale die innere Disposition Aschenbachs noch schlüssiger dargestellt werden, die im Text zumeist Gegenstand des Erzählerkommentars oder der vom Erzähler beschriebenen inneren Wahrnehmungen Aschenbachs ist. Sachlich überzeugend ist es auch, daß Visconti vor allen Dingen die Musik Mahlers ins Zentrum rückt; abgesehen davon, daß man Mahler zumindest als eines der authentischen Vorbilder für Thomas Manns Figur des Gustav Aschenbach ansehen muß. Die Musik Mahlers repräsentiert die Spätphase und Endzeit einer musikalischen Tradition und Ordnung; Mahlers Werk bewegt sich auf der Grenze zwischen romantischer Tradition und moderner Musik; und gerade deshalb ist der Komponist nicht nur dem authentischen Thomas Mann vergleichbar, der als Autor Formen des traditionellen Erzählens bewahrt und zugleich neue Schreibweisen kennt und aufnimmt, er rückt auch überzeugend in die Nähe der Novellenfigur Gustav Aschenbachs, die ihr Stilideal der Klassizität und erreichten Meisterschaft gegen die neuen Darstellungsformen ihrer Zeit und gegen eine in ihr selbst aufbrechende Sehnsucht nach einem neuen Schreiben verteidigt.
Aus der Umdeutung des Dichters Aschenbach in einen Komponisten und aus der Stilisierung seiner Geschichte nach dem Vorbild Mahlers ergibt sich zugleich die überzeugende Ergänzung und Perspektivierung der Textvorlage, die Visconti vornimmt. Die in den Film eingefügten Gespräche über die Kunst, die zu einem Teil als Rückblenden auf Gespräche Aschenbachs mit einem von Visconti erfundenen Freund Alfried, zum anderen aber als eine Aschenbachs Handlungen begleitende Stimme aus dem Off vorgestellt werden, reichen nunmehr von den im Text der Venedignovelle wiedergegebenen platonischen Dialogen bis hin zu einer an Adorno orientierten Philosophie der modernen Kunst und Musik, die Passagen eines Gesprächs zwischen Adrian Leverkühn und seinem Freund Zeitblom im Kapitel sieben des »Faustus-Romans« wiedergibt (TMW 6; 65-67). Ohne Frage ist es gerechtfertigt und naheliegend, die im »Tod in Venedig« vorgestellte psychologische und ästhetische Problematik mit jener im »Faustus«-Roman zu verbinden, denn diese ist ohne Zweifel eine Wiederaufnahme und Potenzierung des im Frühwerk schon Skizzierten.
Viscontis filmische Interpretation des »Tod in Venedig«-Textes entwirft aber nicht nur eine Linie, die auf das spätere Werk Thomas Manns vorausweist. Durch das spezifisch filmische Verfahren der Rückblende erschließt sie zugleich eine Linie zurück. Denn vor allem die Rückblenden

dechiffrieren die familiale und künstlerische Vorgeschichte Aschenbachs in Venedig, sie ziehen dabei eine familiale Konstellation deutlich aus, die der Text nur peripher erläutert, deren Folgen er aber ebenfalls schon zeigt. Diese Ausweitung des Textes in doppelter Richtung erlaubt es dem Film, sich auf die venezianische Geschichte von Aschenbach zu beschränken und die für die Exposition des Textes notwendige Vorgeschichte in München beiseite zu lassen. Diese Konzentration wiederum verleiht den Bild- und Tonsequenzen des Films ihre besondere Dichte und schlagende Evidenz.

Ungleich deutlicher als in der erzählenden Beschreibung erscheint schon Aschenbachs Fahrt nach Venedig als Reise in einen Zwischenbereich. Das Verschwimmen der Grenze zwischen Meer und Himmel, das die erste Bildeinstellung zeigt, in welcher sich das Schiff mit Aschenbach offenbar im Morgengrauen der Stadt Venedig von See her nähert, greift die vielen Zustände der Desorientierung auf, die der Protagonist der Novelle erlebt und die er bisweilen auch als Raumverlust erfährt. Das Wolken- und Lichtspiel des Himmels, das die Kameraeinstellung in den Vordergrund schiebt, korrespondiert dabei recht genau jener geschriebenen Schilderung eines Sonnenaufgangs, die der enthusiasmierte Aschenbach im vierten Kapitel wahrnimmt, in dem der Erzähler in Anlehnung an Homer von der rosenfingrigen Eos spricht (TMW 8; 495/6). Schon die erste Bildeinstellung nimmt damit eine Wahrnehmungssituation auf, in welcher sich für den träumenden Aschenbach die »zarten Farben« seines Traums, seine geheimen Wünsche und ihre mythologischen Konfigurationen ununterscheidbar miteinander verbinden. Das Filmbild zeichnet diese träumerische Entstellung des Wirklichen durch die Wahrnehmung Aschenbachs vermittels jenes durch die Kamera eingefangenen Naturbildes nach und weitet es zugleich aus. Der Rauch des Dampfers verbindet sich ohne Grenzmarkierung mit den Umrissen des Landes und der Wolkenformationen, und während so die Grenze zwischen Natur und Zivilisation zu verschwinden scheint, taucht die Silhouette von Venedig als orientalisches Märchenbild aus der See auf. Zudem simuliert die Kameraführung, die den Blick Aschenbachs über das weiße Sonnensegel des Vorschiffs hinweg auf das Land nachstellt, die Vorstellung, als dringe ein weißes Fabelwesen, ein weißer Wal oder ein Eisberg in das Dunkel des Horizonts. Es scheint, als werde im Bild jener Satz aus dem ersten rückgeblendeten Kunstgespräch optisch umgesetzt, in dem es heißt, daß die Künstler Jäger sind, »die im Dunkeln etwas anvisieren«. Die von dieser Bildeinstellung ausgehende Symbolik der Farbe Weiß, die häufig auch im Kontrast zu Schwarz und Dunkel gezeigt wird, verbindet überdies eine Kette von Bildeinstellungen, deren Symbolkraft der Eindringlichkeit der Farbe »Rot« in Thomas Manns erzähltem Text in keiner Weise nachsteht. Von auffälligem Weiß ist

Aschenbachs Kleidung immer dann, wenn er sich in das unbekannte Venedig und in die Abgründe seiner eigenen Leidenschaft verliert, von blendendem Weiß der Mantel jenes Friseurs, der ihn verjüngt und schminkt und den eine Bildeinstellung bei Aschenbachs erstem physischen Zusammenbruch in Venedig als Gestalt im Hintergrund zeigt. Auffällig weiß auch ist Tadzios Obergewand, wenn er zum Dinner erscheint, nachdem sich Aschenbach offenbar über sein Gefühl klargeworden ist. Es ist kein Zufall, daß dieses Weiß, das Verführung und Unschuld, Aufbruch und Tod zugleich bedeutet, Hochzeits- und Sterbegewand offensichtlich in einem ist und in deutlichem Kontrast zum schwarzen Abendanzug Aschenbachs steht, zur Uniform der Gesittung, die dieser bei seinem Scheitern als Musiker ebenso trägt wie bei den Hoteldinners und beim Auftreten der Musikanten auf der Hotelterrasse, das ohne Zweifel einen Wendepunkt der Filmerzählung darstellt.
In auffälligen Kontrast zu dieser Kette von weißen Motiven rückt auch eine der letzten Bildeinstellungen, in welcher Jaschu und Tadzio auf einer ungeheuer großen leeren Sandfläche wie zwei kleine schwarze Gestalten erscheinen, die sich zu einer mythologischen Veranstaltung niederknien.
Ohne Zweifel ist die Symbolik von Weiß und Schwarz mit der Kette der Todessymbole verbunden, welche die Filmerzählung ungleich dichter durchziehen als die Novellenvorlage. Der schwarze Schrankkoffer Aschenbachs, auf dem in silbernen Lettern das Kürzel AvA angebracht ist, erscheint in einer kurzen eindringlichen Bildeinstellung wie ein Sarg; das Motiv der sargähnlichen Gondeln, das auch der Text aufnimmt, wird hierdurch noch unterstrichen. Und ebenso wie im erzählten Text zeigen die Bildsequenzen des Films eine Abfolge von Todeskonfigurationen. Sie beginnt mit dem geschminkten Alten, der bei der Ankunft in Venedig auftritt, sie fährt fort mit dem Gondoliere, und sie erhält durch das Bild eines sterbenden einfachen Mannes im Bahnhof eine ergänzende Szene, die der Text der Novelle nicht aufweist. Unmittelbar dem Duktus der Erzählung folgt der Film auch in der Zeichnung Tadzios, der immer mehr die Züge eines Todesengels annimmt; optisch sinnfällig wird dies vor allem dadurch, daß die Szene, in der ihn Aschenbach durch Venedig verfolgt und in welcher er schließlich im Rauch der Desinfektionsfeuer verschwindet, durch ihre Farben der Schlußeinstellung des Films vergleichbar ist, in welcher Tadzio in einem dunstigen Gegenlicht zu verschwinden scheint, das keine Grenze zwischen Meer und Himmel mehr erkennen läßt. Auffällig genug auch erscheint gegen Ende des Films die fahle Blässe von Tadzios fast in der Totalen gezeigtem Gesicht, die in deutlichem Kontrast zu Aschenbachs Aussehen steht, der sich zu diesem Zeitpunkt vom Friseur hat schminken und verjüngen lassen.

Die entscheidende Leistung des Films beruht jedoch nicht auf diesen Nachzeichnungen, sondern auf der Ausfaltung und Deutung des Todesmotivs. Das Schiff, das Aschenbach wie ein Totenschiff nach Venedig bringt, heißt Esmeralda, und die Bordellszene, die im Zentrum des Films steht, läßt keinen Zweifel an der Ernsthaftigkeit dieser Anspielung. Beide Einstellungen weisen auf den späten Roman des »Doktor Faustus«, in welchem sich der Musiker Adrian Leverkühn mit der Syphilis bei einer Prostituierten infiziert, die den Namen Esmeralda trägt. An diese, die ihren Namen im Roman von einer Schmetterlingsart herleitet, erinnert auch ein optisches Signal. Als Aschenbach Tadzio durch Venedig verfolgt, verharrt die Kamera für Sekunden auf seinem Hutband, das nun nicht mehr schwarz, sondern rot-schwarz ist und an einer Seite die Form eines Schmetterlings assoziieren läßt. Damit verknüpft sich der Film einem Bezugsfeld, das differenziert und mehrschichtig ist. Denn die tödliche Infizierung im späten Künstlerroman ist der Preis, den der Teufel Adrian Leverkühn für die Befähigung zum genialen Produzieren abverlangt. Das Motiv der Esmeralda ist nicht nur Zeichen des Todes, sondern auch eines für höchste Produktivität; nicht ohne Grund ist die Klangchiffre h-e-a-e-es als Kürzel für die Bezeichnung »hetaera esmeralda« allen Kompositionen Adrian Leverkühns eingeschrieben.
Die Einfügung der Bordellszene in die Handlung des »Tod in Venedig«, die manchem Kritiker des Films als problematisch erscheint, gewinnt durch diesen Bezug ihre genaue funktionale Bedeutung. Es ist nur folgerichtig, daß diese mit Hilfe der Filmmusik klar konturiert wird. Sowohl die Prostituierte im Bordell wie auch Tadzio im Hotel spielen eine Melodie Beethovens, die als »Für Elise« bekannt ist, in Wahrheit aber wohl »Für Therese« heißen muß[2]. Die Auswahl gerade dieses Musikstücks erscheint angemessen, denn hier handelt es sich um eine sehr private Komposition Beethovens, deren Autograph überdies außer dem Beethoven-Biographen Ludwig Nohl[3] niemand gesehen hat. Gerade diese apokryphe Herkunft unterstreicht die Bedeutung der Musik im Film; sie ist in dieser Form bereits durch den Text Thomas Manns vorgegeben. In der Venedignovelle sind die wenigen erzählten Anspielungen auf die Musik, insbesondere das orgiastisch musikalische Ritual in Aschenbachs letztem Traum, Hinweise auf ein Hervorbrechen des Unbewußten und ein Zurücktreten der Sprache der Kultur und der Vernunft. Gerade dieses Motiv entfaltet der Film zu einem durchlaufenden Sinnzusammenhang. Völlig zu Recht macht die musikalische Verknüpfung der Verführungsbilder von Esmeralda und Tadzio deutlich, daß es im Text des »Tod in Venedig« zwar um einen homoerotischen Konflikt, darüber

---

[2] vgl. Unger, Max: Beethoven über eine Gesamtausgabe seiner Werke, in: Veröffentlichungen des Beethoven-Hauses in Bonn I, Bonn 1920
[3] Nohl, Ludwig: Beethovens Leben, 3 Bände, Leipzig 1864-1877

hinaus aber grundsätzlich um das Problem einer Vermittlung von Trieb und Geist, von unbewußter Wahrnehmung und diskursiver Vernunft geht. Die homoerotische Verführung ist nur eine der möglichen Versuchungen des Geistes, ist nur ein Affekt Aschenbachs. Jetzt wird zudem hervorgehoben, daß die Kunst immer ein Moment des Unbezähmbaren und Triebhaften in sich birgt, daß sie mit bloßer Meisterschaft allein nicht beherrscht werden kann.

Es ist nur folgerichtig, daß der Film die Ambivalenz des Apollinischen und des Dionysischen in der Kunst, die den Text der Venedignovelle beherrscht, in einem rückgeblendeten Gespräch zwischen Aschenbach und seinem Freund Alfried als grundsätzliches Problem abhandelt und dabei die Kunstanschauungen und die psychologische Disposition Aschenbachs mit dem zentralen Theorem der Kunst verbindet, das Adrian Leverkühn im »Doktor Faustus« seinem Freund erzählt.

Wo im Text sinnliche Wahrnehmungen Aschenbachs zu einem Versinken im Traum, Tagtraum und Selbstgespräch führen, läßt der Film ebenfalls von Sinneseindrücken Rückblenden ausgehen. Im Fall des ersten Kunstgesprächs wird eine solche überdies durch eine erinnerte Stimme, die aus dem Off kommt, eingeleitet. Ein Blick Tadzios löst diese erste entscheidende kunsttheoretische Passage aus. Während die Stimme aus dem Off zunächst den augenblicklichen Konflikt Aschenbachs wiedergibt und ihn auf die Frage zuspitzt, ob die Schönheit aus dem Geist oder spontan geboren sei, oder aber nur ein Ergebnis von Arbeit darstelle, folgt eine weitere Rückblende, die in Aschenbachs Anfänge zurückreicht. In einem Gespräch mit Alfried, das in Aschenbachs Landhaus stattfindet, wird die Vorgeschichte zur augenblicklichen Haltung des Protagonisten erzählt. Sie ist zugleich die Voraussetzung jener kunsttheoretischen Diskussion, welche die Stimmen aus dem Off veranstalten. So wird deutlich, daß die Technik der Rückblende im Film nicht assoziativ ist, sondern genetisch. Sie zeigt an dieser Stelle die Entwicklung eines kunsttheoretischen Problems und die Entstehung jener ästhetischen Haltung, die Aschenbach zu Beginn der Venedignovelle in eine schwierige psychische Disposition führt. Es ist ein geschickter Kunstgriff des Regisseurs, daß das offenbar am weitesten zurückliegende Gespräch zwischen Aschenbach und Alfried dabei eine ästhetisch-theoretische Exposition aufnimmt, die am Anfang von Adrian Leverkühns Künstlergeschichte steht. Der Satz, daß die *Kunst* die Zweideutigkeit als System sei, bezieht sich auf Adrians Überlegung, daß die *Musik* die Zweideutigkeit als System darstelle; zudem unterstreicht der diskutierende Alfried im Film seine ästhetische Aussage durch ein Musikbeispiel, das sich jenem im siebten Kapitel des »Faustus«-Romans vergleichen läßt. Die enge Verknüpfung dieses ästhetischen Programms mit den Blicken der Verführung, die der Film demonstriert, entspricht zugleich der Verdeutlichung des Satzes von der Zweideutigkeit der Kunst, die der »Faustus«-Roman erst sehr viel später leistet. Im Film ist von Anfang an klar, daß der Satz von der Zweideutigkeit als System nicht nur zu den kompositorischen Prinzipien der Zwölf-Ton-Musik hinführt, sondern schon immer den Versuch jener neuen Kompositionstechnik anspricht, das Avantgardistische mit dem Traditionellen und Rückständigen, die höchste geistige Konstruktion mit den spontanen und unbewußten sinnlichen Wahrnehmungen zu verbinden.

Die Zweideutigkeit und Vieldeutigkeit der Kunst, von der im Gespräch mit Alfried die Rede ist, betrifft nicht nur eine Vexatorik zwischen Geist und Trieb, Bewußtem und Unbewußtem, sondern auch eine Verwirrung der sexuellen Orientierung, von der im »Doktor Faustus« offen die Rede ist, die aber bereits den »Tod in Venedig« latent bestimmt. Durch die Verknüpfung mit dem Faustus-Stoff erschließt der Film somit gerade die authentische Vorgeschichte der Venedignovelle, die einst die Tragödie einer Entwürdigung schildern sollte: die Liebesgeschichte des alternden Goethe zu einem jungen Mädchen. Es ist eine Geschichte, die den homoerotisch disponierten Autor der Venedignovelle, der zeitlebens durch Goethes Faszination von »immer Mädchen« fasziniert ist, besonders bewegt.

Daran, daß Tadzio mehr ist als nur ein schöner Knabe, läßt die Bildführung des Films keinen Zweifel. Schon beim ersten Auftreten der polnischen Familie zum Dinner im Hotel wandert die Kamera, die den suchenden Blick von Aschenbach nachstellt, der Reihe nach zuerst über die Mädchen der Familie, bis sie auf Tadzio verharrt und durchaus die Assoziation zuläßt, daß jener Knabe und Mädchen zugleich sei. Die Vexation des Gefühls, von welcher der Film immer wieder handelt, weist auf eine Auflösung der Geschlechterrollen, wie sie schließlich im fiktionalen Werk Manns durch die Figur des Krull verbürgt ist.

Kameraführung und Rückblenden zeigen auch die Genese dieser doppelten Vexation; damit konturiert der Film sehr scharf eine Linie, die der Text im zweiten Kapitel nur kurz andeutet, die aber ohne Zweifel durch die authentische Vorgeschichte und Entstehungsgeschichte des Textes, von der Thomas Mann später berichtet, gestützt ist (TMW 11; 124-5). Die Bedeutung dieser familialen Vorgeschichte wird durch eine kurze Bildeinstellung ziemlich zu Anfang des Films deutlich. Aschenbach, der sich, bereits im Frack, anschickt, zum Dinner zu gehen, überprüft ein letztes Mal sein Bild im Spiegel; zwischen ihm und dem Spiegel aber stehen die Bilder von Frau und Kind, die er mit einem Kuß bedenkt, bevor er sich in den Speisesaal begibt. Die Bedeutung dieser kurzen Visualisierung und Symbolisierung der familialen Vorgeschichte Aschenbachs wird durch eine längere Rückblende klargelegt, die ausgerechnet dann erfolgt, als sich Aschenbach, schon entschlossen abzurei-

sen, offensichtlich über seine Liebe zu Tadzio klar wird. Kurz vorher kommt es nicht nur zu jener auch im Text beschriebenen Begegnung im Fahrstuhl, die Aschenbach so sehr beeindruckt, daß er sich offenbar nur mit Mühe in sein Zimmer zu retten vermag, unmittelbar zuvor auch winkt er dem lächelnden Tadzio zum Abschied. Im Kontrast dazu zeigt die Rückblende Aschenbach mit seiner Familie in einem Landhaus des Hochgebirges, das ohne Zweifel jener Landsitz in den Bergen ist, an den sich in der Novelle der von Tadzio berauschte Aschenbach als die »Stätte seines sommerlichen Ringens« erinnert (TMW 8; 487/8).
Ausgerechnet diese Konstellation des geschriebenen Textes verändert der Film und gerade dadurch macht er das Psychogramm des Künstlers Aschenbach deutlicher. Die Rückblende bildet einen Aschenbach ab, der zusammen mit Mutter und Tochter in glücklicher Einheit lebt, sie steht nicht nur in Kontrast zu der Verführung, die von Tadzio ausgeht, sondern auch in scharfem Gegensatz zu einem kurz vorangehenden, ebenfalls in der Rückblende wiedergegebenen Gespräch mit Alfried über die Rolle von Scham und sinnlicher Erfahrung beim künstlerischen Produzieren. Diese Umdeutung, die der Film vornimmt, leistet zweierlei. Zum einen zeigt sie, daß Tadzio nicht nur homoerotisches Liebesobjekt ist, zum anderen wird deutlich, daß die Beziehung zu Tadzio an die Stelle einer gescheiterten und nur mühsam verdrängten familialen Beziehung tritt. Auch dies macht der Film optisch sinnfällig. Zunächst durch eine kurze Rückblende: nach Aschenbachs Besuch im Reisebüro und in einem Augenblick, als dieser sich heftige Selbstvorwürfe macht, weil er die Polen nicht vor der Cholera warnt, zeigt sie den Sarg, in dem das einzige Kind des Musikers zu Grabe getragen wird. Schon vorher hat die Kamera in der Musikanten-Szene auf der Hotelterrasse Aschenbach, Tadzio und dessen Mutter immer wieder einander zugeordnet, indem sie zuerst auf dem Musiker, dann auf dem Knaben und seiner Mutter und schließlich zuletzt wieder auf dem Protagonisten verharrt. Die als Tagtraum visualisierte Szene, in welcher sich Aschenbach vorstellt, daß er Tadzios Mutter vor der Cholera warne, erscheint ebenfalls als ein Familienbild aus guter alter Zeit. Vor der in weißer Kleidung sitzenden Frau steht Aschenbach, er spricht mit ihr, um dann dem Knaben wie einem gemeinsamen Kind väterlich über den Kopf zu streicheln.
So zeigt es sich, daß der Film durch Kameraführung, durch visualisierte Familientableaus und Rückblenden eine psychologisch beschreibbare Spur dechiffriert, die sich durch Aschenbachs Lebens- und Werkgeschichte zieht. Deutlicher als im Text bekommt der scheiternde Künstler, der an einer überlebten Kunstform festzuhalten sich bemüht und Traditionen nachfolgt, die er selbst erst mit geschaffen hat, eine Familiengeschichte zugeschrieben; die Kamera zeigt Bilder, die Einblicke in eine psychogenetische Entwicklung eröffnen. Während die Perspektivie-

rung von Aschenbachs Geschichte in Richtung auf die andere von Adrian Leverkühn die Problematik eines Alterns der Kunst in den Vordergrund rückt, erfassen diese Bilder die Parallelgeschichte des alternden Mannes Gustav Aschenbach. Auch hier verdichtet der Film die Argumentation der Novelle. Denn während Aschenbach dort nach seinem Friseurbesuch an einer Zisterne sitzt und ein Traumgespräch mit Phaidros führt, in dem er die Bedeutung der Sinnlichkeit für die Kunst anerkennt (TMW 8; 521/2), macht der Film nicht nur optisch deutlich, daß diese Erkenntnis für Aschenbach zu spät kommt. Ausgerechnet der Film faßt in Worte, was der Text der Novelle in einer Beschreibung Aschenbachs zu visualisieren versucht. Die Stimme aus dem Off, die jenes erträumte Kunstgespräch an der Zisterne wiedergibt, spricht schließlich den Satz, der für Aschenbach der unerbittlichste ist: »Auf der ganzen Welt gibt es nichts Unvollkommeneres als das Alter«. Aschenbachs Scheitern in der Kunst korrespondiert einem physischen Niedergang, seine Musik ist »tot geboren«, so wie er selbst schon todgeweiht ist.

Die Visualisierung jener psychogenetischen Spur wechselt im Film jedoch ständig zwischen klar gezeichneten Bildeinstellungen und mythologisierenden Bildkompositionen, jenen vergleichbar, die am Anfang und am Ende des Films stehen. Für diese doppelte Optik, die Viscontis Filmbildern einwohnt, gibt es ein markantes Beispiel. In der Episode beim Friseur erscheint am Ende für kurze Augenblicke ein Aschenbach, der sich im Spiegel betrachtet. Ein klarer Bildschnitt zeigt unmittelbar darauf die sich im Wasser spiegelnde Märchensilhouette Venedigs, bevor deutlich wird, daß dieses Spiegelbild eine Wahrnehmung Gustav Aschenbachs ist, der selbst am Wasser steht und sich und Venedigs Abbild betrachtet. Ohne Zweifel ist hier das mythologische Bild von Narziß, das sich in auffällig häufig auftretenden Spiegelszenen immer schon andeutet, auf sein Urmuster zurückgeführt, denn Narziß betrachtet der Überlieferung zufolge sein eigenes Spiegelbild im Wasser. Zugleich entwickelt der Film ausgerechnet aus dieser Szene ein Werkzitat, das sich auf den Paralleltext zum »Tod in Venedig«, auf den »Zauberberg« bezieht. Im Hintergrund des sich selbst betrachtenden Aschenbach brennen die Desinfektionsfeuer der Stadt Venedig. Die Visualisierung dieses Kontrastes, die der Film durch eine schnelle und scharfe Schnittechnik vornimmt, wiederholt dabei eine zentrale Konfiguration des »Zauberberg«. Denn im »Schneekapitel« dieses Romans blickt der träumende Hans Castorp zunächst auf einen schönen Jüngling, der Hermes und Narziß zugleich ist, bevor dieser ihn schließlich, während er noch in das Anschauen einer elysischen Landschaft versunken ist, auf das todesdrohende Bild eines archaischen Schlachtungsritus hinter ihm weist. So wie dort Schönheit und Tod, Idylle und Angstbild unmittelbar miteinander verzahnt scheinen und in der Wahrnehmung des Protagonisten rand-

scharf aufeinandertreffen, so geht es auch hier. Im Anschluß an diese
Szene erscheint Tadzio völlig als Todesengel, kommt es zu dem Bildzitat
des Esmeralda-Schmetterlings, der sich auf Aschenbachs Hutband zu
zeigen scheint.

Es ist ein besonderer Kunstgriff des Films, daß er nicht nur alles Erzählte durch Visualisierung zu verdichten vermag, sondern zugleich das Thema der Visualisierung benutzt, um das Schwinden von Aschenbachs Vernunft, das Nachlassen seiner Urteilskraft zu demonstrieren. Der Film stellt als eine psychologische Entwicklung Aschenbachs dar, was sein eigenes ästhetisches Wirkungsgesetz ist: an die Stelle der Schrift rücken die Bilder, die Gesten und die Musik. Auch dieser Sachverhalt läßt sich als Indiz für eine Remythisierung von Aschenbachs Bewußtsein auffassen, zugleich erschließt er die Eigenart des neuen Mediums, das wie kein anderes befähigt scheint, das Hervordringen des Unbewußten fern von Begriff und Diskurs zu entwickeln. Nur wenige Bildeinstellungen legen dies klar. Das Eingangsbild noch zeigt einen auf dem Schiff, einem Bereich der Zivilisation und Kultur lesenden Aschenbach, der völlig in sein Buch vertieft ist, ohne den grandiosen Sonnenaufgang überhaupt wahrzunehmen. Noch nach dem Erwachen seiner Leidenschaft erscheint der Musiker Aschenbach im Film als ein spontan Produzierender. Offensichtlich entwirft er jene Studie, die auch der Dichter Aschenbach in der Novelle verfaßt und die bekanntlich ein Text über einen Musiker ist. Doch nach der Episode beim Friseur und im Anschluß an eine lange Verfolgung Tadzios durch das todgeweihte Venedig erscheinen die Zeichen der Schrift, offenkundig die Hygieneanweisungen und Bekanntmachungen der Behörden, nur noch im Rücken Aschenbachs, der sie überhaupt nicht mehr wahrnimmt, während der Filmbetrachter, der Aschenbachs bevorstehenden physischen Zusammenbruch bereits sehen kann, über dessen Schulter unmittelbar auf die amtlichen Verlautbarungen blickt.

Häufig ist die mythische Qualität der Bilder und ihr Sieg über die vernünftigen Reden durch die Kameraführung selbst vorbereitet. Bevor Aschenbach das Reisebüro aufsucht, in dem er sich über den wahren Zustand in Venedig informieren will, folgt ihm die Kamera und zeigt, wie er einen fast leeren Markusplatz überquert, dessen größter Teil in einer Weitwinkeleinstellung erfaßt ist. Damit erweitert dieses Bild die vielen vorangehenden Situationen, in denen die Kamera Aschenbach einsam und auf sich selbst zurückgezogen zeigt. Zugleich nimmt diese Einstellung eine spätere vorweg, die sich als ihre mythologische Transformation betrachten läßt. Auf dem Höhepunkt der Handlung erfaßt eine Kameratotale einen so gut wie leeren Strand, der nur von den Badehäuschen begrenzt ist. Deren weiße Türen erscheinen wie die Ausgänge zu einer Stierkampfarena, und kaum anders als der Zuschauer in einer sol-

chen Arena nimmt der Filmbetrachter aus der Totalen die zwei schwarzen Gestalten von Tadzio und Jaschu auf, deren Kampf Aschenbach so sehr erregt und dessen Vorbereitung sich aus diesem Blickwinkel wie ein mythisches Ritual ausnimmt. Ohne Zweifel läßt diese Bildtotale jene mythologisch interpretierte Schlußszene aus dem »Krull« assoziieren, in welcher der Stierkampf mythisches Symbol von Liebe und Tod zugleich ist. Diese Kameraeinstellung läßt sich als endgültiger Umschlagspunkt in der Bildsprache des Films ansehen. Denn von jetzt an verdichten sich in der Sterbeszene Aschenbachs die Bildzitate, die symbolische und mythologische Qualität zugleich haben. Am Hut des Sterbenden ist wieder das Esmeralda-Band zu sehen, und Tadzio, der ins Wasser voranschreitet, das optisch durch ein Verschwimmen der Horizontlinie in der Tat als ein »Grenzenlos-Ungeheures« erscheint, nimmt wieder jene Positur ein, die er schon zeigt, als ihm Aschenbach durch Venedig nachfolgt. Jetzt aber wird nicht nur klar, daß dies die Haltung des Hermes ist, die im Schattenriß von Tadzios Silhouette noch deutlicher hervortritt, es zeigt sich auch, daß die Handbewegung, mit der dieser Aschenbach auf das Meer hinauswinkt und die frühere eigene Bewegungen und synchrone Handbewegungen Aschenbachs aufnimmt, die Geste von Hermes psychopompos, dem Seelenführer ist. Es ist nicht von der Hand zu weisen, daß das dreifüßige Stativ des photographischen Apparates, der dort herrenlos herumsteht, den Dreifuß des Apoll assoziieren soll, und die Vermutung ist durchaus naheliegend, daß jene Bildeinstellung, die Aschenbach, Tadzio und die Unendlichkeit des Meeres zeigt, zugleich zu einer hochsymbolisierten Verdichtung jener früheren Bilder wird, welche die Beziehung zwischen Aschenbach und Tadzio noch offen als Teil eines triangulären familialen Bezugsfeldes zeigen, in dem allerdings noch die wirkliche Mutter erscheint, während am Ende allein das Meer als deren Symbol zu sehen ist.
Einiges spricht dafür, daß angesichts dieser Konkurrenz von Schriftzeichen und Bildern, welche der Film entwirft, auch die Sprache nicht mehr den Charakter eines eindeutigen Ausdruckssystems hat, zudem verliert sie an Bedeutung gegenüber der Abfolge der Bilder und der fast jede Szene beherrschenden Musik. Dieser Eindruck läßt sich durch die Beobachtung stützen, daß im Film Sprache nur in wenigen Passagen als ein Mittel diskursiver Verständigung vorkommt: in den Diskursen über die Kunst, im Gespräch mit dem Hotelier über die Cholera, in den Ausführungen des Reisebüroangestellten und in der Traumszene, in welcher Aschenbach die Polen warnen will; Klarheit verschafft die Sprache zudem in jenem Augenblick, in dem sich Aschenbach über seinen eigenen Zustand bewußt wird und Tadzio den Satz »Ich liebe Dich« zuspricht. Häufig hingegen wird menschliche Sprache nur noch zum Hintergrundgeräusch, so etwa bei der Gondelüberfahrt und in den Strand- und Hotelszenen.

Eine auffällige Bedeutung aber kommt der Fremdsprache zu. In einer der wenigen Szenen, in denen die Filmmusik völlig verstummt, es ist das erste Erscheinen der polnischen Familie zum Dinner im Hotel, tritt das Sprechen der Figuren szenisch und akustisch in den Vordergrund. Doch ausgerechnet in dieser Szene ist die Sprache Fremdsprache, spricht Tadzios Mutter französisch und polnisch zugleich, kann auch der des Französischen kundige Hörer kaum verstehen, was die ständig zwischen den Sprachen wechselnde Dame sagt. Dies weist voraus auf eine spätere Strandepisode, in welcher ebenfalls wieder die Fremdsprache der gezeigten Personen vorherrscht, während Tadzio von den Frauen wie ein Kind versorgt wird. Ohne Zweifel bezieht sich dieses auffällige Wiedergeben der Fremdsprache im Film auf jene Szene der Novellenvorlage, in der davon die Rede ist, daß die Europäer, die inzwischen von der Cholera hörten, abgereist sind, und im Hotel nur noch »fremde Laute« Aschenbachs Ohr treffen (TMW 8; 499). Ohnehin ist es auffällig, welche Bedeutung der Unterhaltung der Polen und Russen am Strand im Film zukommt, überdies ist die im Hotel auftretende Russengesellschaft, die der Novellentext nur beiläufig erwähnt (TMW 8; 505/6), schon vorher dargestellt, als handle es sich um die Gesellschaft des »schlechten Russentisches« aus dem »Zauberberg«. Nicht nur dieses Bildzitat legt die Vermutung nahe, daß der Fremdsprache in der Verfilmung ebensolche Bedeutung zugemessen wird wie im »Zauberberg«: dort ist sie die Sprache der Liebe, des Unbewußten und der Verführung. Die Fremdsprache ist für Hans Castorp eine Methode des »parler sans parler«, eine unbewußte Verständigung, wie er sie sich erträumt und wie sie erst Felix Krull in vollem Umfang möglich sein wird. Die Fremdsprache im Film ist auch für Aschenbach ohne Zweifel eine Einbruchsstelle des Unbewußten und ein Ursprungsort seiner Phantasien.

Diese Abgrenzung von diskursiver Sprache, Sprache als Hintergrundsgeräusch und Fremdsprache, die der Film zur Entfaltung seiner Bilder benutzt, weist darauf hin, daß die Verfilmung der Zweideutigkeit der Musik eine Zweideutigkeit der Sprache an die Seite stellt; damit weist sie vorweg auf eine erzählte Sprachreflexion, die Thomas Mann erst im »Doktor Faustus« und im »Felix Krull« voll entfaltet. Ein weiterer Beleg für diesen Sachverhalt ist die Verknüpfung von Fremdsprache und Lied, die das Zurücktreten von Schrift und Sprache und das Vordringen des Ausdruckssystems Musik im Film noch unterstreicht. An zwei Stellen geht die Sprache ins Lied über: in der Musikantenszene, die sich vor der Hotelterrasse abspielt, und schließlich in der letzten Strandszene, in der Aschenbachs Tod ausgerechnet durch ein russisch gesungenes Wiegenlied von Mussorgskij vorbereitet wird[4]. Während jenes Wiegenlied

---

[4] es gehört in die »Lieder und Tänze des Todes« (Autogr. Nr. 237). Vgl. Weber-Bockholdt, Petra: Die Lieder Mussorgskijs. Herkunft und Erscheinungsform, München 1982, S. 116, 127, 202; vgl. auch Vaget, a.a.O., S. 168

vor allem eine Einstimmung auf Aschenbachs Tod hervorruft und seine schwermütige Melodie die in den mythischen Bildern nahegelegte Verknüpfung von Leben, Liebe und Tod nur unterstreicht, zeigt die Musikantenszene auf der Hotelterrasse, die wohl die exakteste filmische Visualisierung einer im Buch beschriebenen Szene ist, vor allem die im Wortwörtlichen zweideutige Sprache der Musik, vor der die Diskurse der Vernunft verstummen. Wie im Buch drängen die Musikanten gegen die Gesellschaft der Zivilisation in ihrer Abendkleidung vor, und die Kameraführung, welche die Musiker zunächst aus der Distanz zeigt, in welcher sie der auf der Terrasse versammelten Gesellschaft erscheinen, unterstreicht, daß deren Vorrücken, das von Musik und Gesang begleitet ist, sich vor allen Dingen auf Aschenbach, aber auch auf Tadzio und dessen Mutter richtet. Es ist allerdings signifikant für die im Film vorherrschende Beziehung von Sprache und Musik, daß in den ohnehin unverständlichen Liedern der Musikanten schließlich die bloße Tonfolge über den Text dominiert und dieser wilde und textlose Gesang dann auch noch durch eindeutig obszöne Gebärden untermalt wird[5]. Diese Verknüpfung von Musik und Sexualität, durch die Gebärden des Musikanten zudem offenkundig als eine Verächtlichmachung des alternden und gesitteten Aschenbach erkennbar, nimmt bereits eine Deutung der Musik und die Herausarbeitung ihrer Verankerung im Unbewußten vorweg, wie sie später im »Doktor Faustus« ausgeführt wird. Die gespielten Clownerien und Hilflosigkeiten des Gitarristen machen dabei das Zurücktreten des Humanen nur sinnfällig; seine letzte und offenbar unverstellte Geste, in welcher er der Gesellschaft die Zunge herausstreckt, zeigt nur, wie fern er sich selbst von der Ordnung der Gesellschaft weiß. Allerdings unterliegt die Musik im Film nicht nur jener Deutung, die spätere Texte Thomas Manns ausführen, und die dieser schon zur Zeit des »Tod in Venedig« bei Nietzsche vorgezeichnet findet. Die Musik in Viscontis Verfilmung ist auch ein eigenständiges Ausdruckssystem, das nicht nur der Untermalung von Bildsequenzen dient, sondern selbst Fügungen, Verknüpfungen und Deutungen vornimmt, die visuell noch nicht fixiert sind. Die Musik wird so zu einer eigenen Sprache; erst im Zusammenwirken von Bild und Musik entsteht die Interpretation des geschriebenen Textes.
Am einfachsten ist die Funktion der Musik wohl da zu klären, wo sie in Verbindung mit den Bildern jene Technik des Leitmotivs realisiert, von der Thomas Mann in einer frühen Studie schon mit Blick auf das Werk Wagners handelt. Das Adagietto-Motiv aus Mahlers 5. Symphonie dient in einer signifikant langsamen Einspielung Kubeliks zur Markierung je-

---

[5] daran ändert Vagets Entschlüsselung des italienischen Textes wohl nichts. Vaget, a.a.O., S. 163 u. Anm. 23

ner Szenen, in welchen sich der Film auf die Darstellung von Aschenbachs psychischer Disposition konzentriert. Ohne Zweifel betont dieses Motiv vor allem die Empfindung von Vergänglichkeit und Hinfälligkeit; nicht ohne Grund wird es von Alfried gespielt, während Aschenbach, der dabeisitzt, über das Stundenglas spricht, das auch im Text Symbol der Vergänglichkeit ist, später wird es zudem mit einer Rückblende auf den Sarg des Kindes verkoppelt. Deutlich abgegrenzt von diesen Ton-Bild-Kombinationen sind die vielen Hotelszenen, die in der Regel mit Unterhaltungsmusik, italienischen Volksliedern oder Wiedergaben aus Léhars »Lustiger Witwe«, die im Jahr 1905 erstmals zur Aufführung gelangt, untermalt sind. Leitmotivische Funktion hat schließlich auch der Beginn von Beethovens »Für Elise«, der Aschenbachs Faszination von Tadzio und sein Erlebnis mit Esmeralda einander zuordnet.

Davon abgesehen wird der in der Novelle verhandelte Grundkonflikt, das Problem der Vermittlung sinnlicher Erfahrung in der Kunst und die weiterführende Frage nach den Möglichkeiten alter und neuer Kunst vor allem musikalisch demonstriert. Während Alfried seinem Freund durch das Anschlagen eines verminderten Septimakkords und einer Neapolitanischen Sext, schließlich aber vermittels einer nichtakkordischen Tonverbindung in genauem Rückbezug auf Adrian Leverkühns Gespräch mit Zeitblom (TMW 6; 65/6) demonstriert, daß die Musik in alle Richtungen gehen können müsse, spielt er als Kontrast dazu einige Takte Aschenbachscher Komposition. Diese erweisen sich in Rhythmik, Melodie, Duktus und Bewegungsgestus als eine Es-Dur-Transposition aus Schuberts früher A-Dur-Sonate D 664, einer Liedsonate, die der Frühromantik angehört und eher noch zurück auf Mozart verweist[6].

Von hier bekommt die Kontrastierung der Volkslied- und Operettenmelodien mit der Musik Mahlers ihren werkgeschichtlichen Sinn. Denn im »Doktor Faustus«, dessen Musikgespräche und dessen zentrales Teufelsgespräch über die Kunst in den Diskussionen von Aschenbach und Alfried nachgestellt wird, geht es für Adrian Leverkühn auch darum, eine Musik zu finden, in welcher sich im »Spätesten das Früheste« zu zeigen vermag. Diese Verbindung von traditionellen, volkstonhaften, romantischen und avantgardistischen Elementen ist für die Musik Mahlers kennzeichnend. Es ist nur konsequent, daß an der Stelle, an welcher offenkundig wird, daß Aschenbach nunmehr bereit ist, seiner Liebe zu Tadzio nachzugeben, eine lange Passage aus dem vierten Satz von Mahlers 3. Symphonie, »Zarathustras Mitternachtslied«, eine Kette von Szenen miteinander verbindet und gleichzeitig das Anwachsen von Aschenbachs Gefühl demonstriert[7]. Noch während die Kamera eine fast beiläu-

---

[6] Hinweis von Günter Schnitzler; anders Vaget, a.a.O., S. 16
[7] vgl. Vaget, a.a.O., S. 168

fige Strandszene zeigt, in welcher Tadzio radschlägt, hinfällt und schließlich von den Frauen versorgt wird, lassen sich die Violoncelli und Kontrabässe vernehmen, die jenes Lied vorbereiten, das schließlich die ganze Strandszenerie übertönt, die Aschenbachs Blick erfaßt. In diesem Lied sind nicht nur musikalische Elemente des Frühesten und des Spätesten zusammengefaßt, es ist auch eine Passage, die deutlich an Wagner erinnert, weil die Musik als Sprache des Unbewußten und die Sprache, die fortwährend Unbewußtes thematisiert, hier eine enge Verbindung eingehen. Es ist kein Zufall, daß jenes Lied auch die Szene umfaßt, in welcher Aschenbach einen Text über den Musiker Wagner schreibt. Gerade an diesem Punkt vermag die Filmmusik schlaglichtartig nicht nur die geistesgeschichtlichen Voraussetzungen der Venediggeschichte zu erhellen, sondern zugleich eine konzentrierte Wiedergabe ihres Themas zu liefern. Denn dieser Liedtext ist der Fluchtpunkt von Nietzsches »Also sprach Zarathustra«, das bei Nietzsche als »Zarathustras Rundgesang« bezeichnete Lied[8]. Dieser Text, der bei Mahler das Abgründige der Musik nur unterstreicht, betont bei Nietzsche die dionysische Weltsicht, die ein Erwachen aus tiefem Traum fordert zu jener Welt, in der Lust und Weh untrennbar miteinander verbunden sind. So nimmt die Filmmusik vorweg, was im Text der Novelle erst in Aschenbachs letztem Traum deutlich wird. Der Film konstruiert im Gegensatz zur novellistischen Erzählung eine deutliche Wendemarke, die alles ihr Nachfolgende nur noch als notwendige Konsequenz eines nicht mehr Umkehrbaren zeigt:

»Oh Mensch! Gib acht!
Was spricht die tiefe Mitternacht?
Ich schlief, ich schlief –,
Aus tiefem Traum bin ich erwacht: –
Die Welt ist tief,
Und tiefer als der Tag gedacht.
Tief ist ihr Weh –,
Lust – tiefer noch als Herzeleid!
Weh sprich: Vergeh!
Doch alle Lust will Ewigkeit –,
– will tiefe, tiefe Ewigkeit!«

Es macht die Perfektion dieser zugleich optischen und musikalischen Verdichtung des Filmgeschehens aus, daß die Musik hier, wie zumeist in diesem Film, den Bildern, die sie erläutern soll, vorausläuft; gleichwohl kommt es für einen kurzen Augenblick zu einer unmittelbaren Verzahnung von Musik, Bild und Text: während die Zeile »Ich schlief, ich schlief« gesungen wird, sieht der Filmzuschauer Aschenbach am Morgen den Fensterladen öffnen und auf den Strand blicken. Danach zer-

---

[8] Nietzsche, Werke Band 2, a.a.O., S. 558

bricht diese momentane Konvergenz von Bild, Text und Musik zugunsten eines neuen musikalischen Themas, das nicht nur die nachfolgenden Bilder, sondern auch die folgende Handlung begleitet, ohne daß es noch der Worte bedürfte. Wo Nietzsches Text vom Leiden handelt, zeigt die Kamera einen nur noch taumelnden und schwachen Aschenbach; augenblicklich und ohne jeden Übergang setzt nun jenes musikalische Motiv ein, das am engsten mit Aschenbachs Liebe und Tod verknüpft ist: das Beethoven-Motiv »Für Elise«. So verdrängen an diesem entscheidenden Wendepunkt des Films die Bilder und die Musik als die Sprache des Unbewußten jenen Text, der das Unbewußte noch in Worte zu fassen versucht.

5.2. Methodisches und Didaktisches

Versucht man einen interpretatorischen Zugang zum »Tod in Venedig«, so lassen sich wie bei kaum einem anderen Text die unterschiedlichen Ansätze verschiedener Methoden miteinander verbinden. Die Textur dieser Novelle legt es nahe, daß alle Deutungen bei denselben Versatzstücken des Textes ansetzen, denn dieser verfügt über einen klaren Handlungsablauf und beschreibt schlüssig die äußere und die psychische Entwicklung ihres Protagonisten bis zu einem Punkt, von dem es kein Zurück mehr gibt; der Handlungsablauf wird überdies vermittels durchlaufender Symbole verdeutlicht, zudem erweist er sich als mehrschichtig. Nicht nur ist er durch die unterschiedlichen Wahrnehmungszustände von Träumen und Wachen bestimmt, er entwirft auch zwei Bedeutungsebenen, die sich als Real- und als Symbolebene bezeichnen lassen.
Natürlich ist es naheliegend, zuerst auf die »hieratische Atmosphäre« des Textes einzugehen, die schon das zeitgenössische Publikum beeindruckt hat. Wie im Vorangegangenen ausgeführt, erweist sich die Novelle in der Tat als eine Kombination der verschiedensten philosophischen und mythologischen, im weitesten Sinne also bildungsgeschichtlichen Einflüsse. Es zeigt sich überdies, daß die unterschiedlichen Erklärungssysteme der Linie einer psychologischen Entwicklung des Grundkonflikts folgen. So kann schon die geistesgeschichtliche Interpretation die kulturalen Versatzstücke des Textes als Vorläufer einer präpsychologischen Rede vom Menschen erweisen, als die sie später in Thomas Manns Essays in der Tat erscheinen. Die der Philosophie Nietzsches und Schopenhauers angehörenden Motive und Symbole, das Meer, der Traum, der Rausch, das Dionysische und das Apollinische sind zugleich psychologisch dechiffrierbare Zeichen, so wie insgesamt das Ineinanderspiel von realer Handlung und mythologischer Überformung den Geset-

zen des Psychismus folgt und ein Zusammenwirken des Bewußten mit dem Unbewußten skizziert.

Ein besonders deutliches Beispiel für die mögliche doppelte Lesart geben die vier sogenannten Todesboten, die Aschenbachs Weg begleiten. Denn die mythische Stilisierung, die sie alle prägt und einander als Dionysos- und Hermes-Konfigurationen zuordnet, korrespondiert den Gesetzen einer traumlogischen Verknüpfung vermittels Verschiebung, Verdichtung und Symbolisierung. Nicht anders lassen sich die Bilder von Stadt, Wasser und Meer einer Symbolisierung des Unbewußten zurechnen, während Tadzio als Hermes unmittelbar als eine narzißtische Projektion des Protagonisten erkannt werden kann.

Der »Tod in Venedig« belegt, daß Thomas Mann den inneren Zusammenhang zwischen den philosophischen Entwürfen Schopenhauers und Nietzsches einerseits und der Freudschen Psychoanalyse andererseits, den er in seinen Essays diskursiv entfaltet, in seinen ästhetischen Texten schon immer unbewußt vorweggenommen hat. Die erst spät von ihm explizit proklamierte Schreibweise von »Mythos plus Psychologie«, die allmählich in seinem Werk durchzuschlagen beginnt, ist in den frühen Texten bereits klar skizziert, bevor sie bewußt zum Prinzip des Schreibens erklärt wird.

Die umfangreichen Quellenforschungen zum »Tod in Venedig« scheinen derzeit abgeschlossen; die sich auf diese stützenden geistesgeschichtlichen Interpretationen sind nicht mehr ergänzungsbedürftig[9]. Sie allesamt erhärten den Eindruck, daß Thomas Manns Rezeption seiner Gewährsmänner, unter denen Platon, Plutarch, Euripides, Schopenhauer, Nietzsche und Wagner besondere Bedeutung zukommt, in der Regel nicht durchreflektiert und oft vereinfachend ist. Überdies wird keine dieser Vorlagen übernommen, ohne daß sie unmittelbar funktionalisiert würde. Gerade deshalb ist es angemessen, die philosophischen und mythologischen Strukturen und Bezüge in einer psychologischen Lesart aufzulösen.

Diesen Versuch haben bislang zwei Interpretationen unternommen, die wirkungsgeschichtlich von Bedeutung sind. Die ältere Interpretation von Heinz Kohut bemüht sich, die gesamte Handlungskonstellation des »Tod in Venedig« auf die biographischen Entstehungsbedingungen des Textes zurückzuführen[10]. Dabei kommt es zu einer sicherlich nicht haltbaren unmittelbaren Gleichsetzung der Figur mit dem Autor, der, ähn-

---

[9] vgl. dazu besonders Dierks, a.a.O.; Nicklas, Hans Wilhelm: Thomas Manns Novelle »Der Tod in Venedig«. Analyse der Motivzusammenhänge und Erzählstruktur, Marburg 1968; Wysling, TMS III, a.a.O.; Wysling, Notizen, a.a.O.
[10] vgl. dazu Kohut, Tod in Vendig, a.a.O., S. 173-194

lich wie es Eduard Hitschmann in bezug auf Goethe versucht, als eine Zwangspersönlichkeit betrachtet wird[11]. Abgesehen von diesem problematischen Außenbezug hält sich Kohut mit seiner Analyse der inhaltlichen und formalen Struktur der Novelle an ein Schema, das bereits Freud selbst in seiner Untersuchung des »Sandmanns« von E.T.A. Hoffmann festgelegt hat[12]. Am Beispiel der Todesboten konstatiert er eine Aufspaltung der Vaterimago, Aschenbachs Beziehung zu Tadzio hingegen leitet er aus einer narzißtischen Besetzung der Objektrelationen und aus einer Identifikation mit der Mutter her. Die Gleichsetzung von Figur und Autor, aber auch der Versuch, eine fiktionale Figur zu analysieren, als sei sie eine wirkliche, verfügbare Person, lassen sich methodisch sicher nicht vertreten. Gleichwohl stellt Kohuts Interpretation die ausschlaggebenden Ansatzpunkte zur Beschreibung des Textes bereit. Zuzustimmen ist der Grundthese, daß der letzte Traum Aschenbachs den Zusammenbruch einer Sublimierung seiner homosexuellen Zärtlichkeit markiert, die vorher den ganzen Text bestimmt. Aschenbach gerät nicht nur in einen Zustand der Desintegration, in welchem seine sexuellen Begierden unverhüllt hervortreten, sein letzter Traum weist überdies Analogien zur Urszene auf; das Ende der Sublimierung bedeutet zugleich eine Regression in frühere Wahrnehmungszustände. Während einerseits der Versuch Kohuts fehlschlägt, eine unmittelbare Vermittlung zwischen wirklichen und erfundenen Personen, zwischen Phantasie und Text herzustellen, erschließt seine Interpretation andererseits durchaus die begründende Struktur des Textes, die diesen mit anderen Novellen und Romanen Thomas Manns verbindet.

Eine Untersuchung von Peter von Matt entwickelt dagegen einen entscheidend neuen Aspekt[13]. Sie versucht, die Entstehung der Novelle nicht auf eine Beziehung des Autors zu einem wirklichen Vater, sondern auf die Orientierung Thomas Manns an einer geistigen Autorität, die Vaterstelle einnimmt, zurückzuführen. So entdeckt von Matt gerade vermittels der kulturalen Fixierungen des Autors Thomas Mann und in ihrem Hintergrund die »vergessenen Erlebnisbahnen [...], über welche sich einst (die) gefährlichste soziale Krise ereignet hat: die das ganze spätere Leben prägende Sozialisation im Durchgang durch das ödipale Dilemma«[14]. Diese Dominanz des Ödipus sieht von Matt im Gegensatz zu Kohut nicht in der rudimentären familialen Konstellation vorherrschen, welche die Venedignovelle entwickelt, sondern er hält sie vor allem im

---

[11] vgl. Hitschmann, Eduard: Psychoanalytisches zur Person Goethes, in: Neurose und Genialität. Psychoanalytische Biographien, herausgegeben und eingeleitet von Johannes Cremerius, Frankfurt 1971, S. 151-181
[12] vgl. dazu Freud, Das Unheimliche, in: SA Band 4, a.a.O., S. 241-274
[13] Matt, Peter v.: Zur Psychologie des deutschen Nationalschriftstellers, in: Goeppert, Sebastian (Hrsg.), Perspektiven psychoanalytischer Literaturkritik, Freiburg 1979, S. 82-100
[14] v. Matt, a.a.O., S. 93

Blick auf die anfängliche Verleugnung der literarischen Autorität Goethe durch Thomas Mann für erwiesen. Die in den Tagebüchern Manns bestätigte Goethe-Nachfolge der dreißiger Jahre führt ihn allerdings zu der Annahme, es handle sich dabei um eine Reaktivierung der ödipalen Krise im Verlauf der Sozialisation[15]. Ihr voraus gehe eine Phase der Goetheanästhesie[16] und für diese sei die »Transformation der Gestalt Goethes in jene Kombination von Masken, welche alle zusammen den Namen Gustav Aschenbach tragen«[17], nur ein Beispiel.
Unbestreitbar deutet das enge Zusammenrücken von Figur und Autor im »Tod in Venedig« darauf[18], daß dort ambivalente psychische Einstellungen abgebildet und wiederholt werden. Die Interpretation von Matts jedoch, welche die moralische Vernichtung des Autors in seiner Figur Aschenbach als eine »Hinrichtung Goethes« interpretiert, überschätzt einerseits die Bedeutung Goethes in der Frühzeit Thomas Manns und verkennt damit auch seine Orientierung an anderen Autoren, vor allem an den Franzosen und Russen; sie geht auch an dem Sachverhalt vorbei, daß Thomas Manns Weg zu Goethe genau differenzierte Stufen hat und daß Goethe als Vorbild einer Synthese von Künstler- und Bürgerwelt und als ein spontan und problemlos Schreibender wohl erst im Verlauf der zwanziger Jahre gesehen wird[19]. Damit verfehlt von Matt nicht nur die signifikante Wandlung der Vaterimagines, die das Werk Thomas Manns prägt, er sieht auch nicht, daß die psychischen Einstellungen, welche die Novelle des »Tod in Venedig« zeigt, sich nicht einfach aus dem ödipalen Konflikt erklären lassen, sondern vielmehr diesen umgreifen. Dafür spricht, daß das ödipale Bezugsschema, das diesen Text bereits latent prägt, in vorangehenden Novellen und Romanen als textkonstituierende Phantasie auftritt. Und schon immer stellt sich neben die Orientierung an Vätern und Vaterimagines der narzißtische Wunsch nach Innovation. Die Stufen und Vermittlungen eines langsamen Hineinwachsens in die Goetherolle[20] beziehen sich wie diese selbst auf einen psychischen Entwicklungsprozeß, der sowohl das Leben als auch die künstlerische Produktivität des Autors betrifft, dessen klare Linie jedoch der Autor der Venedignovelle noch nicht zu erkennen vermag. Allerdings wird schon dort durch das Aneinanderrücken von Figur und Autor ein Sachverhalt deutlich, der Thomas Manns späteres Schreiben beherrscht: die homoerotischen Phantasien beziehen sich zugleich auf produktive, ästhetische Phantasien[21].

---

[15] v. Matt, a.a.O., S. 93
[16] v. Matt, a.a.O., S. 83
[17] v. Matt, a.a.O., S. 93
[18] v. Matt, a.a.O., S. 95
[19] Siefken, a.a.O., S. 50
[20] Mayer, Werk und Entwicklung, a.a.O., S. 266, 275, 307; Siefken, a.a.O., S. 15, 21, 27, 55, 253
[21] v. Matt, a.a.O., S. 94

Jene Masken, die den Namen Aschenbach tragen[22], weisen somit nicht allein auf den Vater. Sie sind Signatur eines psychischen Entwicklungsprozesses, der von Anfang an unter einer besonderen Belastung steht, die erst allmählich produktiv verarbeitet werden kann. So verstanden sind alle Masken schon Selbstzitate, wie es Thomas Mann gegenüber Harry Maync ausführt[23], Teil jener Novelle auf verschiedenen Lebensstufen, deren Problematik sich erst in den dreißiger Jahren löst; indem sie erkannt wird, kann sie als produktives Vermögen die späteren Romane bestimmen.

Die in den psychoanalytischen Interpretationen vorgenommenen einfachen Gleichungen zwischen dem Wirklichen und dem Erfundenen, dem wirklichen und dem geistigen Vater, verstellen durch ihre Reduktion der Betrachtungsperspektive auf den ödipalen Konflikt den Blick auf das phantastische und schöpferische Vermögen der unbewußten Phantasien, die nur bisweilen im Gewand familialer Phantasmen einhergehen. Von ihrer Kraft wie von der des Unbewußten überhaupt handelt jene Passage aus der »Schweren Stunde« die, ohne schon den Begriff davon zu haben, nicht allein auf das Vorbild eines geistigen Vaters, sondern auch auf einen autonomen psychischen Komplex weist: »Aber er fühlte schon den Stachel dieses unvermeidlichen Gedankens in seinem Herzen, des Gedankens an ihn, den anderen [...] Göttlich-Unbewußten, an *den* dort, in Weimar, den er mit einer sehnsüchtigen Feindschaft liebte...« (TMW 8; 377). Der textkonstituierende Konflikt, der im »Tod in Venedig« »voll exponiert, aber nicht durchgeführt« wird[24], ist somit lebensgeschichtlich und speziell zugleich, er bezieht sich auf die Ausbildung des Selbst und die prägende Macht des homoerotischen Affekts, der erst allmählich zum produktiven Narzißmus verwandelt wird. Von ihm zeugen schließlich die offene Zuwendung zu Goethe und die volle »Identifikation mit Figuren«[25].

Die Leistung der unterschiedlichen methodischen Ansätze zur Interpretation der Venedignovelle bemißt sich also nicht allein daran, ob sie in der Lage sind, die Strukturen des Textes zu beschreiben, sondern daran, ob sie den Text als Voraussetzung einer Transformation lebensgeschichtlicher und psychischer Probleme und als Teil einer lebensgeschichtlichen Entwicklung zu sehen vermögen. Dieser Einwand betrifft auch die sozialgeschichtlichen Untersuchungen, die zwar mit guten Gründen die problematische psychische Disposition Aschenbachs aus einer gesellschaftlichen Lage herleiten, in welcher der Künstler Aschenbach entweder zum Vertreter eines überkommenen Persönlichkeits-

---

[22] v. Matt, a.a.O., S. 93
[23] Bürgin/Mayer, Regesten I, a.a.O., S. 230
[24] v. Matt, a.a.O., S. 91
[25] v. Matt, a.a.O., S. 90

ideals[26] oder aber zum Exponenten einer ganzen Klasse wird[27]. Doch während die ideologiekritisch fundierte Untersuchung von Walter Sokel auf einer sehr genauen Textanalyse beruht, die das dargestellte Psychogramm des Protagonisten Aschenbach ernst nimmt, geht der bei Lukács, aber auch bei Inge Diersen vorherrschende Schematismus der Interpretation an der Besonderheit des Textes vorbei. Die Bewertung Gustav Aschenbachs als eines Exponenten der untergehenden bürgerlichen Klasse ist zwar erhellend für das Umfeld von Thomas Manns Text, ist auch aufschlußreich für die Frage des Zusammenhangs dieser Novelle mit der Dekadenzliteratur, doch eine Hilfe zur genauen Lektüre des Textes sind diese Interpretationen nur in bedingtem Maß.

Angesichts der bisher vorliegenden Interpretationen scheint es geraten, den »Tod in Venedig« im Unterricht in zwei Hinsichten zu betrachten, die beide über ein »close reading« des Textes im engeren Sinn hinausgehen. Zum einen läßt sich die Novelle als ein Beispiel dafür ansehen, daß sich ein literarischer Text auf mehreren Ebenen und mit unterschiedlichen Voraussetzungen lesen läßt, und daß diese verschiedenen Lesarten nicht nur kongruent sind, sondern für den Rezipienten jeweils Sinn entwerfen.

Zum anderen läßt sich am »Tod in Venedig« besonders eingängig die Anwendung unterschiedlicher literaturwissenschaftlicher Methoden zeigen. Es ist zugleich möglich, klarzulegen, daß die Ergebnisse dieser Methoden sich gegenseitig ergänzen, sofern sie aus einer genauen Textarbeit hervorgehen.

Nicht zuletzt deshalb erscheint es sinnvoll, beide übergreifenden Gesichtspunkte in der unmittelbaren Arbeit am Text zu entwickeln. Dabei können die Betrachtungsperspektiven der Gliederung des voranstehenden Textes folgen. Auf eine immanente Beschreibung der Beziehungen zwischen Traum- und Wachzuständen, zwischen Eros und Wort, Mythos und Psychologie, Text und Traum kann eine Untersuchung der geistesgeschichtlichen Bezüge aufbauen, die den Text prägen, bevor im Zusammenspiel von Textbeschreibung und geistesgeschichtlicher Dechiffrierung die psychologische Dimension des Textes ins Auge gefaßt wird. Sie muß schließlich vor allem im Hinblick auf das Gesamtwerk Thomas Manns entfaltet werden und kann sich deshalb auf fiktionale Texte, auf die Essays und die Tagebücher gleichermaßen stützen. Wenn diese Betrachtungsebene erreicht ist, können Grundfragen einer Psychologie des Schöpferischen dargestellt und erörtert werden.

Im einzelnen ist es sinnvoll, zunächst einmal die Träume Aschenbachs zu betrachten und ihre enge Verknüpfung mit der Handlungsführung ei-

---

[26] Sokel, a.a.O., passim
[27] Lukács, a.a.O., passim; Diersen, Inge: Thomas Mann. Episches Werk – Weltanschauung – Leben, Berlin und Weimar 1975, passim

nerseits, ihre kommentierende Funktion in Hinblick auf die Psychologie des Protagonisten andererseits zu beschreiben. Dabei ist es angezeigt, den ersten Tagtraum Aschenbachs am Münchner Nordfriedhof nicht nur in seiner Bedeutung für den Novellenanfang zu sehen, sondern ihn bereits als eine traumlogisch verkürzte Exposition des Gesamttextes zu lesen (TMW 8; 445-447). Im Anschluß daran kann die Kette der Tagtraumszenen betrachtet werden, die den gesamten Text durchzieht (TMW 8; 461, 466, 468, 490-493, 495-6, 515), bevor Aschenbachs letzter Traum wiederum als traumlogische Verdichtung der Handlung untersucht wird.

Von diesen Textpassagen ausgehend lassen sich verschiedene Linien entwickeln, die sowohl den geistesgeschichtlichen Hintergrund des Textes erschließen als auch seine psychologischen Bedingungen berühren. Das durch die Textbetrachtung evident werdende Thema von Schlaf, Traum und Tagtraum läßt sich auf ausgewählte Abschnitte aus Schopenhauers »Welt als Wille und Vorstellung« beziehen; parallel zu diesem Vergleich ist es sinnvoll, Thomas Buddenbrooks Schopenhauererlebnis in Teil 10, Kapitel 5 des Buddenbrookromanes zu lesen (TMW 1; 653-659), in dem die Grundzüge Schopenhauerscher Philosophie abgehandelt sind. Ihm an die Seite ließe sich der Beginn von Teil 11, Kapitel 2 der »Buddenbrooks« stellen, in welchem die Schilderung eines Tages aus dem Leben von Hanno Buddenbrook mit der Darstellung seines Musikerlebnisses beginnt; auch von hier wird der Bezug von Thomas Manns Schreiben auf Schopenhauers Philosophie deutlich. Anhand einer Lektüre der autobiographischen Skizze »Süßer Schlaf« (TMW 11; 333-339) läßt sich die psychologische Bedeutung dieser Überlegungen erläutern.

Das Thema der Homoerotik fordert dazu heraus, eine Stelle aus Platons »Symposion« zu lesen, in welcher über den sinnlichen Zugang zum Schönen gehandelt wird[28]. Um zu demonstrieren, wie dieser diskursive Kommentar in der Vorstellung Thomas Manns visualisiert wird, sollten die unterschiedlichen Beschreibungen Tadzios im Text betrachtet werden, die zumeist sehr genau der Vorstellungswelt des Platonischen Textes folgen. Dabei kommt insbesondere der Platon-Paraphrase, die Tadzio als »Standbild und Spiegel« beschreibt, Bedeutung zu (TMW 8; 489-493). Parallel dazu empfiehlt es sich, die mythologischen Konfigurationen des Hermes und des Narziß zur Kenntnis zu nehmen und Philostrats Beschreibung des Hermes zu lesen[29]. Im Anschluß daran ist wie-

---

[28] Platon, Symposion, 209a ff, 210a-e; 211a-e; 212a-c
[29] Philostratos, Die Bilder. Griechisch-deutsch, nach Vorarbeiten von Ernst Kalinka übersetzt und eingeleitet von Otto Schönberger, München 1968, S. 146/7; vgl. auch: Bild und Text bei Thomas Mann. Eine Dokumentation. Herausgegeben von Hans Wysling unter Mitarbeit von Yvonne Schmidlin, Bern und München 1975, S. 202; TMW 11, a.a.O., S. 631

derum die psychologische und autobiographische Zuspitzung am Beispiel von Thomas Manns Brief an Carl Maria Weber[30] ins Auge zu fassen; die dort vorgelegte Beurteilung der Homoerotik sollte mit jener im Briefessay an den Grafen Keyserling verglichen werden (TMW 10; 191-207). Diese Linie läßt sich durch einige Passagen aus den Tagebüchern Thomas Manns[31] komplettieren, die homoerotische Gefühle schildern.
Einer Lektüre des orgiastischen Traumerlebnisses in Aschenbachs letztem Traum sollte eine Passage aus Nietzsches »Geburt der Tragödie aus dem Geiste der Musik« an die Seite gestellt werden[32]. Gleichzeitig kann Aschenbachs Kampf zwischen Selbstbeherrschung und völliger Liebestrunkenheit in Kapitel fünf der Novelle (TMW 8; 503-4) gelesen werden, neben diese Textpassage ist die Beschreibung des schon kranken Aschenbach zu rücken, der an einer Zisterne in Venedig sitzt und sein Traumgespräch mit Phaidros führt (TMW 8; 520-522).
Um die im »Tod in Venedig« abgehandelte Künstlerproblematik und ihre Wandlungen zumindest in grundlegenden Perspektiven zu erfassen, ist es sinnvoll, nach der Darstellung von Aschenbachs persönlicher und künstlerischer Entwicklung in Kapitel eins und zwei der Venedignovelle einen Abschnitt aus Thomas Manns »Gedanken im Kriege« (TMW 13; 527-545, da 528-532) zu untersuchen, der sich mit den Themen von Zivilisation, Kultur und Kunst befaßt. Im Vergleich dazu sollte vor allem die Novelle »Schwere Stunde« betrachtet werden (TMW 8; 371-379), ihr läßt sich eine Passage aus Kapitel sieben des »Lotte«-Romans (TMW 2; 617-696; da 618-624) an die Seite stellen. Ergänzend dazu können einige Passagen aus dem Essay »Goethe's Laufbahn als Schriftsteller« gelesen werden (TMW 9; 333-362, da 333-337; 354-356).
Will man hingegen die Bedeutung der Künstlerproblematik als eine werkgeschichtliche Konstante bei Thomas Mann betrachten, so läßt sich eine Unterrichtseinheit denken, die den »Tristan«, den »Tonio Kröger«, die »Schwere Stunde« und den »Tod in Venedig« umfaßt und diesen Texten Kapitel sieben des »Lotte«-Romans und den gesamten Text des »Felix Krull« an die Seite stellt.

---

[30] Thomas Mann, Briefe 1, a.a.O., S. 176-180
[31] Thomas Mann, Tagebücher 1, a.a.O., S. 287, 290, 301, 454, 470, 515
[32] Nietzsche, Werke Bd. 1, a.a.O., S. 12/3; 21-24; 52/3; 113; 120-123; 131-133

Literaturverzeichnis

1. Primärtexte von Thomas Mann:

1.1. Werkausgaben, Briefe, Tagebücher

Thomas Mann, Gesammelte Werke in 13 Bdn., Neudruck der Ausgabe von 1960, erweitert um einen 13. Bd. mit »Nachträgen«, Frankfurt 1974 (= TMW)

Thomas Mann, Gesammelte Werke in Einzelbänden, hrsg. v. Peter de Mendelssohn (Frankfurter Ausgabe), Frankfurt 1981 ff.

Thomas Mann, Briefe 1889-1936, Frankfurt 1961; Briefe 1937-1947, Frankfurt 1963; Briefe 1948-1955 mit Nachlese ab 1900, Frankfurt 1965, hrsg. sämtlich von Erika Mann (= Brr 1-3)

Thomas Mann, Briefe an Paul Amann 1915-1952, hrsg. von Herbert Wegener, Lübeck 1959 (= Veröffentlichungen der Stadtbibliothek Lübeck, Neue Reihe Bd. 3)

Thomas Mann – Karl Kerényi, Gespräch in Briefen, Zürich 1960

Thomas Mann an Ernst Bertram, hrsg. v. Inge Jens, Pfullingen 1960

Thomas Mann – Heinrich Mann. Briefwechsel. 1900-1949. Aus den Beständen der Deutschen Akademie der Künste zu Berlin, des Schiller-Nationalmuseums zu Marbach und des Thomas-Mann-Archivs der Eidgenössischen Technischen Hochschule zu Zürich herausgegeben von Hans Wysling. Erweiterte Neuausgabe, Frankfurt 1984

Thomas Mann, Briefe an Otto Grautoff 1894-1901 und Ida Boy-Ed 1903-1928, hrsg. v. Peter de Mendelssohn, Frankfurt 1975

Thomas Mann, Tagebücher 1918-1921, hrsg. v. Peter de Mendelssohn, Frankfurt 1979 (= Tgbb 1)

Thomas Mann, Tagebücher 1933-1934, hrsg. v. Peter de Mendelssohn, Frankfurt 1977 (= Tgbb 2)

Thomas Mann, Tagebücher 1935-1936, hrsg. v. Peter de Mendelssohn, Frankfurt 1978 (= Tgbb 3)

Thomas Mann, Tagebücher 1937-1939, hrsg. v. Peter de Mendelssohn, Frankfurt 1980 (= Tgbb 4)

Thomas Mann, Tagebücher 1940-1943, hrsg. v. Peter de Mendelssohn, Frankfurt 1982 (= Tgbb 5)

1.2. Bibliographien und Regesten zu Thomas Mann

Bürgin, Hans/Mayer, Hans-Otto (Hrsg.): Die Briefe Thomas Manns. Regesten und Register. Band I: 1889-1933, Frankfurt 1977. Band II: 1934-1943, Frankfurt 1980; Band III: 1944-1950, Frankfurt 1982

Jonas, Klaus W.: Die Thomas-Mann-Literatur. Bd. I, Bibliographie der Kritik 1896-1955, Berlin 1972; Bd. II, 1956-1975, Berlin 1979

Kurzke, Hermann: Thomas-Mann-Forschung 1969-1975. Ein kritischer Bericht, Frankfurt 1977

2. Sonstige Primärtexte

Euripides. Tragödien. Griech. u. deutsch v. Dietrich Ebener, Berlin 1972 ff. (= Schriften und Quellen der alten Welt Bd. 30) Bd. 6. Iphigenie in Aulis. Die Bakchen. Der Kyklop. Mit 8 Tafeln, Berlin 1980

Freud, Sigmund: Studienausgabe (SA). Siebte, korrigierte Ausgabe, Frankfurt 1969 (= Conditio humana. Ergebnisse aus den Wissenschaften vom Menschen)

Homer in drei Bänden. Griech. u. deutsch mit Kommentar, Verb. Neuauflage, München 1961-1968

Nietzsche, Friedrich: Werke in drei Bänden, hrsg. v. Karl Schlechta, München [8]1977

Ovid, Werke in zwei Bänden. Hrsg. v. Liselot Huchthausen, Berlin und Weimar 1982 (= Bibliothek der Antike. Römische Reihe)

Philostratos, Die Bilder. Griechisch-deutsch, nach Vorarbeiten von Ernst Kalinka, übersetzt und erläutert von Otto Schönberger, München 1968

Platon, Sämtliche Werke (= Rowohlts Klassiker der Literatur und der Wissenschaft. Herausgegeben von Ernesto Grassi unter Mitarbeit von Walter Hess) Reinbek 1957 ff.

Plutarch, Vermischte Schriften. Nach der Übersetzung von Kaltwasser hrsg. v. Heinrich Conrad. Zweiter Band, München 1911

Rohde, Erwin: Psyche. Seelencult und Unsterblichkeitsglaube der Griechen, Bd. 1.2., Tübingen [5/6]1910

Schopenhauer, Arthur: Zürcher Ausgabe. Werke in zehn Bänden. Der Text folgt der historisch-kritischen Ausgabe von Arthur Hübscher (3. Auflage, Brockhaus, Wiesbaden 1972). Die editorischen Materialien besorgte Angelika Hübscher. Redaktion von Claudia Schmölders, Fritz Senn und Werner Haffmanns, Zürich 1977

3. Sekundärliteratur

3.1. allgemeine

Curtius, Mechthild (Hrsg.): Seminar: Theorien der künstlerischen Produktivität. Entwürfe mit Beiträgen aus Literaturwissenschaft, Psychoanalyse und Marxismus, hrsg. v. Mechthild Curtius unter Mitarbeit von Ursula Böhmer, Frankfurt 1976 (= stw 166)

Duerr, Hans Peter: Traumzeit. Über die Grenze zwischen Wildnis und Zivilisation, Frankfurt ²1978

Eliade, Mircea: Die Sehnsucht nach dem Ursprung. Von den Quellen der Humanität, Wien 1973

Foucault, Michel: Archäologie des Wissens (= Theorie, hrsg. v. Jürgen Habermas, Dieter Henrich und Jacob Taubes, Redaktion Karl Markus Michel) Frankfurt 1973 (Titel der Originalausgabe: L'archéologie du savoir, Paris 1969, aus dem Französischen von Ulrich Köppen)

Foucault, Michel: Die Ordnung der Dinge. Eine Archäologie der Humanwissenschaften, übersetzt von Ulrich Köppen, Frankfurt ²1978 (= stw 96. Titel der Originalausgabe: Les mots et les choses. Ed. Gallimard 1966)

Foucault, Michel: Wahnsinn und Gesellschaft. Eine Geschichte des Wahns im Zeitalter der Vernunft. Aus dem Französischen von Ulrich Köppen, Frankfurt ³1978 (= stw 39. Titel der Originalausgabe: Histoire de la Folie)

Goeppert, Sebastian: Perspektiven psychoanalytischer Literaturkritik, Freiburg 1978 (= rombach hochschul paperback bd. 92)

Goeppert, Sebastian u. Herma C.: Sprache und Psychoanalyse, Reinbek 1973 (= rororo Studium Bd. 40)

Grunberger, Bela: Vom Narzißmus zum Objekt (= Literatur der Psychoanalyse, hrsg. v. Alexander Mitscherlich) Frankfurt ²1977

Henseler, Heinz: Die Theorie des Narzißmus, in: Eicke, Dieter (Hrsg.): Die Psychologie des 20. Jahrhunderts. II Freud und die Folgen 1, München 1967, S. 459-477

Jung, C(arl) G(ustav)/Kerényi, Karl: Einführung in das Wissen der Mythologie. Das göttliche Kind. Das göttliche Mädchen, 4. revidierte Aufl. Zürich 1951

Jurgensen, Manfred: Das fiktionale Ich. Untersuchungen zum Tagebuch, Bern und München 1979

Kaiser, Gerhard/Kittler, Friedrich A.: Dichtung als Sozialisationsspiel. Studien zu Goethe und Gottfried Keller, Göttingen 1978

Kohut, Heinz: Die Heilung des Selbst (= Literatur der Psychoanalyse, hrsg. v. Alexander Mitscherlich) Frankfurt 1979 (Titel der Originalausgabe: The Restoration of Self, Int. Univ. Press, New York 1977, deutsche Ausgabe vom Autor überarbeitet und ergänzt. Übersetzt von Elke vom Scheidt)

Kohut, Heinz; Introspektion, Empathie und Psychoanalyse. Aufsätze zur psychoanalytischen Theorie, zu Pädagogik und Forschung und zur Psychologie der Kunst, Frankfurt 1977 (= stw 207)

Kohut, Heinz: Narzißmus. Eine Theorie der psychoanalytischen Behandlung narzißtischer Persönlichkeitsstörungen, Frankfurt 1976 (= stw 157. Titel der Originalausgabe: The Analysis of the Self. A Systematic Approach to the Psychoanalytic Treatment of Narcissic Personality Disorders, Int. Univ. Press., New York 1971)

Kreis, Rudolf: Ästhetische Kommunikation als Wunschproduktion. Goethe-Kafka-Handke. Literaturanalyse am ›Leitfaden des Leibes‹, Bonn 1978 (= Abhandlungen zur Kunst-, Musik- und Literaturwissenschaft Bd. 264)

Kris, Ernst: Zur Psychologie älterer Biographik (dargestellt an der des bildenden Künstlers) in: Imago XXI (1935) S. 320-344

Lacan, Jacques: Schriften Bd. I und II, hrsg. v. Norbert Haas, Olten und Freiburg 1973-1975

Lacan, Jacques: Schriften III, aus dem Französischen von Norbert Haas, Franz Kaltenbeck, Friedrich A. Kittler, Hans-Joachim Metzger, Monika Metzger und Ursula Rütt-Förster, Olten und Freiburg 1980

Lacan, Jacques: Das Seminar von Jacques Lacan. Buch I (1953-1954): Freuds technische Schriften, übersetzt von Werner Hambacher. Nach dem von Jacques-Alain Miller hergestellten französischen Text in deutscher Sprache, hrsg. v. Norbert Haas, Olten und Freiburg 1978

Lacan, Jacques: Das Seminar von Jacques Lacan. Buch XI (1964): Die vier Grundbegriffe der Psychoanalyse. Nach dem von Jacques-Alain Miller hergestellten französischen Text übersetzt von Norbert Haas, Olten und Freiburg 1978

Lang, Hermann: Die Sprache und das Unbewußte. Jacques Lacans Grundlegung der Psychoanalyse, Frankfurt 1973

Lévi-Strauss, Claude: Strukturale Anthropologie I, übersetzt v. Hans Neumann, Frankfurt 1976 (= stw 226, Titel der Originalausgabe: Anthropologie structurale, Paris 1958)

Ruhs, August: Die Schrift der Seele. Einführung in die Psychoanalyse nach Jacques Lacan, in: Psyche 10 (1980) S. 885-909

Starobinski, Jean: Psychoanalyse und Literatur, Frankfurt 1973 (= Literatur der Psychoanalyse, hrsg. v. Alexander Mitscherlich. Titel der Originalausgabe: La relation critique. L'œil vivant II [Auszüge]). Aus dem Französischen von Eckhart Rohloff

Weber-Bockholdt, Petra: Die Lieder Mussorgskijs. Herkunft und Erscheinungsform (= Studien zur Musik, hrsg. v. Rudolf Bockholdt, Bd. 2), München 1982

3.2. zu Thomas Mann allgemein

Anton, Herbert: Die Rettung des Narziß. Eine »transzendente Linie« im Werk Thomas Manns, in: Thomas Mann 1875-1975. Vorträge in München–Zürich–Lübeck, hrsg. v. Beatrix Bludau, Eckhard Heftrich, Helmut Koopmann, Frankfurt 1977, S. 207-221

Anton, Herbert: Die Romankunst Thomas Manns. Begriffe und hermeneutische Strukturen (= UTB 153), 2. erw. Auflage, Paderborn 1972

Arnold, Heinz Ludwig (Hrsg.): Thomas Mann. Sonderband »Text und Kritik«, München 1976

Baumgart, Reinhard: Das Ironische und die Ironie in den Werken Thomas Manns, München 1964

Bauschinger, Sigrid: »Völlig exceptionelle Kinder«. Vom Bürgerlich-Individuellen zum Mythisch-Typischen bei Thomas Mann, in: Paulsen, Wolfgang (Hrsg.), Psychologie in der Literaturwissenschaft, Heidelberg 1971, S. 191-207

Bludau, Beatrix/Heftrich, Eckhard/Koopmann, Helmut (Hrsg.) Thomas Mann 1875-1975. Vorträge in München–Zürich–Lübeck, Frankfurt 1977

Blume, Bernhard: Thomas Mann und Goethe, Bern 1949

Curtius, Mechthild: Erotische Phantasien bei Thomas Mann. Wälsungenblut. Bekenntnisse des Hochstaplers Felix Krull. Der Erwählte – Die vertauschten Köpfe. Joseph in Ägypten, Frankfurt 1984

Dierks, Manfred: Die Aktualität der positivistischen Methode am Beispiel Thomas Mann, in: orb. litt. 33 (1978) S. 158-182

Dierks, Manfred: Philosophische Orientierung des Erzählverfahrens bei Thomas Mann. Überlegungen anläßlich des Erscheinens von Børge Kristiansen: Unform–Form–Überform. Thomas Manns Zauberberg und Schopenhauers Metaphysik (1978), in: orb. litt. 34 (1979) S. 352-359

Dierks, Manfred: Studien zu Mythos und Psychologie bei Thomas Mann. An seinem Nachlaß orientierte Untersuchungen zum »Tod in Venedig«, zum »Zauberberg« und zur »Joseph«-Tetralogie. (= Thomas-Mann-Studien, hrsg. vom Thomas-Mann-Archiv der Eidgenössischen Technischen Hochschule in Zürich, Zweiter Band) Bern und München 1972

Diersen, Inge: Thomas Mann. Episches Werk – Weltanschauung – Leben, Berlin und Weimar 1975

Feuerlicht, Ignace: Thomas Mann und die Grenzen des Ich, Heidelberg 1966

Finck, Jean: Thomas Mann und die Psychoanalyse, Paris 1973

Fietz, Lothar: Strukturmerkmale der hermetischen Romane Thomas Manns, Hermann Hesses, Hermann Brochs und Hermann Kasacks, in: DVjS 40 (1966) S. 161-183

Fischer, Gottfried/Kittler, Friedrich A.: Zur Zergliederungsphantasie im Schneekapitel des »Zauberberg« in: Goeppert, Sebastian (Hrsg.): Perspektiven psychoanalytischer Literaturkritik, Freiburg 1979 (= rombach hochschul paperback bd. 92) S. 23-41

Frey, John R.: Blick und Auge in Thomas Manns Erzählkunst, in: Jahrbuch der deutschen Schillergesellschaft 13 (1969) S. 454-481

Fritz, Horst: Instrumentelle Vernunft als Gegenstand von Literatur. Studien zu Jean Pauls »Dr. Katzenberger«, E.T.A. Hoffmanns »Klein Zaches«, Goethes »Novelle« und Thomas Manns »Zauberberg«, München 1983

Frizen, Werner: Die Wunschmaid. Zur Houpflé-Episode in Thomas Manns Krull, in: Text und Kontext 9.1. (1981) S. 56-74

Gauger, Hans-Martin: »Der Zauberberg« – ein linguistischer Roman, in: NR 86 (1975) S. 217-245

Geiser, Christoph: Naturalismus und Symbolismus im Frühwerk Thomas Manns, Bern und München 1971

Haug, Hellmut: Erkenntnisekel. Zum frühen Werk Thomas Manns, Tübingen 1969

Heftrich, Eckhard: ›Doktor Faustus‹: Die radikale Autobiographie, in: Thomas Mann 1875-1975, a.a.O., S. 135-154

Heftrich, Eckhard: Geträumte Taten: »Joseph und seine Brüder«, in: Thomas Mann 1875-1975, a.a.O., S. 135-154

Heftrich, Eckhard: Zauberbergmusik. Über Thomas Mann, Frankfurt 1975

Heftrich, Eckhard: Vom Verfall zur Apokalypse. Über Thomas Mann. Bd. II (= Das Abendland. Neue Folge 14. Forschungen zur Geschichte des europäischen Geisteslebens) Frankfurt 1982

Hermsdorf, Klaus: Thomas Manns Schelme. Figuren und Strukturen des Komischen, Berlin 1968

Koopmann, Helmut: Thomas Mann. Theorie und Praxis der epischen Ironie, in: Deutsche Romantheorien, hrsg. v. Reinhold Grimm, Frankfurt–Bonn 1968; 2. verb. u. erw. Auflage 1971

Koopmann, Helmut: Thomas Mann. Konstanten seines literarischen Werks, Göttingen 1975

Kristiansen, Børge: Thomas Manns Zauberberg und Schopenhauers Metaphysik, 2., verbesserte und erweiterte Auflage, Bonn 1986

Lange, Victor: Zur Thematik von »Felix Krull«, in: Koopmann, Helmut: Thomas Mann (= Wege der Forschung CCCXXXV) Darmstadt 1975, S. 126-139

Lehnert, Herbert: Thomas Mann. Fiktion, Mythos, Religion, Stuttgart–Berlin–Köln–Mainz 1965

Lehnert, Herbert: Thomas Manns Tagebücher der Emigration 1933-1934, in: orb. litt. 34 (1979) S. 124-129

Lehnert, Herbert: Thomas Manns Unordnung und frühes Leid. Entstellte Bürgerwelt und ästhetisches Reservat, in: Text und Kontext 6.1./6.2. (1978) S. 239-256

Lukács, Georg: Thomas Mann, in: G.L., Werke Bd. 7 (= Deutsche Literatur in zwei Jahrhunderten) Neuwied 1964, S. 499-618

Mainka, Jürgen: Thomas Mann und die Musikphilosophie des XX. Jahrhunderts, in: Thomas Mann Gedenkschrift 1875-1975 (= Text und Kontext Sonderreihe Bd. 2) hrsg. v. Rolf Wiecker, Kopenhagen 1975, S. 197-214

Mayer, Hans: Thomas Mann. Werk und Entwicklung, Berlin 1950 und ders., Thomas Mann, Frankfurt 1982 (= st 1047)

Mendelssohn, Peter de: Der Zauberer. Das Leben des deutschen Schriftstellers Thomas Mann. Erster Teil 1875-1918, Frankfurt 1975

Northcote-Bade, James: Die Wagner-Mythen im Frühwerk Thomas Manns, Bonn 1975

Pütz, Peter: Kunst und Künstlerexistenz bei Nietzsche und Thomas Mann. Zum Problem des ästhetischen Perspektivismus in der Moderne, Bonn 1963; ²1975

Pütz, Peter (Hrsg.): Thomas Mann und die Tradition, (= Athenäum Paperback 2) Frankfurt 1971

Reed, Terence J.: Thomas Mann. The Uses of Tradition, London 1974, ²1976

Renner, Rolf Günter: Lebens-Werk. Zum inneren Zusammenhang der Texte von Thomas Mann, München 1985

Scherrer, Paul/Wysling, Hans: Quellenkritische Studien zum Werk Thomas Manns (= Thomas-Mann-Studien, hrsg. vom Thomas-Mann-Archiv der Eidgenössischen Technischen Hochschule in Zürich, Erster Band) Bern und München 1967

Siefken, Hinrich: Thomas Mann. Goethe – »Ideal der Deutschheit«. Wiederholte Spiegelungen 1893-1949, München 1981

Sommerhage, Claus: Eros und Poesie. Über das Erotische im Werk Thomas Manns (= Bonner Arbeiten zur deutschen Literatur. Herausgegeben von Benno v. Wiese, Band 40) Bonn 1983

Szemere, Samuel: Kunst und Humanität. Eine Studie über Thomas Manns ästhetische Ansichten, Berlin 1966

Vaget, Hans R.: Auf dem Weg zur Repräsentanz. Thomas Mann in Briefen an Otto Grautoff (1894-1901) in: NR 91 (1980) H. 2/3 S. 58-82

Vaget, Hans R.: Goethe: Der Mann von sechzig Jahren. Mit einem Anhang über Thomas Mann, Frankfurt 1982

Vaget, Hans R.: Thomas-Mann-Kommentar zu sämtlichen Erzählungen, München 1984

Voss, Liselotte: Die Entstehung von Thomas Manns Roman »Doktor Faustus«. Dargestellt anhand von unveröffentlichten Vorarbeiten (= Studien zur deutschen Literatur, hrsg. v. Richard Brinkmann, Friedrich Sengle und Klaus Ziegler) Tübingen 1975

Wysling, Hans (Hrsg.): Dokumente und Untersuchungen. Beiträge zur Thomas-Mann-Forschung (= Thomas-Mann-Studien, hrsg. vom Thomas-Mann-Archiv der Eidgenössischen Technischen Hochschule. Dritter Band) Bern und München 1974

Wysling, Hans: Krull als Narziß und Prospero, in: Text und Kontext 6.1./6.2.(1978) S. 275-299

Wysling, Hans: »Mythos und Psychologie« bei Thomas Mann, in: H.W., Dokumente und Untersuchungen. Beiträge zur Thomas-Mann-Forschung (= Thomas-Mann-Studien Bd. III) Bern und München 1974, S. 167-180

Wysling, Hans (Hrsg.): Thomas Mann. Notizen zu Felix Krull, Friedrich, Königliche Hoheit, Versuch über das Theater, Maja, Geist und Kunst, Ein Elender, Betrachtungen eines Unpolitischen, Doktor Faustus und anderen Werken. Beiheft 5 z. »Euphorion«, Heidelberg 1973

Wysling, Hans: »... eine sehr ernste und tiefgehende Korrespondenz mit meinem Bruder ...« Zwei neuaufgefundene Briefe Thomas Manns an seinen Bruder Heinrich, in: DVjS 55 (1981) S. 645-664

Wysling, Hans: Narzißmus und illusionäre Existenzform. Zu den Bekenntnissen des Hochstaplers Felix Krull (= Thomas-Mann-Studien, hrsg. vom Thomas-Mann-Archiv der Eidgenössischen Technischen Hochschule in Zürich. Fünfter Band) Bern und München 1982

3.3. zum »Tod in Venedig«

Améry, Jean: Venezianische Zaubereien. Luchino Visconti und sein »Tod in Venedig«, in: Merkur 25 (1971) S. 808-812

Amory, Frederic: The Classical Style of »Der Tod in Venedig«, in: Modern Language Review 59 (1964) S. 399-409

Banuls, André: Schopenhauer und Nietzsche in Thomas Manns Frühwerk, in: Etudes Germaniques 30 (1975) S. 129-147

Baron, Frank: Sensuality and Morality in Thomas Mann's »Der Tod in Venedig«, in: GR 45 (1970) S. 115-125

Bravermann, Albert und Larry David Nachmann: The Dialectic of Decadence. An Analysis of Thomas Mann's »Death in Venice«, in: GR 45 (1979) S. 289-298

Cohn, Dorritt: The Second Author of »Der Tod in Venedig«, in: Probleme der Moderne. Studien zur deutschen Literatur von Nietzsche bis Brecht. Festschrift für Walter Sokel, hrsg. v. Benjamin Bennett u.a. Tübingen 1983, S. 223-245

Conley, John: Thomas Mann on the Sources of Two Passages in »Death in Venice«, in: GQ 40 (1967) S. 152-155

Davidson, Leah: Mid-Life-Crisis in Thomas Mann's »Death in Venice«, in: Journal of the American Academy of Psychoanalysis 4 (1976) S. 203-214

Dettmering, Peter: Suizid und Inzest im Werk Thomas Manns, in: P.D., Dichtung und Psychoanalyse. Th. Mann – R.M. Rilke – R. Wagner (= slg dialog 33) München 1969, S. 9-79

Eloesser, Arthur: Zur Entstehungsgeschichte des »Tod in Venedig«, in: NR 36 (1925) S. 611-616

Evans, Peter: The Music of Benjamin Britten, London 1979, S. 523-547

Faulstich, Werner und Ingeborg: Modelle der Filmanalyse, München 1977, S. 14-57

Frey, John R.: »Die stumme Begegnung«. Beobachtungen zur Funktion des Blicks im »Tod in Venedig«, in: GQ 41 (1968) S. 177-195

Good, Graham: The Death of Language in »Der Tod in Venedig«, in: Mosaic (Winnipeg) 5 (1971/72) S. 43-52

Gronicka, André von: Myth Plus Psychology: A Stylistic Analysis of »Death in Venice«, in: GR 31 (1956) S. 191-205

Günther, Joachim: »Der Tod in Venedig«. Randbemerkungen zu Film und Buch, in: Neue deutsche Hefte 18 (1971) S. 89-99

Gustafson, Lorraine: Xenophon und »Der Tod in Venedig«, in: GR 21 (1946) S. 209-214

Heller, Erich: Autobiographie und Literatur. Über Thomas Manns »Tod in Venedig«, in: Essays on European Literature. Honor of Lieselotte Dieckmann, hrsg. v. P.U. Hohendahl u.a. St. Louis 1972, S. 83-100

Heller, Peter: Der »Tod in Venedig« und Thomas Manns »Grund-Motiv«, in: Thomas Mann: Ein Kolloquium, hrsg. v. H.H. Schulte und G. Chapple, Bonn 1978, S. 35-83

Hofmiller, Josef: Thomas Manns »Der Tod in Venedig«, in: Merkur 9 (1955) S. 505-520 (zuerst 1913)

Kane, B.M.: Thomas Mann and Visconti, in: Modern Languages 53 (1972) S. 74-80

Kelley, Alice van Buren: Von Aschenbach's Phädrus: Platonic Allusion in »Der Tod in Venedig«, in: JEGP 75 (1975) S. 228-240

Kohut, Heinz: Thomas Manns »Tod in Venedig«. Zerfall einer künstlerischen Sublimierung, in: H.K., Introspektion, Empathie und Psychoanalyse. Aufsätze zur psychoanalytischen Theorie, zu Pädagogik und Forschung und zur Psychologie der Kunst, Frankfurt 1977 (= stw 207) S. 173-194

Koopmann, Helmut: Hanno Buddenbrook, Tonio Kröger und Tadzio: Anfang und Begründung des Mythos im Werk Thomas Manns, in: Th. Mann Gedenkschrift 1875-1975, hrsg. v. Rolf Wiecker (= Text und Kontext Sonderreihe Bd. 2) Kopenhagen 1975, S. 53-66

Krotkoff, Herta: Zur Symbolik in Thomas Manns »Tod in Venedig«, in: MLN 82 (1967) S. 445-453

Lehnert, Herbert: »Tristan«, »Tonio Kröger« und »Der Tod in Venedig«. Ein Strukturvergleich, in: orb. litt. 24 (1969) S. 271-304

Leppmann, Wolfgang: Time and Place in »Death in Venice«, in: GQ 48 (1975) S. 66-75

Luft, Hermann: Der Konflikt zwischen Geist und Sinnlichkei in Thomas Manns »Tod in Venedig«, Bern 1976

Mann, Michael: Le film tiré de »La Mort à Venise«, in: Allemagne d'aujourd'hui N.S. 32 (1971) S. 52-56

Matt, Peter von: Zur Psychologie des deutschen Nationalschriftstellers. Die paradigmatische Bedeutung der Hinrichtung und Verklärung Goethes durch Thomas Mann, in: Perspektiven psychoanalytischer Literaturkritik, hrsg. v. S. Goeppert, Freiburg 1978, S. 82-100

Mautner, Franz: Die griechischen Anklänge in Thomas Manns »Tod in Venedig«, in: Monatshefte 44 (1952) S. 20-26

Mazzela, Anthony J.: »Death in Venice«: Fiction and Film, in: College Literature 5 (1978) S. 183-194

McClain, William H.: Wagnerian Overtones in »Der Tod in Venedig«, in: MLN 79 (1964) S. 481-495

McWilliams, James R.: The Failure of a Repression: Thomas Mann's »Der Tod in Venedig«, in: GLL 20 (1967) S. 233-241

Michael, Wolfgang F.: Stoff und Idee im »Tod in Venedig«, in: DVjS 33 (1959) S. 13-19

Mileck, Joseph: A Comparative Study of »Die Betrogene« and »Der Tod in Venedig«, in: Modern Language Forum 42 (1957) S. 124-129

Moeller, Hans Bernhard: Thomas Manns venezianische Götterkunde. Plastik und Zeitlosigkeit, in: DVjS 40 (1966) S. 184-205

Nicklas, Hans Wilhelm: Thomas Manns Novelle »Der Tod in Venedig«. Analyse der Motivzusammenhänge und Erzählstruktur, Marburg 1968

Parkes, Ford B.: The Image of the Tiger in Thomas Mann's »Tod in Venedig« in: Studies in Twentieth Century Literature 3 (1978) S. 73-83

Piper, Myfanwy: Death in Venice. An Opera in Two Acts, London 1973

Piper, Myfanwy: Writing for Britten, in: The Operas of Benjamin Britten, ed. by David Herbert, New York 1979, S. 18-21

Porter, Andrew: Musical Events. Death in Venice, in: The New Yorker, October 24, 1974, S. 166-170

Porter, Andrew: The Last Opera: »Death in Venice«, in: The Operas of Benjamin Britten, ed. by David Herbert, New York 1979, S. 59-62

Reed, Terence J. (Hrsg.): Thomas Mann: »Der Tod in Venedig«, London 1971

Reed, Terence J.: Thomas Mann. Der Tod in Venedig. Text, Materialien, Kommentar mit den bisher unveröffentlichten Arbeitsnotizen Thomas Manns, München/Wien ³1984 (= Literatur-Kommentare unter redaktioneller Mitarbeit von Hans-Joachim Simm herausgegeben von Wolfgang Frühwald Bd. 19)

Schmidt, Ernst A.: Künstler und Knabenliebe. Eine vergleichende Skizze zu Thomas Manns »Tod in Venedig« und Vergils zweiter Ekloge, in: Euphorion 68 (1974) S. 437-446

Schmidt, Ernst A.: »Platonismus« und »Heidentum« in Thomas Manns »Tod in Venedig«, in: Antike und Abendland 20 (1974) S. 151-178

Seidlin, Oskar: Stiluntersuchungen an einem Thomas-Mann-Satz, in: O.S., Von Goethe zu Thomas Mann: Zwölf Versuche, Göttingen 1963, S. 148-161

Seitz, Gabriele: Film als Rezeptionsform von Literatur. Zum Problem der Verfilmung von Thomas Manns Erzählungen »Tonio Kröger«, »Wälsungenblut« und »Der Tod in Venedig«, München 1979

Singer, Irving: »Death in Venice«: Visconti and Mann, in: MLN 91 (1976) S. 1348-1359

Sokel, Walter H.: Demaskierung und Untergang Wilhelminischer Repräsentanz: Zum Parallelismus der Inhaltsstruktur von »Professor Unrat« und »Der Tod in Venedig«, in: Herkommen und Erneuerung: Essays für Oskar Seidlin, hrsg. v. G. Gillespie und E. Lohner, Tübingen 1976, S. 387-412

Stewart, Walter K.: The Path to Insight: »Der Tod in Venedig«, in: GR 53 (1978) S. 50-55

Vaget, Hans R.: Thomas Mann und die Neuklassik. »Der Tod in Venedig« und Samuel Lublinskis Literaturauffassung, in: JDSG 17 (1973) S. 432-454

Vaget, Hans R.: Film and Literature. The Case of »Death in Venice«: Luchino Visconti and Thomas Mann, in: GQ 53 (1980) S. 159-175

Venable, Vernon: »Death in Venice«, in: Neider, Charles (Hrsg.): The Stature of Thomas Mann, New York 1948, S. 129-141

Wysling, Hans: Aschenbachs Werke. Archivalische Untersuchungen an einem Thomas-Mann-Satz, in: Euph 59 (1965) S. 272-314